우리 마음엔 무적의 여름이 숨어 있다

우리 마음엔 무적의 여름이 숨어 있다

꺾여도 다시 일어서는 몸과 마음의 과학

바스카스트 지음 ─ 유영미 옮김

"내 안의 회복탄력성을 일깨우는 10가지 길"

무엇이 우리를 다시 강인하게 해줄까?

겨울의 한가운데서 드디어 나는 깨달았다.
내 안에 영원한 무적의 여름이 있다는 것을.

알베르 카뮈Albert Camus[1]

몇 년 전 나는 매우 당혹스럽고 절망스러운 기간을 보냈다. 그러나 이런 경험으로 인해 다시 한번 긴 연구에 돌입할 수 있었고, 이 여정은 내게 상상치 못한 변화를 가져다주었다.

모든 것은 굉장한 행복감을 느낀 후 찾아온 정서적 어려움에서 비롯되었다. 2018년 나는 《내 몸에 이로운 식사를 하고 있습니까?Der Ernährungskompass》(한국어판 갈매나무 출간)를 썼고, 이 책은 예기치 않게 '놀라운 성공'을 거두었다. 짧은 시간에 초판이 다 팔린 데다가 쇄에 쇄를 거듭해 지금까지 100만 부가 훨씬 넘게 팔렸다. 언론이 찬사를 보내주었고, 이메일이 쇄도했다. 독자들은 이 책으로 자신의 삶이 놀랍게 바뀌었다며 뜨거운 반응을 보였다. 이런 반응은 여전히 기쁘고 감사하다.

그 책을 출간하기 전까지 나는 다음 책을 계약할 수 있을지 불안했던 무명 작가였다. 생계비와 앞날을 걱정할 때가 많았다. 그러나 《내 몸에 이로운 식사를 하고 있습니까?》로 상황이 크게 바뀌었다. 당시 40대 중반의 가장이었던 나는 책이 나온 지 몇 달 만에 갑자기 많은 작가가 꿈꾸는, 그리고 나 자신도 그동안 꿈꿔온 상태에 도달해 있었다. 갑자기 지명도 있는 저자가 되었고, 함께 책을 내보자는 출판사들의 제안이 꼬리를 물었다.

그런데 이를 어떻게 설명해야 할까? 그때 이상한 일이 일어났다. 꿈을 이루었으니 나는 마땅히 기쁘고 행복해야 했다. 행복해서 어쩔 줄 몰라야 했다. 사실 그렇기도 했다. 몇 주 동안은 그랬다. 하지만 그 뒤 묘한 상태가 찾아왔다. 행복감은 공중 분해된 듯 사그라들었고, 외적인 성공의 한가운데서 부쩍 우울감이 찾아왔다.

나는 점점 움츠러들었고, 어느 순간부터는 인터뷰도 피하고, 이메일에도 되도록 답을 하지 않았다. 모든 일이 무의미하게 느껴졌다! 몇십 년간의 노력 끝에 꿈을 실현했지만 행복하지 않았고 마음이 헛헛했다.

많은 날을 울적한 기분으로 지내면서 대체 이게 무슨 일일까 자문했다. 내가 우울증에 걸린 걸까?(그렇다면 왜 그런 걸까?) 지금 생각해 보면 당시 나는 환멸과 실망에 단단히 사로잡힌 상태였다. 그런데 무엇 때문이었을까? 그것이 내게 수수께끼로 다가왔다. 나 자신이 수수께끼 같았다. 나는 왜 이리 감사함을 느끼지 못할까? 이런 의문 때문에 더욱더 기분이 가라앉았다.

우리 마음엔 무적의 여름이 숨어 있다

이렇듯 울적하고 기분이 엉망인 채로 지내고 싶은 사람은 아무도 없겠지만, 자신은 그런 상태에 놓이지 않으리라고 장담할 사람도 없을 것이다. 살다 보면 모든 것에 물려버린 듯한 기분이 되는 날이 찾아온다. 많은 사람에게는 이런 상태가 그리 낯설지 않을 듯하다.

　당신은 지금 힘이 하나도 없고 의기소침한 채로, 또는 우울한 채로, 대체 이런 상태에서 어떻게 벗어날 수 있을지 알 수 없어서 이 책을 손에 집어 들었는지도 모른다. 내가 확실히 말할 수 있는 것은 지금 당신에겐 보이지 않을지라도 출구가 있다는 사실이다. 기분이 밝아지고, 마음이 더 단단해지고, 새로운 힘과 생명력을 얻는 방법과 길이 분명히 있다. 어떤 방법이 있을까? 이것이 바로 이 책의 주제이다.《우리 마음엔 무적의 여름이 숨어 있다》는《내 몸에 이로운 식사를 하고 있습니까?》의 콘셉트를 다시 한번 취하되, 이를 몸에서 마음으로 넓혀 자신의 건강을 스스로 챙길 수 있도록 도와주는 책이다. 이 책을 통해 몸과 마음은 동전의 서로 다른 면과 같다는 사실을 깨닫게 될 것이다.

　꼭 지치고 울적하고 의기소침해 있는 사람만이 이 책의 인식에서 도움을 얻을 수 있는 건 아니다. 그저 일상의 스트레스를 더 잘 감당하고 싶거나, 감정을 더 잘 이해하고 조절하고 싶은 사람도 있을 것이다. 내면의 균형을 찾고, 생동감과 기쁨을 느끼며 생활하고 싶을지도 모른다. 이런 사람에게도 이 책은 도움이 되는 조언을 건넨다.

　때로 마음이 힘든 건 왜일까? 일시적으로는 구체적인 '외적' 상황

때문일 수도 있다. 계속해서 시간 압박과 스트레스를 받고 있거나, 업무가 과중하거나, 금전 또는 건강 문제로 걱정이 있거나, 파트너 관계나 인간관계에 어려움이 있거나… 이런 상황은 분명히 겉으로 드러난다. 최근의 세계정세 때문에 마음이 좋지 않은 사람도 있을 것이다.

더 근본적인 원인도 있다. 오늘날 현대인의 라이프스타일은 자연과 동떨어진 환경에서 신체의 생화학에 상당한 불균형을 일으키는 심각한 상황에 놓였다. 패스트푸드, 운동 부족, 수면 부족, 햇빛 부족, 사회적 고립 등 이 모든 것이 우리가 미처 깨닫지 못하는 사이에 몸속에서 해로운 염증 과정을 일으키고, 이런 염증반응이 뇌로 확산되어 생리적 메커니즘을 통해 정서에 안 좋은 영향을 미친다.

외적, 생화학적 요인 외에도 우리의 심리에 뿌리박힌 미묘한 원인이 정서에 영향을 미치기도 한다. 우리가 무의식적으로 자신에 대해 품고 있는 고정관념 같은 것 말이다. "나는 별 볼 일 없는 사람이야." 또는 "모든 걸 잘 해내야 해. 그렇지 않으면 난 쓸모없는 사람이야!"라고 믿을 수도 있다. 그런 뿌리박힌 확신이 마음을 어둡게 한다면 어떻게 해야 할까? 이럴 때 무엇을 할 수 있을까?

돌이켜 보면 내겐 행복에 대한 고정관념이 있었던 듯하다. 그러다가 꿈이 실현되는 순간 그런 관념은 기만적인 환상으로 드러났다. 행복에 대한 일반화된 생각은 얼추 이러하다. 무슨무슨 일을 이루면 행복할 거야. 아직은 아니라니까. 직업적으로 잘나가게 되면 행복해질 거야. 부유하고 유명해지면 행복해질 거야. 인생의 사랑을 찾으면 크나큰 행복을 느낄 거야.

전제가 무엇이든 간에, 이런 생각 패턴에 따르면 내적인 만족과 행복은 미래에, 마음의 결핍을 상쇄한 뒤에야 비로소 찾아오는 것이다. 따라서 지금 여기엔 늘 결정적인 뭔가가 부족하고, 우리는 편안하게 현재를 누리지 못한다. 우리는 끊임없이 내면세계의 결핍을 외부 세계에서 메꾸려고 한다. 그래서 늘 불안하고 마음이 편하지 않다.

나는 속았다. 단단히 착각을 하고 있었다. 그간 오랫동안 그렇게 되면 행복할 거라고 생각했던 일이 실제로 벌어져 꿈이 이루어지는 것을 온 몸으로 경험했는데, 그다음에 갈 길을 잃은 듯한 기분을 느꼈다. 특히나 대안이 눈에 보이지 않았다. "이러이러해지면, 이러이러해지겠지."라며 끊임없이 외적 행복을 추구하지 않는다면 대체 어디서 고대하던 영혼의 평화를 찾을 수 있을까? 정서적 안정과 평온이 지속되는 상태는 과연 가능한 걸까? 어떻게 가능해질 수 있을까? 내면의 균형을 위해 무엇이 필요한 걸까? 정신을 저항력 있고 강하게 만드는 것은 무엇일까?

이런 질문이 무의식적으로 나를 따라다녔다. 나는 머릿속에 이런 질문을 떠올리며 이 책을 준비했다. 물론 첫 문장을 쓰기까지는 여러 달이 걸렸다. 나는 오랫동안 답을 찾아 헤매었다.

나는 다양한 분야를 파고들기 시작했다. 영적 세계에도 발을 담가 봤고, 영양과 정신 건강이 어떤 관계가 있는지 과학적으로 밝혀진 것을 조사했다. 신체적인 운동, 자연 속을 걷는 일, 열 요법이나 냉 요법이 어떻게 정신에 활력을 주고 회복시키는지를 알아봤다. 스트레스에 대비해 어떻게 무장할 수 있을까? 만성 피로, 우울, 두려움에 어떻게 대처해야 할까?

세네카, 에픽테토스, 마르쿠스 아우렐리우스 같은 고대 그리스와 로마의 스토아학파 철학자들이 마음의 평화에 도달하고자 어떤 방법을 추천하는지를 살펴봤다. 그리고 명상 앱에 등록하고, 명상 집중 코스를 이수했다. 한마디로 삶의 도전에 쾌활하게 맞서려면 마음이 어떤 요소를 필요로 하는지를 두루두루 탐구하고자 했다.

《내 몸에 이로운 식사를 하고 있습니까?》를 준비할 때처럼 내 서재에는 학술 연구 자료가 쌓여갔다. 무엇보다 나는 연구에서 논의되는 수단과 방법을 스스로 시험해 보았고, 변화를 느낄 때만 그 방법을 계속 적용해 나갔다.《우리 마음엔 무적의 여름이 숨어 있다》에서는 이런 전략만을 골라 소개했다.

기본적으로 마음 건강은 외적으로 변덕스럽거나 열악한 상황에서도 늘 한결같이 유지되는 것으로, 신체적 요소와 정신적 요소가 어우러져야 한다. 이 책에서는 이 두 요소를 살펴보고자 한다.

이 책은 두 부분으로 구성된다. 1부에서는 영양, 운동, 수면처럼 정신 건강에 전제가 되는 신체적 조건을 살펴보고자 한다. 특정 영양소는 뇌와 정신에 어떤 영향을 미칠까? 우울하게 만드는 음식, 또는 반대로 기분을 밝게 만드는 음식이 있을까? 이런 질문과 함께 균형 잡힌 정신을 위한 신체적·감각적 '조건'을 다루고자 한다.

이와 관련한 많은 전략은 일상생활에서 무리 없이 실천할 수 있는 것들이다. 차가운 물로 샤워를 하거나 사우나에 가거나, 짧은 기간 단식을 하는 것만으로도 이미 기분을 좋게 만들 수 있다. 일본에서는 스트레스 많은 '도시생활자'들 사이에서 '삼림욕'이 대유행을 했다. 삼림욕은 혹사당한 정신이 한숨 돌릴 수 있게 해준다. 그 원리는 무엇일까? 자연이 우리의 심리와 감정에 어떤 영향을 미칠까? 반대로 우리가 온종일 컴퓨터 앞에 앉아 모니터만 뚫어져라 쳐다보고 있으면 어떻게 될까? 그러고 나면 왜 그리도 진이 빠져버릴까? 운동이나 밤에 꾸는 꿈이 정신 건강에 어떤 역할을 할까? 나는 이런저런 측면을 1부에서 소개하려고 한다.

그런 다음 2부에서는 마음으로 직진하고자 한다. 무엇보다, 외적 목표를 이루는 것과 별개로 마음에 초점을 맞춰 어떤 방법이 있는지 살펴보고자 한다. 스트레스 저항력을 높이고 마음의 균형을 이루는 방법은 무엇일까? 앞으로 보겠지만, 불교처럼 영적 가르침에서 비롯된 오래된 인식과 더불어 현대 심리치료 연구가 많은 도움을 준다.

이런 지혜와 지식이 전해주는 중심 메시지는 다음과 같다. 우리는 내면의 목소리 때문에 늘 힘들다는 것이다. 머릿속의 목소리가 늘 우리를 비판하고, 불평하고, 문젯거리나 미래의 걱정을 곱씹게 한다. 새벽 세 시경, 피곤해서 간절히 자고 싶은데 이런 목소리 때문에 잠을 못 이뤄 침대에서 이리저리 뒤척일 때가 얼마나 많은가. 끄기 힘든 내면의 목소리가 우리에게 불만족과 걱정을 불러일으킨다. 이런 목소리를 어떻게 할까? 그것으로부터 자유로워질 수 있을까? 명상을 하면 도움될 수 있을까? 오늘날의 심리 치료는 어떤 조언과 방법을 가지고 있을까?

마지막으로 고착된 심리에 다시 날개를 달아줄 수 있는 강력한 전략에 대해 이야기할 것이다. 이것은 상당히 위험한 수단이기도 하다. 환각제, 즉 엑스터시·LSD·실로시빈(환각버섯에 들어 있는 성분)처럼 의식을 변화시키는 성분에 대해 이야기하려고 한다. 현재 학계에서는 환각제를 정신질환 치료에 활용할 가능성을 두고 활발한 연구가 이루어지고 있다. 최근 연구에 따르면 이런 놀라운 물질은 우리 정신을 급진적으로 변화시키는 힘이 있다. 환각제는 일반적인 약물처럼 우리의 걱정을 한순간만 잊게 하는 것이 아니라, 정확히 그 반대로 작용한다. 이런 물질은 무엇보다 우리 속 깊숙이에 놓인 고정관념 및 커다란 상처와 대면하게 함으로써 고통의 뿌리에 작용한다.

환각제 치료를 마친 뒤 많은 사람이 새로운 눈으로 세상을 보게 되었다고 느낀다. 다시금 아이로 돌아간 듯, 천진하고 열린 마음이 된 것 같은 느낌. 그들의 뇌에서 '리셋' 버튼이 눌린 느낌이다. 심리에 전혀 문제가 없는 사람도 실로시빈 트립Psilocybin-trip(실로시빈이 몸에 작용하는 상태를 여행에 비유해 트립이라 부른다.— 옮긴이) 이후 몇 주가 지난 뒤에도 지속적인 만족감을 느끼며, 나쁜 아니라 대부분의 사람은 이 트립을 자신들의 인생에서 가장 의미 있고 영적인 경험이라고 이야기한다. 이런 물질은 어떻게 이런 놀라운 효과를 내는 걸까? 합법적으로 환각제 치료를 받으려면 어떻게 해야 할까? 이를 비롯한 환각제의 효과에 관해 마지막 장에서 자세히 다루도록 하겠다.

이 책을 막 준비하던 시절을 떠올리며, 당시와 지금을 비교하면 《우리 마음엔 무적의 여름이 숨어 있다》 작업이 그동안의 어떤 프로젝트, 어떤 책보다 나를 더 많이 변화시켰다고 가감 없이 이야기할 수 있다. 물론 하루아침에 변화가 생긴 것은 아니고, 한동안 시간이 필요했다. 하지만 나는 울적한 마음에 무기력하게 빠져 있지 않아도 되며, 그런 마음에서 벗어나기 위해 할 수 있는 것이 존재함을 알게 되었다. 그렇다. 언젠가 카뮈가 말했듯이 우리 마음속엔 무적의 여름이 숨어 있다. 우리 안에서 이런 여름을 느끼고, 이끌어내는 것은 한편으로 우리 손에 달려 있다.

이 책에서 소개하는 마음 건강법은 개인에 따라 다르게 활용 가능하다. 급성 스트레스 상황에서는 오래 걸리는 식습관을 변화시키기보다는 우선 숲을 걷고 나서 사우나나 찬물 샤워를 하는 등 효과 빠른 전략을 적용하는 것이 좋다. 그저 좀 지치고 피로한 상태라면 삶을 송두리째 변화시키는 걸 목표로 하는 환각제 치료는 필요가 없다. 반면 당최 나아질 기미가 없는 우울증에 시달리고 있다면, 자연을 좀 산책하고, 스토아철학의 몇몇 기법을 적용하는 정도로는 부족할 것이다.

따라서 자신의 필요, 자신의 상태, 개인적인 선호에 맞는 전략을 적용해 보라. 이 책을 마음 건강을 위한 일종의 도구 상자로 삼아보라. 이 책에서 소개하는 도구 중 여러 가지는 꼭 스트레스를 받거나, 마음이 안 좋을 때만을 위한 것이 아니다. 마음 건강을 지키기 위해 평상시에도 늘 활용할 수 있다. 이런 도구를 활용해 마음을 든든히 보살펴 마음이 오래 지쳐 있거나 상처 입지 않도록 하라. 울적한 기분이 오래 가면 거기서 벗어나는 데도 힘을 들여야 하기 때문이다. 마음 상태가 좋을 때라도 이 책의 도구를 꾸준히 활용하면 더 행복하고 생동감 있는 상태를 유지할 수 있다. 자신에게 맞고, 가장 도움이 되는 전략을 발견해 재미있고 즐겁게 적용해 보라. 당신 안의 무적의 여름이 빛을 발하기를 바라며.

차례

II ☀ 마음

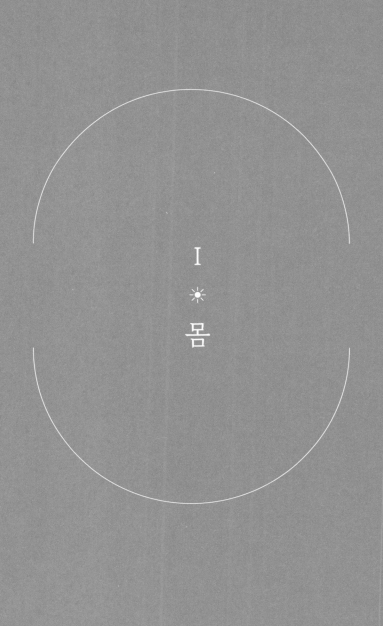

I

※

몸

1

먹는 것이 뇌가 된다

우리를 슬프게 만드는 음식들

음식으로 불안을
물리칠 수 있다?

펠리체 자카Felice Jacka는 어릴 적부터 반복되는 불안에 시달렸다. 커가면서 불안은 더 고질적으로 펠리체를 집어삼켰다. 십대가 되자 심한 공황장애가 찾아왔고, 어느 순간 우울증도 더해져서, 마치 디멘터(《해리포터》에서 나오는 매우 교활한 마법의 생물)가 몸과 영혼에서 기쁨과 생명 에너지를 모조리 앗아가 버린 느낌이었다.

20대 후반, 예술가를 꿈꾸던 이 호주 출신의 여성은 삶의 방식을 근본적으로 바꾸기로 했다. 더 많이 운동하고, 숙면을 취하도록 신경을 쓰고, 무엇보다 식단을 확 바꾸었다.

그러자 곧장 기분이 나아졌다. 훨씬 더 좋아졌다. 우울한 기분은 잦아들고, 공황발작도 사라졌다. 그것은 펠리체 자카가 경험했던 가장 강력한 변화였다. 그녀는 자신의 변화에 놀라서, 예술가가 되려던 계획을 바꿔 정신의학을 전공했다. 대체 자신에게 무슨 일이 일어난 건지 알고 싶었다. 과연 '음식으로' 우울증을 물리칠 수 있을까? 어떻게 그렇게 될 수 있을까? 몸에서 무슨 일이 일어난 걸까? 그리고 아주 실용적인 물음으로, 기분을 밝게 하는 이상적인 식단은 어떤 걸까?

펠리체 자카는 영양 연구에 몰두했고, 다년간의 통계를 뒤적이며

우리 마음엔 무적의 여름이 숨어 있다

이 이상한 일이 어떻게 가능한지 점점 파고들었다. 현재 그녀는 멜버른에 있는 디킨대학교 교수로서 음식과 기분 연구소Food & Mood Centre 소장이며, 영양과 심리 간의 연관을 연구하는 전문가로 인정받고 있다.[1] 펠리체 자카는 2010년 박사학위 논문에서 이미 채소, 과일, 생선, 통곡물 제품을 많이 먹고, 가공되지 않은 붉은 육류를 소량 섭취하는 여성이 정크푸드를 먹고, 피자, 감자튀김, 햄버거, 흰빵, 그리고 콜라, 환타 등의 청량음료를 즐기는 여성보다 놀랍게도 불안장애와 우울증에 걸릴 위험이 적음을 지적한 바 있다.

자카는 이렇게 말한다. "처음 내가 그런 주장을 했을 때, 사람들은 극도로 회의적인 반응을 보였다. 죄다 말도 안 되는 이야기라고 말했다. 신경정신의학 분야에서 연구하는 사람들은 뇌 속의 특정 분자들을 생각하고, 이 분자들에 어떻게 약물로 영향을 미칠까를 생각하는 데 훈련이 되어 있다. 그렇게 하면서 큰 그림을 보지 못하고 있다. 신체가 복합적인 체계라는 사실을 망각하고 있는 것이다."[2]

자카의 영양 연구는 뇌과학이 붐을 이루며 뇌에 대한 오랜 신화들이 거짓으로 판명되던 시기와 맞물렸다. 예를 들어 오랜 세월 동안 성인 뇌에서는 새로운 신경세포가 전혀 생겨날 수 없다는 것이 정설처럼 받아들여져 왔다. 하지만 여전히 논란이 분분하긴 해도, 다수의 연구 결과가 뇌의 몇몇 영역에서는 신경세포가 새로이 생겨날 수 있음을 보여준다. 이렇게 신경세포가 다시 생성되는 것을 '신경발생'이라고 부른다. 좌반구와 우반구에 하나씩 뇌 속 깊이 뻗어 있는 '해마Hippocampus'('Hippocampus'는 라틴어로 해마라는 뜻이다. 사진 1-1에서 볼 수 있듯이 이 뇌구조의 모양이 해마를 닮았기 때문이다)는

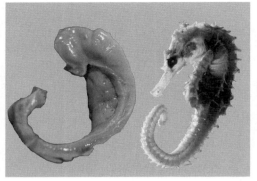

1-1
사진 왼쪽은 뇌 속 해마이고, 오른쪽은 바다
동물 해마이다. 우리의 뇌 속에는 '해마'가 두
개다. 하나는 좌반구, 하나는 우반구에 있다.
40쪽 그림은 해마가 뇌 속 어디에 위치하는
지를 보여준다.

나이 들어서도 이런 신경발생이 일어날 수 있는 뇌구조 중 하나다.
사람마다 적잖이 차이가 있지만, 성인의 해마에서는 매일 약 700개
의 새로운 신경세포가 생겨나는 것으로 추정된다.[3]

해마는 여러 가지 중요한 기능을 한다. 첫째는, 기억 형성에 핵심
적인 역할을 한다. 해마가 없이는 새로운 기억이 잘 형성되지 못한
다. 무엇보다 자신과 자신의 삶에 대한 기억이 아주 제한된 범위에
서만 생겨날 수 있다. 위에서 말한 신경발생, 즉 새로운 신경세포가
생겨나는 현상이 새로운 기억 내용이 만들어지는 데 중요한 역할을
한다는 명확한 암시들이 존재한다. 아울러 신경발생은 오래되어 더
는 유용하지 않은 기억을 망각하는 데도 기여하는 것으로 보인다.
불필요한 기억을 새로운 신경세포와 기억 내용으로 '덮어씌우는'
것이다.[4] 해마는 이런 방법으로 정신적 경직을 막고, 뇌가 지속적으
로 유연성을 유지하게 도와주는 듯하다.[5]

두 번째로, 현재의 연구 결과는 해마가 다양한 단편적 기억으로
부터 일관된 이야기를 엮어낼 수 있음을 보여준다.[6] 해마는 새로운
경험을 기존의 기억 내용과 연결하여, 기억의 퍼즐조각을 전체적인

우리 마음엔 무적의 여름이 숨어 있다

그림으로 통합시킨다. 그리하여 신경과학자들은 해마를 '뇌의 이야기꾼'이라 부르기도 한다.[7] 우리가 어떤 경험을 '처리'한다는 의미는 무엇보다 각각의 경험을 더 커다란 맥락에 포함함으로써 자신의 경험을 더 잘 이해하고, 그것을 자신의 이야기 일부로 만든다는 뜻이다. 해마는 이런 통합작업에서도 중요한 역할을 한다.

세 번째로 해마는 다른 뇌 영역과 협력해 우리의 감정을 조절한다. 예를 들어 스트레스 반응을 억제하여 스트레스에 잘 대처하게끔 해준다.[8] 동물실험 결과, 해마에서 신경세포가 새로이 생성되는 것이 스트레스 회복력에 중요한 역할을 한다는 점이 드러났다.[9] 인간의 경우에도 해마가 감정조절을 돕는다. 뇌졸중으로 해마가 손상된 환자들은 슬픈 영화를 본 뒤 한동안 심하게 흐느꼈을 뿐 아니라, 그 영화로 인해 30분 뒤에도 여전히 의기소침해 있었다. 해마가 온전한 사람들은 오래전에 그런 기분을 뒤로하고도 남았을 시간에 말이다.[10] 따라서 해마는 스트레스와 슬픔 같은 감정에 무방비 상태로 내맡겨지지 않고 이런 감정을 어느 정도 '제어'하는 데 중요한 역할을 하기도 한다.

우울증 환자들은 집중력이나 기억력이 전과 같지 않다고 토로하곤 하는데, 자기공명영상MRI을 찍어보면 해마의 부피가 정말로 줄어들어 있음을 보게 된다. 해마의 부피 감소는 우울증 환자에게서 관찰할 수 있는 대표적인 뇌 변화다(37~43쪽에서 우울증이 있을 때 뇌에서 어떤 일이 일어나는지를 더 자세히 설명하려고 한다. 현재 과학계에서는 이와 관련해 새로운 상이 만들어지고 있다).[11]

정크푸드가 우리 뇌를 먹어 없앤다!

펠리체 자카는 이 현상에 계속 천착하는 가운데, 주목할 만한 발견을 했다. 정크푸드를 많이 먹는 사람은 건강한 식사를 하는 사람보다 해마가 측정 가능할 정도로 확연히 줄어들어 있는 것으로 나타났다. 달리 말해, 정크푸드를 좋아하는 사람들의 해마는 우울증 환자와 비슷하게 그 부피가 쪼그라들어 있었다. 이런 관찰 결과는 그동안 반복해서 나타났다.[12]

이것이 그저 우연일까? 혹은 그 뒤에 무슨 의미가 있는 걸까? 이 둘 사이에 체계적인 연관이 있다면, 정크푸드를 많이 먹으면 뇌 속의 해마가 점점 줄어들 수 있고, 이는 무엇보다 신경발생이 제한적으로만 이루어지기 때문이라는 이야기가 된다. 그러니까 우리가 해마를 '먹어서 없애'버릴 수 있다는 뜻이다!

해마가 줄어들면 우선 감정을 조절하거나 감정을 처리하는 능력이 제한되면서 감정적으로 더 불안정해지고 스트레스에 취약해지며 울적해질 수 있다. 나아가 해마는 새로운 기억 내용을 학습하는데 필수적이므로, 해마가 위축되면 새로운 것을 배우고 오래된 것을 잊어버리기가 점점 어려워질 수도 있다. 즉 뇌가 유연하고 빠릿빠릿하게 돌아가지 않고, 변화되는 삶에 적응하고 도전에 대처하는 것이 어려워진다.

머리가 유연하게 돌아가지 않으면 다시금 기분 저하와 우울증에 취약해진다. 건강한 해마와 해마의 신경발생이 정신적인 유연성을 촉진한다는 말은, 해마가 건강하지 않으면 옛 기억과 옛날 사고방식에 갇혀 있기가 쉽다는 뜻이다. 그러면 우리 뇌는 우울증과는 다른 정신 장애인 강박증, 중독증 등에 전형적으로 나타나는 일종의 '사고 경직'에 빠지게 될 것이다. 다음 동물실험은 이런 연관을 다시 한번 확인해준다.

+ 이 실험에서는 물 미로에 갇힌 쥐가 도피대를 잘 찾아내는지를 관찰했다. 물 미로에 담긴 물은 상당히 뿌옇기에 숨겨진 도피대가 눈에 보이지 않는다.[13] 하지만 쥐가 한동안 미로 속을 헤엄치다 보면, 어느 순간 도피대에 부딪혀 도피대를 발견하게 된다. 이런 방식으로 첫 번째 실험에서 쥐는 특정 위치에 있는 도피대를 발견한다. 이어 두 번째 실험에서는 도피대가 다른 장소로 옮겨졌고, 쥐는 한동안 예전 장소에서 도피대를 찾지만, 곧 새로운 장소로 옮겨가 그곳에서 새 도피대를 발견한다. 해마에서 새로운 신경세포의 형성, 즉 신경발생이 정상적으로 이루어질 때는 이런 현상이 관찰된다.[14]

+ 이번에는 신경발생이 저해된 쥐를 물 미로에 넣었다. 이 쥐도 첫 번째 실험에서는 마찬가지로 도피대를 찾는다. 하지만 그 뒤 도피대를 살며시 다른 곳으로 옮기면 도피대를 찾지 못한다. 쥐는 예전의 장소에서 도피대를 찾고 또 찾는다. 마치 이제는 쓸모없어진 기억, 즉 도피대의 예전 위치에 대한 기억을 잊을 수 없는 것처럼 말이다. 쥐는 옛 기억 내용으로부터 (더 넓은 의미에서, 그가 만든 세상에 대한 표상으로부터) 떨어져 나오지 못한다. 해마에서 새로운 신경세포가 생겨나지 않으면 쥐의 행동은 유연하지 못하고 경직된다.[15]

우울증은 순전히 감정 문제라고 생각할지도 모른다. 하지만 생각과 감정은 긴밀하게 연관되어 있다. 우울증에 빠지면, 생각도 매우 부정적으로 치우쳐 많은 경우 이런 생각이 문제의 원인으로 작용한다. 불쾌한 생각과 걱정에 꽂힌 나머지, 다른 것은 전혀 눈에 들어오지 않고 그 의미도 느끼지 못하게 된다. 다른 사람도, 직업 활동이나 전에 즐거웠던 활동도 눈에 들어오지 않는다. 우리의 세상은 나머지 세상에서 단절되어 자기만을 중심으로 돌아가고, 정신은 고문실이 된다.

머릿속에 상주하는 내면의 비판자는 계속해서 우리를 괴롭힌다. 우리가 얼마나 실패한 인간 내지 나쁜 인간인지, 이 모든 일이 얼마나 의미가 없는지를 곱씹는다. 이렇게 생각을 계속해서 곱씹는 것을 '반추rumination'라 부른다(계속 곱씹는 것을 뜻하는 라틴어 ruminatio에서 유래한 말이다). 반추는 우울증의 결정적인 원인이다. 그러므로 뇌 속의 '이야기꾼'인 해마에겐 새로운 신경세포들이 필요한데, 이런 정신적 재생이 결여되면, 우리가 영원히 맴도는 생각에서 벗어나지 못할 수도 있다는 의심은 어느 정도 합당해 보인다.[16]

한편, 좋은 소식은 건강한 식생활, 피트니스 프로그램, 해독요법 같은 것이 해마에 영향을 미칠 수 있다는 것이다. 질 좋은 식단은 머릿속의 해마를 빠릿빠릿하게 만들어 신경발생을 자극함으로써, 정신적 경직과 과도한 반추로부터 우리를 지켜줄 수 있다. 해마가 튼튼하면 스트레스 회복력이 높아지며, 나아가 건강한 식생활은 일상적 스트레스에도 더 잘 대처하게끔 하여, 균형 잡힌 마음으로 살아가는 데 도움을 준다.

이 모든 말을 정말로 믿어도 될지 미심쩍은 기분이 들지도 모른다. 하지만 이런 시나리오를 뒷받침하는 연구 결과가 점점 늘어나고 있다.

우리 마음엔 무적의 여름이 숨어 있다

뇌 수명을 연장하는
지중해 식단의 비밀

연구 결과들을 자세히 살펴보기 전에, 우선 건강한 식생활은 어떤 모습인지 짚고 넘어가 보자. 건강에 좋은 식단은 어떤 재료로 구성될까?

이 질문에 대한 답은 《내 몸에 이로운 식사를 하고 있습니까?》에 자세히 제시되어 있으므로 여기서는 간략히 요약하고 넘어가겠다. 건강한 식단은 여러 형태가 있을 수 있다. 사람마다 신체 조건과 체질이 다르므로 스스로 이것저것 시험하고 자신에게 맞는 식생활을 찾아가야 한다. 현대인들은 늘 '이것이 좋네, 이것이 나쁘네.' 라는 식으로 영양 정보를 막연하게 접하는데, 자신의 몸에 귀를 기울이는 일만큼 중요한 건 없다. 하지만 최근 수십 년간의 연구 결과를 종합하면, 채식을 기본으로 하고, 여기에 생선과(또는) 오메가3지방산을 섭취하는 식생활이 일반적으로 좋다고 할 수 있다. 콩, 통곡물 제품, 견과류를 충분히 섭취하고 대신 붉은 육류와 무엇보다 육류 가공식품(소시지, 베이컨, 햄, 살라미 등) 및 가당음료를 줄이는 것이 좋다. 최근의 추정치에 따르면 60세에 비로소 이런 식단으로 바꿔도 수명을 8~9년은 족히 더 연장할 수 있는 것으로 나타났다![17]

채식을 기반으로 한 가장 유명한 식사법은 지중해식 식단이다.

지중해식 식단은 여러 건강한 식사법 중 하나이지만, 유독 많은 연구 결과가 존재하는 편이다.

지중해식 식단은 매우 흥미롭다. 우리 머릿속엔 보통 늘 지방 공포증 같은 것이 존재한다. 독일영양협회처럼 권위 있는 영양 관련 기관들 또한 예나 지금이나 저지방 식단을 권장한다. 그런데 수많은 연구가 거듭 확인하듯, 지중해식 식단은 가장 건강한 식사법에 속하는데도, 알다시피 지방을 적지 않게 쓴다. 특히 질 좋은 올리브유를 듬뿍 사용하는 것이 지중해식 요리다(여기에 견과류, 씨앗, 지방이 풍부한 생선, 또는 치즈도 더해진다).

지중해식 식단의 가장 좋은 점은 맛이 좋아서, 오랜 기간 무리 없이 이 식사법을 애용할 수 있다는 점이다. '지중해식 음식'이라고 하면 가장 먼저 마르게리타 피자나 볼로네제 스파게티를 떠올리는 사람이 많다. 이탈리아 식당 메뉴판에서 늘 마주치기 때문이다. 물론 두 메뉴를 간간이 즐겨도 좋지만, 사실 전통적인 지중해식 식단의 핵심은 이런 음식이 아니다. 나라마다 좀 다르지만 전통적인 지중해식 식단은 대체로 다음과 같이 구성된다.

+ 채소, 콩, 과일을 충분히 먹는다.
+ 통곡물 빵, 통곡물 파스타, 통곡물 쿠스쿠스 등 통곡물 제품을 우선시한다.
+ 각종 견과류와 씨앗을 정기적으로 섭취한다.
+ 엑스트라 버진 올리브유를 매일 최소 네 큰술 섭취한다.
+ 우유를 줄이고, 요구르트와 치즈 등 발효유 제품을 우선시한다.
+ 생선을 일주일에 여러 번 섭취한다.

우리 마음엔 무적의 여름이 숨어 있다

+ 붉은 육류보다 흰살 육류를 섭취한다. 돼지고기와 쇠고기는 한 달에 극히 적은 횟수만 먹는다.

+ 달걀은 일주일에 7개까지 허용한다.

+ 달콤한 디저트는 극도로 줄이고, 디저트는 주로 과일로 대치한다.

+ 로즈마리, 백리향, 샐비어와 같은 허브, 계피, 마늘을 양념으로 풍성하게 활용하고 소금양을 제한해 짜지 않게 조리한다.

+ 종종 식사에 와인을 적당량 곁들인다. 허용량은 여성은 최대 한 잔, 남성은 최대 두 잔이다.

대규모 메타분석(여러 연구 데이터를 종합적으로 분석하는 연구)에 따르면 지중해식 식단은 우울증 위험을 30퍼센트 정도 줄여준다고 한다. 이것이 바로 이번 장의 주된 메시지다.[18]

해마를 튼튼하게 만드는 식단의 과학적 효과

연구자들은 주로 지중해식 식생활을 하는 사람들의 경우, 다른 식생활을 하는 사람들보다 특정 뇌 영역이 나이를 먹어도 많이 쪼그라들지 않는다는 것을 발견했다. 어떤 영역이 이에 포함될까? 그렇다. 바로 해마가 포함된다. 한마디로 말해, 지중해식 식사를 하는 사람들은 더 커다란 해마와 더 나은 정서 상태를 기대할 수 있다(그림 1-2).

이 모든 것이 굉장히 유혹적이다. 하지만 정말로 (지중해식) 영양이 우리의 마음을 더 건강하게 할까? 이를 확실히 증명하려면 이 주제를 놓고 진짜 실험을 해야 한다. 펠리체 자카가 수행한 연구가 바로 그런 실험이다.

자카는 수년간 애를 써서 자신의 연구에 기꺼이 참여하고자 하는 67명의 우울증 환자를 찾아냈다(이 작업이 오래 걸린 가장 큰 이유는 우울증 환자를 실험에 참여시키려면 그 환자를 담당하는 신경정신과 의사들의 도움이 필요한데, 대부분의 신경정신과 의사들이 음식으로 우울증을 경감시

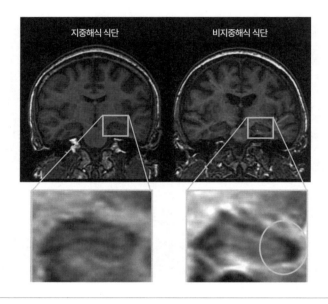

1-2

여기에 소개하는 연구를 위해 뉴욕의 연구자들은 50명이 넘는 실험대상자를 비교했다. 이 중 일부는 지중해식 식생활을 주로 했고, 일부는 그렇지 않았다. 윗부분의 사진은 두 실험대상자의 뇌의 단면을 보여준다. 왼쪽 사진에 해당하는 사람은 이 사진을 찍을 당시 52세로 주로 지중해식 식단으로 생활하고 있었다. 뇌는 정상이고 건강해 보인다. 오른쪽은 지중해식 식사를 하지 않는 50세 실험대상자의 뇌 사진이다. 이미 뇌의 여러 영역이 쪼그라들어 있는 것을 볼 수 있다. 예를 들어 뇌 중앙의 깜깜한 방이 커서 나비 모양을 연상케 한다. 이 방은 뇌척수액으로 채워져 있는데, 주변 뇌 조직의 크기가 감소하다 보니 더 커졌다. 다시 말해 전에 뇌 조직을 이루는 물질이 있었던 곳이 이제 물로 채워진 것이다. 아래쪽의 확대 사진에서 해마도 쪼그라들어 있다는 것을 알 수 있다. 오른쪽의 원으로 표시된 검은 '얼룩' 또한 뇌척수액으로, 전에 뇌세포가 있었던 곳이다.[19]

우리 마음엔 무적의 여름이 숨어 있다

킬 수 있다는 자카의 생각을 시큰둥하게 생각했기 때문이다). 드디어 환자들을 확보한 자카는 그들을 두 그룹으로 나누었다.

한 그룹은 몇 주에 걸쳐 총 일곱 번 모여서 식사법을 배웠다. 목표는 가능하면 지중해식 식단으로 전환하는 것이었다. 자카는 예전 연구에서 붉은 육류를 너무 많이 먹거나, 거의 먹지 않는 여성들이 우울증과 불안장애에 걸릴 확률이 더 높음을 관찰했었다. 그래서 이 팀 전원에게 붉은 고기를 너무 많이 먹지는 않되, 규칙적으로 가공하지 않은 쇠고기나 양고기를 섭취하라고(일주일에 서너 번 65~100그램 정도씩) 조언했다. 자카가 거주하는 호주에서 소나 양은 주로 방목되어 풀을 먹고 살기에 그곳의 쇠고기나 양고기에는 우리가 보통 먹는 '산업적으로' 비육된 육류보다 오메가3지방산이 더 많이 들어 있다.[20]

나머지 절반의 환자들은 대조군으로서, 같은 기간에 그냥 사교 모임만 했을 뿐, 식사는 평소처럼 했다.

3개월 후 결과가 나왔는데, 실험 기간 동안 지중해식으로 식습관을 바꾸었던 참가자들은 실험 초기보다 기분이 훨씬 좋아졌으며 거의 3분의 1(32.3퍼센트)가량 우울증이 크게 개선되었던 반면, 단순히 사교 시간만 보낸 대조군은 우울증이 개선된 비율이 8퍼센트인 것으로 나타났다.

이런 차이가 지중해식 식단으로 바꿨던 사람의 체중이 더 많이 감소했기에 나타난 걸까 하고 살펴보니, 식사법을 바꾼 참가자들도 체중 변화는 거의 없었다. 그 밖에도 지중해식 식단을 더 일관되게 적용한 사람일수록 항우울 효과가 두드러졌다.[21]

그러므로 건강한 식사법은 정말로 기분을 밝게 하는 힘이 있다고 하겠다. 지중해식 식단이 모두를 치료할 수는 없겠지만, 그렇게 따지자면 현재 가장 좋은 약물과 심리치료법도 그런 효과를 보지는 못한다. 펠리체 자카의 연구 결과가 아직 새롭고 완벽히 증명된 것은 아니라 해도, 이런 인식은 식이요법으로 우울증을 개선시킬 수 있다는 희망을 불러일으킨다. 특히 젊은 참가자를 대상으로 진행된 최근 연구를 통해 이런 결과를 확인할 수 있다.[22]

건강한 음식이 곧 마음의 양식이다

우리는 대부분 우울증을 앓고 있지는 않을 것이고, 이런 의문이 생길 수도 있다. "건강한 식생활은 우울증이 아닐 때도 정서에 더 긍정적인 영향을 미칠 수 있을까?" 하고 말이다. 이와 관련하여 신빙성 있는 연구 결과는 아직 많이 나와 있지 않지만, 몇 안 되는 연구 결과만 봐도 뚜렷한 추세를 알 수 있다.

먼저 조금 언급하자면, 우울증은 흑백으로 갈리는 현상이 아니다. 걸리거나 안 걸리거나 하는 것이 아니라 우리 모두가 정서 스펙트럼 안에서 움직이고 있고, 스펙트럼상 극단으로 치우칠 때 우울증이라 진단될 수 있다. 그러므로 어떤 조처가 우울증을 나아지게 한다면, 그것이 일상적인 우울과 기분전환에도 효과가 있을 거라고 봐야 한다. 그러므로 정상적인 상태에서도 기분을 더 좋아지게 할 수 있다. 운동만 봐도 이는 실감 가능하다. 운동은 분명 우울증에 효과가 있지만,[23] 우울증이 아니라도 운동은 일반적으로 스트레스를 더 잘 견딜 수 있게 해주고, 마음의 균형으로 인도하고, 삶의 기쁨을

우리 마음엔 무적의 여름이 숨어 있다

더 많이 느끼게 해주지 않는가. 자세한 것은 3장에서 살펴보자(이 책의 나중에 살펴보려고 하는 명상과 환각제도 그런 예에 해당한다). 한마디로 운동은 '출발 상태'와 무관하게 각자의 상태를 더 향상시킨다.

건강한 식생활도 그와 비슷하다. 그에 대한 경험적 증거도 몇 가지 있다. 한 연구에서 뉴질랜드 연구자들은 십대 청소년 약 280명의 일기를 뒤져 그들이 무엇을 먹었고, 기분은 어땠는지를 확인했다. 그렇게 일기를 분석한 결과 평소보다 과일과 채소를 더 많이 먹었을 때 청소년들의 마음이 더 편안하고 행복하며 열정에 넘쳤던 것으로 나타났다.[24] 이런 결과에 고무된 이 연구팀은 한 그룹의 (우울증이 없는) 청소년들에게 2주간 매일 과일과 채소를 두 접시씩 건네며 평소와 같은 식생활을 하면서 과일과 채소를 추가로 섭취하도록 했다. 그러자 이들 청소년은 그 기간이 지나면서 점점 더 생기 있고, 적극적이고, 의욕에 넘치는 상태가 되었던 반면, 식생활을 바꾸지 않은 대조군의 경우는 그런 일이 전혀 일어나지 않은 것으로 나타났다.[25]

몇 년간에 걸친 자료를 대규모로 분석한 연구에서도 비슷한 결과를 관찰할 수 있었다. 우울증이 없는 사람들이 과일과 채소를 더 많이 먹기 시작하자, 시간이 지나면서 더 행복감을 느꼈고, 삶이 더 만족스럽다고 스스로 평가했다.[26] 연구를 종합할 때 건강한 식생활은 우울증이 있을 때만 뇌와 정신에 긍정적 작용을 하는 것이 아니고, 일반적으로 정서 상태를 개선하고 기분을 나아지게 한다.

펠리체 자카가 식단 실험을 하며 환자들의 뇌까지 자세히 들여다본 건 아니었다. 대신 지중해식 식단과 같은 건강한 식단의 주재료들이 해마의 수축을 막아주거나, 해마가 성장하도록 자극할 수 있음을 보여주는 다른 연구들이 있다. 앞서 언급했지만, 연어 · 청어 · 고등어 등 지방이 많은 생선에 풍부하게 들어 있는 오메가3지방산에 대해서는 특히나 그 긍정적인 효능이 누누이 입증되었다. 여러 테스트에서 입증된바 나이가 지긋한 사람들이 매일 오메가3가 함유된 어유 캡슐을 복용한 경우, 몇 달 뒤 해마의 부피가 증가한 것을 관찰할 수 있다(아울러 기억력도 강화된다).[27] 그 밖에도 2,000명 이상의 피험자를 대상으로 한 26개 연구를 아우르는 최근의 메타분석 결과, 오메가3 캡슐이 실제로 우울증 완화에 도움된다는 사실도 드러났다.[28] 오메가3지방산과 여타 건강한 식품 및 영양소가 뇌와 신체에 어떤 영향을 미쳐서 기분을 향상하는 데 효과적인지는 다음 장에서 자세히 살펴보도록 하자.

우리 마음엔 무적의 여름이 숨어 있다

세로토닌 호르몬이
우울증의 주범이 아닌 이유

기분이라는 게 보기보다 신체적이고 물질적이라는 걸 우리는 어느 정도 알고 있다. 그렇지 않으면 음식이나 약이 어떻게 우울증에 효과적일 수 있겠는가.[1] 그러나 여기서도 주지할 만한 몇몇 새로운 인식이 드러나고 있다.

수십 년간 우울증은 순수 생물학적 시각에서 보자면 뇌의 화학적 불균형에서 비롯한다고 여겨졌다. 무엇보다 뇌에 세로토닌이라는 전달물질이 부족한 것이 우울증의 원인이라고 했다. 간단히 말해, 세로토닌 부족이 곧 우울증이라 여겼다.

하지만 이런 환원주의적 설명은 처음부터 좀 문제가 있었다. 기존 항우울제를 복용하면 복용한 지 얼마 후 뇌 속의 세로토닌이 증가하지만, 약을 복용한 환자는 종종 몇 주가 지난 뒤에야 기분이 밝아졌다. 우울증이 세로토닌 부족 때문이라면 대체 왜 당장 기분이 좋아지지 않는 걸까?

여기서 해마 수축이 대안적인 설명을 제공한다. 해마에서 새로운 신경세포(뉴런)가 형성되기까지, 즉 전구세포에서 시작해 완전히 성숙한 신경세포가 되어 다른 세포들과 기능적으로 연결되기까지

필요한 몇 주 정도가 항우울제를 복용한 뒤 기분이 나아지기까지의 기간에 맞먹는 것이다.[2]

그 밖에 뇌 속 세로토닌을 증가시키는 기존의 항우울제가 해마에서의 신경발생을 자극할 수도 있음이 발견되었다.[3] 우울증 환자에게 세로토닌에 작용하는 약물인 시탈로프람을 투여하면, 많은 경우 8주 정도 후에 기분이 나아지며, 동시에 해마의 용적이 증가한다.[4] 따라서 전통적인 약물이 우울증을 완화하는 데 효과적인 이유는 뇌의 화학적 변화 때문이 아니라, 무엇보다 해마가 새로워지기 때문인 듯하다. 여기서 새로워진다는 것은 새로운 신경세포가 추가된다는 의미일 뿐 아니라, 이미 존재하는 약한 신경세포(뉴런)들, 또는 이를테면 만성 스트레스로 인해 위축된 신경세포들이 재건된다는 것을 의미한다.[5]

새로워지는 건 해마 뿐만이 아니다. 해마는 많은 퍼즐조각 중의 하나이며, 그 밖에 영향력 많은 뇌 영역이 우울증에 관여한다. 무엇보다 전두엽의 앞부분인 전전두피질은 우울증에 중요한 역할을 하여, 우울증이 있는 경우 종종 전전두피질도 수축된다. 신경세포들은 시냅스라 불리는 여러 개의 가지로 서로 연결되는데, 우울증에서 볼 수 있는 전전두피질 수축은 신경세포 가지들이 위축되고 수많은 시냅스가 상실되면서 일어난다(해마에서도 이런 현상을 볼 수 있다).[6] 나아가 우울증 환자에게는 신경세포에 영양을 공급하는 신경아교세포(신경교세포) 또는 지지세포가 적은 것도 눈에 띈다.[7]

이런 형편이 되면 전전두피질이 굉장히 약해졌다는 뜻으로, 상당히 좋지 않은 결과를 가져온다. 그도 그럴 것이 우리 감정을 조절하

우리 마음엔 무적의 여름이 숨어 있다

는 역할을 담당하는 게 바로 전전두피질이기 때문이다. 뇌의 가장 중요한 감정 중추 중 하나는 편도체Amygdala이다. 편도체는 해마 바로 옆에 위치하며, 뇌의 알람 시스템으로서 불안과 공포를 관장한다. 온전한 전전두피질은 편도체의 활동을 억제하는 등 편도체를 조절한다. 하지만 전전두피질이 약해지면 이런 억제 기능을 잃어버린다. 그리하여 불안과 같은 감정이 조절되지 않으면 우리는 계속된 알람 상태에 놓인 듯한 상태가 된다.

전전두피질과 편도체의 협연은 경비견(편도체)과 그 주인(전전두피질)으로 비유할 수 있다. 의심스러운 경우 마구 짖어대는 것이 경비견의 임무라면, 개가 공연히 우체부를 보고 짖어댈 때 그 원인을 살펴서, 휘파람을 불어 개더러 그만 짖으라고 제지하는 일은 주인의 몫이다. 주인에게 개를 통제하고 제지할 힘이 없는 상태가 바로 우울증이라 할 수 있다. 이 경우 내면의 경비견은 계속해서 오랜 시간 시끄럽게 알람을 울린다. 어딜 봐도 전혀 위험이 눈에 보이지 않는데도 그렇다.[8]

뇌의 근력이 사고의 유연성을 활성화한다

이런 설명은 여전히 굉장히 단순화된 상이다. 우울증을 앓을 때 뇌 속에서 세부적으로 무슨 일이 일어나는지 완전한 설명은 아직 나와 있지 않다. 확실한 사실은 우울증을 단순히 세로토닌 결핍이라고 할 수는 없으며, 그보다 더 많은 과정이 개입된다는 것이다.[9] 제한된 '뇌 가소성'도 핵심적인 문제로 밝혀졌다. 가소성이 좋지 않다 보니 생각이 자꾸 부정적인 방향으로 굳어져서 부정적인 생각의

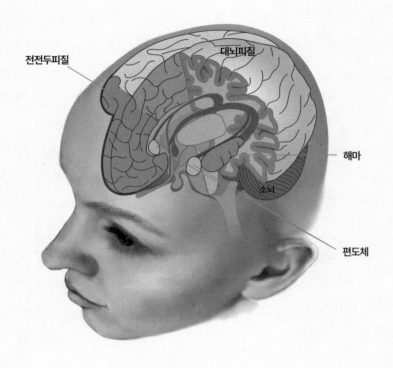

전전두피질

대뇌피질

해마

소뇌

편도체

이마와 눈 바로 뒤에 위치하며 크기가 오렌지만 한 전두엽의 앞부분을 전문용어로 전전두피질prefrontal cortex이라고 부른다(여기서는 전전두피질의 우측 절반만 보인다. 뇌 속을 들여다볼 수 있기 위해 좌측 뇌반구가 시각적으로 잘렸기 때문이다). 전전두피질은 많은 하위구조로 구성되며, 다양한 기능을 한다. 하지만 아주 중요한 임무는 바로 다른 뇌 영역의 활동을 조절하는 것이다. 조절은 활동을 억제하면서 이루어진다. 그러므로 전전두피질을 '자기 통제 담당 신경'이라고 할 수 있다. 전전두피질은 해마와 협력해 중요한 감정 센터인 편도체를 제어한다. 이는 모양과 크기가 아몬드를 닮았다고 하여, 편도체 또는 'Amygdala(아몬드를 뜻하는 라틴어)'라고도 불리는 뇌구조다. 편도체도 우반구와 좌반구에 하나씩 있는데, 우울증이 있는 경우 전전두피질과 해마가 수축되어 있어, 편도체를 잘 조절하지 못하는 경우가 많다.

우리 마음엔 무적의 여름이 숨어 있다

고리가 돌아가고, 그 고리에서 벗어나기 힘들어진다. 뇌 내부의 연결과 소통이 잘 되지 않는 것도 문제이다. 이 때문에 감정이 잘 조절되지 않기 때문이다. 힘이 빠진 뇌구조가 다시 새롭게 성장하고 새롭게 연결되게끔 활성화시키면(효과가 나타나기까지 몇 주가 소요되긴 하지만, 기존의 항우울제도 이런 일에 도움이 된다[10]), 굳어지고 부정적으로 고착화되었던 사고는 유연해지고 감정이 다시금 더 잘 조절된다. 그러므로 변화에 열려 있는 유연하고 생동감 있는 두뇌는 튼튼한 정신을 위한 좋은 전제조건이라고 할 수 있다.[11]

낮은 용량의 케타민처럼 우울증에 새롭게 처방되는 약물은 기존의 항우울제와는 달리 몇 시간 지나지 않아 전전두피질[12]과 해마[13]의 신경세포 구조를 재생하거나 심지어 새롭게 형성시킨다. 고용량의 케타민은 마취제로 공식 승인되어 활용되고 있는데, 우울증의 경우 의사들은 이 약물을 이른바 '오프 라벨'로 처방한다(즉 허가 범위 외로 사용하는 것이다).[14] 케타민의 영향을 받아 뇌의 배선이 새로워지면 빠른 속도로 기분이 밝아진다. 케타민이 해마의 신경발생 과정을 그 자체로 더 빠르게 만드는 건 아니지만, 관련 연구에 따르면 케타민 성분이 신경발생으로 새로 만들어진 신경세포를 활성화할 수 있는 것으로 나타났다. 이런 활성화가 해마의 회로에 두루두루 영향을 미쳐서 빠르게 항우울 효과가 나는 것이다.[15] 우울증 환자에게 케타민을 투여하면, 환자들은 몇 시간 지나지 않아 이미 부정적인 생각에만 매달려 있지 않고, 긍정적인 정보도 고려하기 시작하며, 열린 사고로 더 유연해진다.[16] 그리하여 많은 경우 단박에 기분이 좋아진다. 하지만 이런 효과는 약 1~2주밖에 가지 않으며

장기간 케타민을 반복 투여하는 것의 위험성이나 부작용은 아직 알려지지 않았다.[17]

나는 케타민을 두세 번 시험했고, 굉장히 유쾌한 효과를 느꼈다. 깊이 긴장이 이완되는 느낌이었다. 케타민을 통해 몸이 어느 정도 마취되다 보니, 순전히 영적인 존재가 되는 느낌이 들기도 하고, 영혼이 일시적으로 '이완된' 신체를 떠나는 듯한 인상을 받기도 한다. 케타민은 다른 치료가 잘 듣지 않을 때 정서 개선을 꾀할 수 있는 대안으로서, 우울증 치료에 활용이 가능하다.[18] 저용량의 케타민이 심리적 문 따개처럼 작용하여, 급성 우울을 완화시키고, 추가적인 치

위축된 뇌 네트워크   건강한 뇌 네트워크

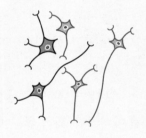 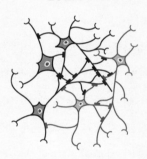

우울증은 특정 뇌구조의 위축을 동반하며, 이로 인해 뇌 내부의 소통에 장애가 생긴다. 이를 회사에서 부서들 사이에서 서로 소통이 이루어지지 않아, 회사가 잘 돌아가지 않는 것에 비유할 수 있다. 위의 두 그림은 작은 뇌 네트워크의 단면을 도식적으로 보여준다. 이 그림에서 별 모양의 구조는 신경세포(뉴런)를 의미하고, 신경세포는 돌기로 다른 뉴런과 연결된다. 왼쪽 그림의 네트워크는 위축되어 있어서 선이 듬성듬성하다(여기서는 명확히 보여주기 위해 약간 과장해서 그렸다). 이런 네트워크는 부정적인 감정을 억제하는 등의 기능을 제대로 수행하지 못한다. 오른쪽 네트워크는 연결이 풍성하여 제 기능을 잘 감당한다. 스트레스, 불안, 부정적인 감정이 잘 조절되어, 심리적으로 밝은 기분을 동반한다. 이런 관점에서 볼 때 뇌는 일종의 근육과 비슷하다. 영양을 공급하고 훈련시키고 회복 시간을 주면, 근육이 튼튼해져서 효율적으로 기능하는 것처럼 뇌도 마찬가지다.[19]

       우리 마음엔 무적의 여름이 숨어 있다

료를 수월하거나 가능하게 한다. 이런 형식의 치료는 기존의 항우울제와 비슷하다. 하지만 더 나아가 적절한 환경, 즉 자기 성찰에 도움이 되는 '명상적' 분위기에서 고용량의 케타민을 투여하면 기존환각제에 버금갈 정도로 의식을 변화시키는 효과가 생긴다. 자신이나 삶에 대한 심리적·감정적 통찰을 하거나, 심리적 상처에 대한 시각이 바뀌면서 우울증이나 알코올의존증[20]에 효과를 보일 수도 있다(자세한 내용은 10장 환각제를 통해 살펴보자).[21] 독일에서는 여러 개인병원과 대학병원에서 케타민 요법을 하고 있다.

결론적으로 울적한 기분이 개선되려면, 신경생물학적으로 뇌의 배선에 균형이 잡히고, 뉴런이 새롭게 생겨나고 성장하여 해마가 새로워지는 것이 중요하다. 근육을 만들거나 (위축된) 근육을 재건하기 위해 영양과 운동, 의도적인 트레이닝이 필요하듯 뇌와 정신도 비슷하다. 여기서도 건강한 영양이 견고한 토대가 되지만, 영양만으로는 충분하지 않다. 기분을 밝게 만드는 음식과 심신의 트레이닝 그리고 재충전을 위한 회복 시간이 어우러질 때 비로소 뇌와 정신이 생기를 되찾을 수 있다. 그리하여 나는 이 책에서 뇌 건강과 정신 건강을 도모하는 좋은 전략으로서 운동, 자연 산책, 명상도 이야기하려고 한다.

2

질병의 반전

면역계는 왜 기분까지 공격하는가?

'질병 행동'은
진화의 기발한 전략이다

　다시 한번 영양학자인 펠리체 자카의 말을 빌리면 신체는 그 안에서 모든 것이 서로 연결된 굉장히 복합적인 시스템이다. 한 부분에서 뭔가가 변하면, 다른 부분에서 예기치 않은 중대한 결과를 일으킬 수 있다. 신체와 정신 또한 기본적으로는 '하나'로 연결되어 있으므로 문제는 더 복잡해진다. 이에 대한 중요한 예는 바로 면역계이다. 면역계는 신체 건강뿐 아니라 놀랍게도 정신 건강에도 강한 영향을 미친다. 면역계를 이야기하려면 다시 음식 이야기로 돌아갈 수밖에 없다. 그도 그럴 것이 우리가 먹는 음식으로 면역계가 공연히 경계 태세에 놓이지 않도록 도울 수 있기 때문이다. 음식을 조심하면 신체뿐 아니라 정신에도 이로움을 준다.

　감기를 앓아 본 사람은 익히 알 테지만, 감기에 걸리면 콧물만 흐르는 것이 아니다. 목도 아프고, 머리도 아프고, 열도 나고, 계속 기침이 나온다. 유감스럽게도 그게 끝이 아니다. 감기는 우리의 감정 상태와 행동도 변화시킨다. 기분이 좋지 않고 무조건 쉬고 싶다. 온종일 침대에 누워 있고만 싶다. 식욕도 없고, 집중도 안 되고, 잠만 쏟아지고, 피곤하다. 무조건 쉬고 싶고, 몸에 힘이 하나도 없고, 축 처지고, 우울해진다. 정말 '다운down'된다.

궁금하다. 진화는 왜 이런 걸 고안했을까? 몸이 아픈 것도 힘든데, 왜 그에 더해 우울해지기까지 할까?

만성염증을 유발하는 도시의 신경증적인 삶

그런데 어라? 생각해 보면, 이런 '질병 행동sickness behavior'은 감기에 걸렸을 때는 나타나지만, 허리가 아프거나 이명이 있을 때는 나타나지 않는다. 질병 행동은 '감염'과 연관되어 있기 때문이다. 꼭 직접적으로 바이러스나 박테리아에 감염된 상태가 아니어도 말이다.

그렇다. 진짜 범인은 바로 면역계다. 면역계가 경보 상태로 옮겨가자마자 뇌는 '질병'이라는 프로그램으로 전환된다. 그 결과 우리는 방으로 들어가 홀로 쉬려 함으로써 가족과 친구들, 즉 우리의 '씨족'들에 대한 감염 위험을 줄인다. 그 밖에도 발달사적으로 볼 때, 우리는 이런 방식으로 바깥 세상의 다른 위험에도 노출되지 않는다. 대신에 우리는 힘을 아껴, 면역계를 도구로 병균을 퇴치하는 데쓸 수 있다.[1] 이렇게 볼 때 질병 행동은 진화의 기발한 전략이 아닐수 없다.

질병 행동을 유발하는 것이 우리 몸의 방어시스템이라는 사실은 수많은 의료적 치료에서 잘 알려져 있으며, 그 모든 치료의 공통점은 바로 면역력을 활성화한다는 점이다. 단순한 감기에만 걸려도 면역계가 동원된다. 그리하여 면역계를 자극하거나 억제하는 식으로 조절하는 사이토카인이라는 전달물질이 증가한다. 면역을 자극하는 사이토카인 중 하나는 인터루킨6Interleukin-6, 줄여서 IL6라고 부른다. 독감 예방 접종을 하면 IL6가 급격히 증가하는 동시에 우리의 기분은 곤두박질친다.[2] 그러므로 IL6 수치가 증가해 있으면 장기적으로 우울증이 찾아올 거라고 예상할 수 있다![3]

즉 면역계가 바이러스나 박테리아뿐 아니라 기분까지 공격한다는 이야기다. 인터페론알파라는 면역자극제는 수십 년 전부터 암 치료와 C형 간염 바이러스 퇴치에 활용되고 있다. 암세포 및 바이러스에 맞서 체내의 방어시스템을 가동시키기 위해서다. 그런데 여기서 난점은 거의 모든 환자가 인터페론으로 인한 면역 자극에 위에서 말한 질병 행동을 보인다는 것이다. 그리하여 절반에 가까운 사람에게 우울증이 생긴다.[4]

일찍이 진화는 우리에게 잘해주고자, 독감이나 감염성 질병이 있는 경우 일시적으로 울적한 기분을 '치료제'로 처방했던 셈이다. 그러나 우리가 살아남는 데 도움을 주었던 이 입증된 전략은 통제불능 상태가 되기 쉽다. 면역계가 계속 활동 상태인 경우 특히 그러하다 (이를 전문용어로 '만성염증'이라고 부른다). 유감스럽게도 오늘날에는 감염질환이나 상처가 없는데도 면역계가 비상경계 태세를 갖추게 하는 요인들이 매우 많다. 다음과 같은 것이 그런 요인에 속한다.

+ 지속적인 스트레스

+ 수면 부족, 피로

+ 운동을 너무 안 해서 생기는 근육 손실

+ (야외 활동 부족으로 인한) 비타민D 결핍

+ 흡연

+ 과음

+ (심한) 과체중

+ 사회적 고립, 외로움[5]

+ 고령

+ 어린 시절에 세균과 너무 접촉이 적었던 경우(이른바 흙장난 같은 것을 하지 않고 자란 경우). 이런 경우 면역계가 스스로 조절하는 훈련이 잘 되어 있지 않다.[6]

　이 목록은 우리가 현대 생활에서 흔하게 만나는 요소이다.[7] 마치 우리 몸이 원시의 아프리카 사바나에서 오늘날 도시의 신경증적인 삶으로 튀어 들어와 계속해서 전신 염증 상태에 시달리기 시작한 것처럼 말이다. 면역계는 24시간 내내 어떤 적과 싸우려고 하는데, 적은 다름 아닌 우리의 생활 방식이니 이 싸움에서 이길 가능성이 없다. 끝나지 않는 싸움은 무엇보다 자신을 해친다. 아프고 무기력하고 우울하게 만든다.

　이로써 우리는 이 두 번째 장의 핵심 테마에 이른다. 위에 언급한 것 외에 만성염증의 또 하나의 결정적인 원인은 바로 나쁜 식사, 즉 패스트푸드와 정크푸드이다. 어떤 식생활을 하느냐에 따라 우리는 염증 과정에 불을 더 지필 수도 있고, '항염증' 식품의 도움으로 이 불을 조절하거나 끌 수도 있다. 다음 몇 쪽에 걸쳐 나는 염증을 억제하는 식재료를 대략 소개하도록 하겠다(《내 몸에 이로운 식사를 하고 있습니까?》를 이미 읽은 독자들에겐 이런저런 내용이 친숙하게 다가올 것이다. 하지만 이 분야를 잘 아는 사람에게도 새로운 연구 결과가 예비되어 있다). 이런 인식을 토대로 각자가 해로운 염증 과정을 줄일 뿐 아니라, 가능하면 맛도 좋게끔 자신의 식단을 구성하면 좋을 것이다. 이 모든 일은 우리 기분을 좋게 한다.

신경염증을 줄이는 식재료, 오메가3, 사프란, 커큐민

1장에서 이미 언급했던 오메가3지방산부터 시작해 보자. 이미 알고 있듯이 오메가3지방산은 우울증을 경감해 줄 수 있는데, 오메가3와 지방산이 염증 과정을 완화하기 때문이다. 오메가3지방산은 아마씨와 치아씨에 가장 풍부하게 들어 있는데, 모두 매우 맛 좋은 권장 식품이다. 아마씨와 치아씨는 요구르트에 뿌려 먹으면 좋다. 요구르트 역시 젖산균으로 염증 과정을 억제하는 식품이다. 아마씨유는 오메가3지방산의 좋은 공급원으로 염증 수준을 낮춰주지만,[8] 맛이 독특해서 적은 양으로도 음식 맛을 좌우하기에 두루두루 사용되지는 않는다. 호두와 유채씨유에도 오메가3지방산이 풍부하게 함유되어 있다.

오메가3의 가장 좋은 공급원은 연어, 청어, 고등어, 정어리, 송어처럼 지방이 풍부한 생선이다. 《내 몸에 이로운 식사를 하고 있습니까?》에서는 일주일에 한두 번 생선을 먹으라고 추천했다. 자료만두고 볼 때 이 정도의 권장량은 예나 지금이나 유효하다. 하지만 어류의 무분별한 남획과 대양 오염이 문제가 되는 상황(키워드: 플라스틱 폐기물)이기에, 상황이 개선되지 않으면 생선 섭취를 줄이는 대신 해조류 오일 형태의 오메가3 캡슐을 복용할 것을 권하고 싶다. 대양 보호를 먼저 고려한다면 해조류 오일은 윤리적으로도 분명히 더 나은 선택이다. 물론 각자 양심에 따라 판단할 일이지만, 여하튼 나는 거의 매일 오메가3 캡슐을 한두 개 복용하고 있다.

최근 영양 연구의 가장 주목할 만한 발견은 오메가3지방산이 단순히 우리에게 많은 에너지를 공급해주는 '칼로리 폭탄'만은 아니라는 점이다. 그렇다. 오메가3지방산은 칼로리를 함유할 뿐 아니라, 약리학적 작용물질처럼 일종의 분자적 언어로 우리 몸에 메시지를 보내는 놀라운 능력이 있다. 따라서 음식은 일종의 정보라고 할 수 있다. 우리 몸의 많은 세포 표면에는 오메가3 센서가 있는 것으로 드러났다. 우리가 먹는 연어에 들어 있는 오메가3지방산이 이런 센서에 도킹하면 세포 안에서 화학적 연쇄반응이 일어나, 유전자 활동의 변화를 거쳐 염증 과정이 줄어든다.

종일 실내에 앉아, 자연을 멀리하고, 햇빛도 안 쏘이고, 운동도 하지 않고, 잠도 조금 자고, 스트레스는 왕창 받고, 게다가 정크푸드까지 먹으면 이런 부자연스러운 생활 방식 때문에 생긴 만성염증 과정이 뇌에까지 번질 수 있다. 이를 신경염증neuroinflammation이라 부른다. 이렇게 볼 때, 기분 저하나 우울증도 일종의 '뇌염증'이며, 특히 전전두엽이나 해마가 이에 연루되어 있을 가능성이 크다(37~43쪽, 우울증이 있을 때 뇌 속에서 일어나는 일 참조).[9] 중증 우울증에 시달리다 자살한 사람들의 뇌를 들여다보면, 감정과 사고 조절에 중요한 역할을 하는 이 두 영역에서 종종 신경염증 징후가 선명하게 발견된다.[10]

면역계를 자극하는 사이토카인은 그 밖에도 해마에서 새로운 신

우리 마음엔 무적의 여름이 숨어 있다

경세포가 형성되는 것을 직접적으로 억제할 수 있다. 이는 염증 과정이 우울증 환자에게서 전형적으로 관찰되는 해마의 수축을 일으킬 수 있다는 뜻이다. 오메가3지방산은 염증 과정을 완화함으로써 해마의 신경발생을 촉진하고, 이를 통해 기분을 향상시킨다.[11]

항염증 작용물질의 공급원이면서 맛도 좋은 또 하나의 식품은 바로 올리브유이다. 질 좋은 올리브유를 마시면 목에서 넘어갈 때 톡 쏘듯 따끔거린다. 이 사실을 발견한 것은 한 연구자의 신선한 착상 덕분이었다. 언젠가 한 연구자가 소염진통제 이부프로펜이 질 좋은 올리브유와 비슷하게 목을 넘어갈 때 톡 쏜다는 사실에 주목했다. 그 연구자는 그 일을 자세히 연구했고, 올리브유에 함유된 올레오칸탈이라는 성분이 체내에서 이부프로펜과 똑같이 염증 신호 경로를 억제한다는 걸 발견했다. 물론 이부프로펜보다는 훨씬 효과가 약하지만 말이다. 냉압착 올리브유 50그램은 보통의 이부프로펜 정을 복용했을 때의 10퍼센트에 해당하는 효과를 발휘한다.[12] 그러므로 우울증을 완화하는 지중해식 식단의 효과는 무엇보다 올리브유가 가진 치료 효과를 통해 뒷받침된다고 볼 수 있다.

독성물질을 방어하는 폴리페놀의 효능

올레오칸탈은 화학적으로 폴리페놀 그룹에 속한다. 폴리페놀은 식물들이 각종 공격을 막기 위해 가장 많이 활용하는 생리활성 물질이다. 올리브는 폴리페놀이 많이 들어 있어 공격적인 태양광선이나 곰팡이균으로부터 스스로를 지킨다. 따라서 폴리페놀은 보호 물질이며, 이론에 따르면 우리가 이런 식물성 성분을 섭취할 때 이런 성분으로 인한 보호 작용이 우리 몸으로 옮겨올 수 있다. "나를 죽이지 못하는 것은 나를 강하게 만든다."라는 모토(과학에서는 '호르메시스Hormesis'라는 명칭으로 부르는 원칙이다. 4장도 참조하라)에 따라, 이 성분에 들어 있는 독성물질이 우리 몸의 방어력을 동원하므로 그런 효과가 나타나는 것이다.

아무튼 비타민, 미네랄, 섬유질 외에 과일과 채소, 통곡물 식품과 허브, 향신료가 건강에 좋은 이유는 바로 폴리페놀 때문이다. 이런 식품들은 가장 건강에 좋은 음식이다. 폴리페놀은 많은 경우 항염증 효과도 발휘한다. 따라서 항염증 식단의 기본은 바로 가공되지 않은 형태의 식물성 식품이다.

최근 학자들은 각각의 영양소와 식품이 항염증 효과를 낼 수 있을지를 부지런히 연구했다. 이에 따라 토마토를 먹거나 차를 마시는 행동이 염증 수준을 높이는지 낮추는지 등에 관한 연구 결과들이 쏟아져 나왔다. 이들 연구 결과를 종합하면, 다양한 식품에 대한 일종의 '염증 순위'가 나오고, 이를 통해 어떤 성분과 식품이 염증 과정을 일으키거나 반대로 완화하는지를 대략 알 수 있다.

염증과 관련한 순위표는 여러 개 나왔다. 이 책에서는 그중 두 가지 중요한 순위표를 소개하고자 한다. 첫 번째 순위표는 수백 개의 연구에 기초해 각각의 영양소가 염증을 촉진하는지 완화하는지를 표시해준다.[13] 두 번째 순위표는 600명 이상 실험참가자의 자료를 바탕으로 작성된 것으로 구체적인 식품명과 함께 비만이나 운동 같은 라이프스타일 요인에도 순위를 매겼다.[14] 두 순위표를 참고하면 개인적인 항염증 식단을 좀 더 구체적으로 작성할 수 있을 것이다.

우리 마음엔 무적의 여름이 숨어 있다

두 순위표의 중요한 점은 다음과 같다.

+ 토마토를 비롯해 당근, 캔털루프 멜론, 복숭아, 만다린, 오렌지처럼 노란색
  과 주황색 폴리페놀(이런 폴리페놀을 플라본, 그리고 이소플라본이라고 부
  른다)이 함유된 채소와 과일은 항염증 효과가 뛰어나다.

+ 렌틸콩, 병아리콩, 콩, 특히 대두도 이소플라본을 많이 함유하고 있다. 파슬
  리는 노란색은 아니지만 많은 플라본을 함유하고 있다. 셀러리, 브로콜리,
  로즈마리, 타임도 플라본의 좋은 공급원이다. 그 외 사과와 배, 블루베리, 딸
  기, 라즈베리, 체리 등의 베리류도 권장된다.

+ 설탕은 강력한 염증 유발 성분이다.

+ 포화지방산도 염증을 유발하는데, 포화지방산은 주로 붉은 육류, 우유, 소
  시지, 버터와 같은 동물성 식품에 들어 있다(첫 번째 순위표에서 비타민
  B12가 염증을 일으키는 카테고리로 분류된 것은 오류다. 비타민B12 자체
  는 항염증 효과를 나타내기 때문이다. 하지만 이 비타민이 간이나 쇠고기
  같은 동물성 식품에만 들어 있다 보니 그렇게 분류되었다. 하지만 바로 이
  런 이유로 채식주의자들, 특히 비건들은 반드시 비타민 B12를 건강보조식
  품으로서 섭취하길 바란다). 1장에서 살펴보았듯이 펠리체 자카는 풀을 먹
  고 자란 붉은 고기를 가공하지 않은 형태로 일주일에 여러 번 적당량 섭취
  할 것을 권장한다. 일반적으로 '산업적으로 대량 생산된 육류'와는 달리 이
  런 육류에는 오메가3도 좀 더 풍부하다. 하지만 지방이 많은 생선에 훨씬 더
  많은 오메가3가 함유되어 있으므로, 이런 생선이 더 건강한 선택이라고 하
  겠다.[15]

+ 과도한 알코올 섭취는 주지하다시피 건강에 해로우며 염증 과정을 촉진한

다(아울러 과음은 신경발생을 저해하여 해마를 수축시킨다).[16] 하지만 한 잔 또는 최대 두 잔의 알코올은 염증을 억제하는 효과가 있는 것으로 보인다. 그럼에도 종합적으로 말해, 건강을 생각한다면 음주는 매우 조심해야 한다. 최신 연구 결과에 따르면 매일 술을 마시면 암 발병률이 높아지는 것으로 나타났다. 그러므로 알콜 섭취는 일주일에 기껏해야 두세 번, 여성은 한 잔, 남성은 최대 두 잔 정도로 그치는 것이 좋다. 그 이상은 해롭다.[17]

+ 차는 항염증 효과가 굉장히 뛰어나다. 무엇보다 녹차, 캐모마일차, 보이차가 좋다.[18] 보이차는 왕왕은 몇 년에 걸쳐 숙성된 적갈색의 중국차로, 지방 연소와 체중감량에 효과가 있다.[19] 내 개인적인 느낌으로는 유감스럽게도 보이차는 차보다는 약에 가까운 맛이 나는 듯하다(보이차를 마시고자 한다면 미미한 독소가 있을 수 있으므로, 중국에서처럼 처음 우린 물은 버리고, 젖은 찻잎을 두 번째로 우려낸 차를 마시도록 한다[20]). 차를 그다지 좋아하지 않는 사람은 커피를 마셔도 좋다. 커피 역시 항염증 효과가 있다.

+ 미네랄과 관련해, 마그네슘은 항염증 효과가 탁월한 것으로 알려졌지만, 이는 단순히 건강한 음식은 늘 마그네슘을 풍부히 함유하고 있기에 그렇게 여겨지는 것일 수도 있다. 마그네슘은 무엇보다 시금치, 콩, 통곡물 제품, 두부에 많이 들어 있다. 하지만 내가 보기에 가장 맛 좋은 마그네슘 공급원은 캐슈너트와 다크 초콜릿이 아닐까 한다.

+ 사프란의 염증 억제력은 첫 번째 그래픽 상으로는 별로 크지 않은 듯하지만, 사프란 치료(보통 몇 주간 매일 30밀리그램의 사프란 추출물을 복용하는 형식으로 진행된다)가 우울증에 효과 있을 뿐 아니라, 우울증이 없는 사람들에게도 기분 개선 효과를 발휘한다는 것을 여러 실험이 입증하고 있다.[21]

+ 비타민D는 염증 억제 효과를 내지만 음식에는 거의 들어 있지 않다. 그렇

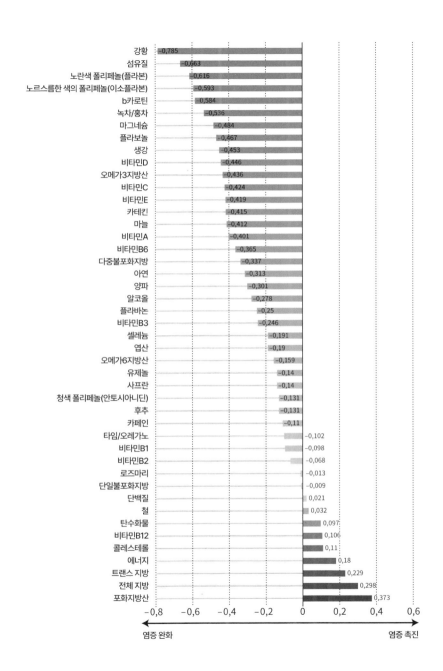

강황	-0,785
섬유질	-0,663
노란색 폴리페놀(플라본)	-0,616
노르스름한 색의 폴리페놀(이소플라본)	-0,593
b카로틴	-0,584
녹차/홍차	-0,536
마그네슘	-0,484
플라보놀	-0,467
생강	-0,453
비타민D	-0,446
오메가3지방산	-0,436
비타민C	-0,424
비타민E	-0,419
카테킨	-0,415
마늘	-0,412
비타민A	-0,401
비타민B6	-0,365
다중불포화지방	-0,337
아연	-0,313
양파	-0,301
알코올	-0,278
플라바논	-0,25
비타민B3	-0,246
셀레늄	-0,191
엽산	-0,19
오메가6지방산	-0,159
유제놀	-0,14
사프란	-0,14
청색 폴리페놀(안토시아니딘)	-0,131
후추	-0,131
카페인	-0,11
타임/오레가노	-0,102
비타민B1	-0,098
비타민B2	-0,068
로즈마리	-0,013
단일불포화지방	-0,009
단백질	0,021
철	0,032
탄수화물	0,097
비타민B12	0,106
콜레스테롤	0,11
에너지	0,18
트랜스 지방	0,229
전체 지방	0,298
포화지방산	0,373

염증 완화   염증 촉진

2-1

이 그래픽의 염증 순위는 수백 개의 연구를 바탕으로 한 것이다.[22] 그리 친숙하지 않은 몇몇 영양소에 대한 설명을 곁들이면, 트랜스 지방은 예전에 마가린을 만들 때처럼 액체 상태의 식물성기름을 인공적으로 굳힐 때 생겨난다. 트랜스 지방이 좋지 않다는 것이 알려졌으므로 오늘날에는 식품을 가공할 때 트랜스 지방을 되도록 쓰지 않지만, 감자튀김, 칩, (튀긴) 패스트푸드, 인스턴트 피자, 또는 특정 과자류(쿠키, 도넛)에 아직도 들어 있는 경우가 있다. 안토시아니딘은 보통 청색을 띠는 색소로, 블루베리, 블랙베리, 라즈베리, 체리에 함유되어 있으며, 적양배추에도 들어 있다. 유제놀은 정향, 계피, 후추뿐만 아니라 바질에도 들어 있는데 냄새가 신기하게도 정향과 비슷하다. 오메가6는 다중불포화지방산에 속하며, 많은 견과류, 씨앗 및 해바라기유 등의 기름에 들어 있다. 플라바논은 감귤류에 맛을 더해주는 영양소로 레몬과 오렌지가 플라바논의 좋은 공급원이다. 카테킨은 무엇보다 천도복숭아, 자두, 복숭아, 적포도, 딸기, 코코아, 다크 초콜릿, 레드 와인에 들어 있다. 가장 유명한 카테킨은 에피갈로카테킨 갈레이트EGCG일 것이다. 에피갈로카테킨은 특히 센차 우치야마라는 일본 녹차에 많이 들어 있어, 나는 매일 이 녹차를 즐기고 있다. 플라보놀(예를 들어 폴리페놀에 속하는 케르세틴과 캠페롤)은 차뿐 아니라, 케이퍼, 양파, 케일, 사프란에도 들어 있다. 베타카로틴은 당근을 주황색으로 만드는 성분이다. 이소플라본과 플라본에 대해서는 본문에서 더 자세히 설명하려 한다.

기에 나는 계절과 개인적인 상황에 따라 매일 1000-2000IU의 비타민 D3(각각 25 내지 50 마이크로그램에 해당한다)를 복용할 것을 권한다. 여름에 종종 야외에서 보내는 사람은 좀 더 적은 양을 복용해도 된다. 겨울에는 모두에게 높은 용량이 필요하다. 과체중이거나 피부가 어두운 색깔이거나 나이 든 사람들은 일반적으로 더 많은 용량을 복용해야 한다.[23]

+ 그러나 이 모든 염증 완화 성분과 식품은 한 가지 향신료를 따라가지 못한다. 그 향신료는 바로 최대의 염증 킬러로 밝혀진 강황이다. 강황에 대해서는 아래에서 좀 더 자세히 살펴보자.

강황은 생강과에 속하는 뿌리식물로, 진한 황금색을 띠기에 '노란 생강'이라 불리기도 한다. 강황은 두루두루 치유력이 뛰어난 폴리페놀인 커큐민을 함유하고 있는 멋진 향신료다. 팔라펠에 넣어도

우리 마음엔 무적의 여름이 숨어 있다

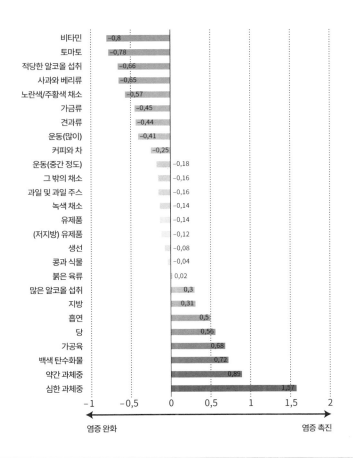

비타민 −0.8
토마토 −0.78
적당한 알코올 섭취 −0.66
사과와 베리류 −0.65
노란색/주황색 채소 −0.57
가금류 −0.45
견과류 −0.44
운동(많이) −0.41
커피와 차 −0.25
운동(중간 정도) −0.18
그 밖의 채소 −0.16
과일 및 과일 주스 −0.16
녹색 채소 −0.14
유제품 −0.14
(저지방) 유제품 −0.12
생선 −0.08
콩과 식물 −0.04
붉은 육류 0.02
많은 알코올 섭취 0.3
지방 0.31
흡연 0.5
당 0.56
가공육 0.68
백색 탄수화물 0.72
약간 과체중 0.89
심한 과체중 1.57

−1   −0.5   0   0.5   1   1.5   2

염증 완화   염증 촉진

2-2

이 그래픽의 데이터는 600명 이상을 대상으로 한 단일 연구에만 기초하기 때문에 2-1의 순위표보다는 신뢰성이 떨어진다. 대신에 이 분석에서는 비만, 운동, 흡연과 같은 생활 습관 요소도 고려한다. 이런 요소들이 염증 과정에도 중요한 역할을 하기 때문이다. 내가 보기에 오메가3를 함유한 생선의 염증 완화 효과는 약간 저평가되어 있는 듯하다. 여기서는 이런 생선을 건강에 해로운 생선 스틱과 함께 그냥 '생선'이라는 커다란 카테고리에 집어넣어 버렸기 때문이다. 지방 카테고리에도 포화지방산(예: 버터)과 불포화지방산(예: 식물성기름)이 함께 들어가 있다. '백색 탄수화물'에는 빵, 백미, 파스타, 감자뿐 아니라 감자튀김, 감자 칩, 쿠키, 팬케이크, 와플, 케이크, 구움 과자, 도넛도 포함되어 있어, 염증 유발 효과가 강한 식품으로 분류되었다.[24]

좋고, 당근수프에 첨가해도 어울린다. 카레가루는 강황을 주성분으로 하고, 생강가루와 마늘가루가 첨가된다.

커큐민의 치유력은 굉장히 뛰어나, 오메가3와 질 좋은 올리브유와 마찬가지로 기존의 약품에 비견할 만한 효력을 발휘한다. 커큐민은 해마에서 신경발생을 촉진해 나이 든 쥐의 기억력을 향상시키는 것으로 나타났다.[25] 반복해서 스트레스를 받은 쥐들은 점점 더 불안해져서 우울 행동을 보인다. 이런 증상은 뇌 속 해마의 만성염증 과정을 동반하며 신경발생도 중단된다. 하지만 이런 상황에서 쥐들에게 커큐민을 풍부하게 공급해주면 어떻게 될까? 상황은 완전히 역전되어 해마의 염증이 줄어들고, 신경발생이 자극되며, 불안하고 우울한 행동이 사라진다.[26] 커큐민은 우울증 환자의 기분도 더 호전시켜 줄 수 있다.[27] 아울러 한 실험에서 18개월 동안 하루 두 번 90밀리그램의 커큐민을 복용한 결과 50세부터 90세까지 우울증이 없는 사람들의 기억력과 기분도 더 향상된 것으로 나타났다.[28]

우리 마음엔 무적의 여름이 숨어 있다

끝없는 감염 위험이 불러온 비상경계 태세의 악순환

오메가3와 커큐민과 같은 영양소가 약리학적 작용물질과 비교해 '순한 약'이며, 음식의 경우 단일 물질이 아니라 수천 개의 물질이 합쳐져 전체의 치유 효과를 낸다는 점을 감안하면, 오메가3, 커큐민, 사프란을 개별적으로 섭취했을 때 이미 정서 상태에 측정가능한 효과를 발휘한다는 것은 놀라운 일이 아닐 수 없다. 이것만 섭취해도 이미 효과가 있다면, 항염증 효과를 지닌 식품을 두루두루 섭취하면 어떤 효과를 낼까!

이 자리에서 한 가지 짚고 넘어가야 할 점은, 염증을 완화시키는 음식은 우리 몸의 염증 수준이 높을 때라야 눈에 띄는 기분 향상 효과를 낸다는 것이다. 그런데 모든 사람이 염증이 심하지는 않다. 나의 염증 수준이 심각한 정도인지 어떻게 알까? 만성염증의 증상은 상당히 불특이해 기분 저하 말고도 피로, 근육 및 관절통, 체중 증가, 두통, 변비나 설사 등의 장 문제, 나아가 피부 발진에까지 이른다.[29] 혈액 내 염증 표지인 c반응성 단백CRP은 염증이 있을 때 간에서 더 많이 만들어지는 단백질이다. CRP 또는 hsCRP 검사를 해보면(hs는 매우 민감한 검사를 의미한다) 염증 수준을 가늠할 수 있지만, 이 검사 수치는 여러 가지를 의미할 수 있으므로 의사에게 방문해서 상의하는 것이 좋다.

하지만 현대의 라이프스타일로 인해 우리 모두는 심하지는 않아도 어느 정도 만성염증 상태일 수 있다. 연령대가 높고 비만인 경우, 흡연과 음주를 하는 경우는 특히 만성염증일 확률이 높다. 많은 흡연자는 잠시 흡연을 하는 시간이 스트레스를 줄이는 데 도움이 된다고 느끼는데, 그 순간에는 정말 그 말이 맞을 수도 있다. 하지만 연구 결과에 따르면 금연을 하고 일 년이 지나면 대부분 체감 스트레스가 전보다 훨씬 줄어든다고 한다.[30] 나아가 담배를 끊으면 장기적으로 기분과 컨디션이 향상된다.[31]

우리가 어떤 종류의 스트레스에 노출되어 있는지도 중요한 역할을 한다. 석기 시대의 스트레스는 보통 긴급하고 신체적이었다. 검치호가 위협해 오거나 이미 상처를 입어서 목숨을 구하기 위해 미친 듯이 도망가야 하거나, 더 쿨하게는 맞서 싸워야 했다. 그래서 상처와 감염에 대비해 신체는 예방차원에서 방어력을 굉장히 높였다. 때때로 수렵 채집 공동체 안에서 독감이 유행해 면역계를 동원하기도 했다. 그러다 검치호의 위험에서 벗어나거나 감염을 이기고 나면 면역계는 다시금 잠잠해졌다. 이 모든 것은 해롭지 않았다. 반대였다. 단기적인 스트레스는 심지어 유익했다. 이런 방식으로 면역계가 스스로를 조절하는 능력을 배우고, 유연성을 훈련할 수 있기 때문이었다. 아울러 운동이나 동료들 앞에서 프레젠테이션을 할 때와 같은 일시적인 스트레스는 정신을 생동감 있게 해준다.

문제는 많은 현대인이 처한 상황처럼 스트레스가 도무지 끝나지 않고 만성이 될 때이다. 정글 같은 사무실에서는 야생에서 이따금

우리 마음엔 무적의 여름이 숨어 있다

동물과 싸우거나 그 밖의 신체적인 도전에 맞서는 일이 아니라, 늘 가득 넘치는 스케줄표가 스트레스를 불러일으킨다. 우리는 24시간 내내 연락 가능한 상태로, 정보의 홍수 속에서 허우적거리며, 직업 생활과 가정생활의 균형을 잡고자 종종거린다. 검치호는 정신적 호랑이로 변해 원시 사바나에서 우리 자신의 머릿속으로 자리를 옮겨 앉았다. 그는 머릿속에서 거의 쉴 없이 우리를 위협한다. 그 결과 면역계는 좀처럼 쉬지 못하고, 계속 비상 경계 태세에 있게 된다.[32]

뇌는 이런 경보 분위기를 감지하고 우리가 상처를 입었거나 아프다고 생각하여, 진화적으로 입증된 '질병 프로그램'을 작동시킨다. 그리하여 우리는 피로하고 지친 기분이 되어, 의기소침해하고 울적해한다. 그러나 이 같은 행동은 더는 이롭지 않고 오히려 상황을 악화시킬 뿐이다. 자신을 고립시키는 것만으로는 울적함의 현대적인 원인을 제거하지 못하기 때문이다. 산더미처럼 쌓인 과제 앞에서 울적하고 우울해하면 우리의 문제는 더 커진다. 무기력하고 마비된 기분이 되며, 과제 목록은 계속 쌓여만 간다. 물론 며칠 또는 두세 주 휴식을 취하는 것은 회복에 도움이 되며, 극도로 스트레스를 받은 뇌를 재충전하는 데 필요한 일이다. 하지만 여러 주 또는 몇 달간 그렇게 쉬어버리면 유익보다는 해가 더 크다. 그리고 고립과 외로움에 점점 더 시달리는 상태가 된다.

건강한 음식은 이런 악순환에서 벗어날 수 있게 하는 좋은 출발점이 될 수 있다. 정크푸드를 많이 먹어서 일시적으로 염증 수준이 높아진 경우라면 항염증 식단을 섭취하면 금세 문제의 뿌리가 뽑힐 것이다. 하지만 그보다는 바람직하지 못한 식생활에 지속적인 스트레스가 더해진 경우가 훨씬 많다.

따라서 우리는 스트레스에 더 잘 대처할 수 있는 수단을 강구해야 한다. 다음 장에서 스트레스를 감소시키는 동시에 스트레스 회복력을 강화하는 가장 간단하고 빠르고 효율적인 방법을 소개하고자 한다. 운동과 스포츠가 신체 건강뿐 아니라 정신 건강에도 이로운 이유는 무엇일까?

3

운동은 최고의 스트레스 조절 훈련법

회복탄력성을 트레이닝하라

근육과 뼈가 나누는
'이야기 치료'의 효과

운동하면 기분도 밝아진다는 말은 새삼스러운 기밀 사항은 아니다. 그러나 흥미로운 것은 운동과 스포츠가 우리 뇌가 스트레스와 부정적인 감정을 더 잘 조절할 수 있게 도와준다는 점이다. 운동과 스포츠는 일종의 '마인드 컨트롤 훈련'이며, 심리치료법임이 드러나고 있다. 고전적 심리치료에서 치료사는 우리와 이야기를 하면서 우리 귀를 통해 뇌와 정신에 이른다. 물론 눈도 함께 이야기에 참여하므로 눈을 통해서도 우리의 뇌와 정신에 이르고, 그렇게 하여 뇌와 정신의 변화를 이끈다. 운동을 할 때도 비슷한 일이 일어난다. 이 경우는 뇌와 '이야기'를 하는 것이 근육과 뼈일 따름이다. 이상하게 들릴지 몰라도, 이 생리적 '이야기 치료' 역시 마음을 튼튼하게 하는 효과를 가져다준다. 어떻게 그렇게 되는지 자세히 살펴보자.

삶이 우리에게 스트레스를 줄 때

스트레스를 받거나 좌절감에 사로잡혀 조깅화를 신고 달리기 시작한다고 해보자. 꿀꿀한 기분을 떨쳐내기까지 한동안 시간이 걸린다. 심장이 콩닥콩닥 뛰고, 혈관에서는 아드레날린이 솟구치고, 생각은 마구 질주를 한다. 조깅이 신체에 스트레스를 주기에 평소보

우리 마음엔 무적의 여름이 숨어 있다

다 더 통제되지 않고, 더 강하게 질주를 한다. 이 모든 것은 일단은 상태를 악화시킨다!

하지만 오래 달릴수록 부정적인 생각이 점점 힘을 잃는다. 더 먼 길을 뒤로할수록, 부정적인 생각은 잠잠해지고 뒤로 밀려난다. 걸음을 뗄 때마다 우리가 점점 머릿속에서 빠져나와 몸속으로 빠져들어가기라도 하듯. 정말 그럴까 싶지만, 45분 뒤에 집에 도착하여 (늦어도 샤워를 하고 나면) 조깅을 나갈 때 느꼈던 그 무거웠던 마음은 더 이상 많이 남아 있지 않다.

운동은 신체에 스트레스 요인으로 작용한다. 아드레날린과 혈압이 치솟고, 심장이 뛴다. 하지만 운동을 마친 뒤에는 높은 이완 효과가 찾아온다. 혈압이 낮아져 원래 수준보다 더 떨어진다. 신체는 신체적 스트레스에 안티 스트레스 웰니스프로그램으로 반응해 다시금 생리적 균형을 이루고자 한다. 스트레스 요인이 사라지면, 웰니스프로그램의 효과만 남고, 순전한 회복이 찾아온다. 운동은 일종의 스트레스 훈련이라고 할 수 있다.[1]

베를린 샤리테 병원 연구진의 실험이 이를 인상적으로 뒷받침해 준다. 이 연구는 운동이 뇌와 정신을 어떻게 변화시키는지를 최초로 보여주었다. 이 실험에서 실험참가자의 절반은 우선 30분간 러닝머신을 뛰었다. 그리고 대조군은 이 시간에 그냥 가벼운 스트레칭을 하거나 발목 돌리기만 했는데, 중요한 것은 이런 활동을 하며 몸이 전혀 힘들지 않았다는 점이다.

운동을 마치고 약간의 휴식을 취한 뒤 모든 참가자는 MRI 스캐너 속으로 들어가 계산 문제를 풀어야 했다. 머릿속으로 빠르게 암산을 해야 했는데, 그 와중에 설상가상으로 무뚝뚝한 실험 주재자가 '친절하게도' 그들의 암산 실력이 얼마나 형편없는지를 지적했다.

실험참가자들은 이런 실험이 불쾌했겠지만, 과학에는 도움이 되었다. 실험 결과 조깅을 한 뒤 암산 문제를 푼 사람들은 실험에 임하며 기분이 그다지 좋지는 않았어도, 암산을 하면서 스트레스 호르몬 코르티솔을 그다지 많이 분비하지는 않은 것으로 나타났다. 런닝머신을 뛰고 난 뒤라 스트레스 받는 일에도 그다지 기죽지 않는 것처럼 보였다.

뇌 스캔은 참가자들의 머릿속에서 무슨 일이 있었는지를 보여주었는데, 조깅을 한 사람들은 암산 중에 해마가 더 많이 활성화된 것으로 나타났다. 알다시피 해마는 스트레스 반응을 조절한다. 신체운동이 해마를 자극하여, 운동을 하고 난 뒤 해마가 스트레스를 조절하는 자신의 기능을 더 잘 발휘했던 듯하다.[2]

따라서 운동은 뇌가 스트레스를 능동적으로 감소시키는 능력을 발휘하게 도와준다. 운동 자체가 스트레스 요인이므로, 운동은 스트레스 또는 더 나아가 부정적인 감정 조절을 연습할 수 있는 좋은 수단이다. 여기서 이로운 점은 동료의 기분 나쁜 말이나, 신기하게도 늘 엎친 데 덮친 격으로 날아드는 나쁜 소식과는 달리, 운동은 난데없이 벼락처럼 떨어져 사람을 압도하지 않는다는 것이다. 운동은 우리에게 스트레스로 작용하지만 우리는 그 스트레스와 스트레스 수준을 적절한 정도로 조절할 수 있다. 스스로 원하는 만큼 달리고, 런닝머신을 뛰고 수영하고, 역기를 들어 올릴 수 있다. 감당할 수 있을 만큼, 이젠 됐다 싶을 만큼 말이다.

우리 마음엔 무적의 여름이 숨어 있다

더 많은 신체적 스트레스와 고통을 원한다면 속도를 올리거나 한 바퀴 더 돌면 된다. 운동은 의식적으로 분량을 통제해가며 스트레스 조절 훈련을 할 수 있는 방법이다. 운동으로 스트레스를 조절하는 훈련을 해두면, 스트레스 상황이 '뒤에서' 우리를 덮칠 때 능히 감당할 수 있다. 우리가 자신에게 스트레스를 주는 것이 아니라, 삶이 우리에게 스트레스를 줄 때 말이다.

"문제가 줄기를 바라지 말고, 더 많은 스킬을 바라라"

평소 스트레스를 많이 받고, 다른 부정적인 감정과도 싸워야 하는 사람은 운동을 하면 유익할 것이다. 하버드대학교 연구진은 정말로 그런지를 규명하고자 나섰다.

연구자들은 우선 질문지를 통해 실험참가자들이 "감정이 나를 압도해 온다."라거나 "기분이 나아지기 위해 내가 할 수 있는 것이 아무것도 없다는 생각이 든다."와 같은 진술에 얼마나 동의하는지를 파악했다. 익히 예상할 수 있듯이 평소 그런 생각을 한다는 건 감정을 다스리는 데 어려움을 겪고 있다는 뜻이다.

이어 연구자들은 으레 그렇듯 실험참가자들을 두 그룹으로 나눠, 한 그룹은 30분간 조깅을 하게 했고, 다른 그룹은 그 시간에 스트레칭만 하게 했다. 그러고 나서 모두에게 멜로 영화 중 보는 이가 슬픔에 젖어들게 하는 부분을 보여주었다. 그리고 실험참가자들이 이런 짓눌린 기분에서 얼마나 잘 빠져나올 수 있는지를 관찰하려고 〈해리가 샐리를 만났을 때〉의 우습고 밝은 부분을 보여주었다. 그러면서 계속해서 실험참가자들의 감정 상태를 체크했다.

그 결과는 인상적이었다. 운동이 어떤 심리적 메커니즘을 통해 기분을 좋게 하는지를 이전보다 더 정확하게 보여준 것이다. 일반

우리 마음엔 무적의 여름이 숨어 있다

적으로 운동이 우리 기분을 좋게 해주는 이유는 스트레스 호르몬을 분해하고, 체내 오피오이드(엔도르핀)를 많이 분비시키기 때문이라고 생각할 것이다. 하지만 이 연구에서 엔도르핀과 관련한 이야기는 그리 맞지 않는 것으로 드러났다. 대신에 그 유명한 러너스하이 Runner's High를 유발하는 건 대마초 유사 물질(우리 몸이 스스로 만들어내는 마리화나라 할 수 있는 '엔도카나비노이드', 즉 우리 몸에서 생산되는 마리화나)이었다.[5] 어느 쪽이든 간에 운동은 신체를 이완시키고 기분을 호전시키는 효과를 발휘하는데, 하버드 연구자들의 이 실험은 그 배후에 더 매력적인 심리적 사실이 있음을 보여주었다.

질문지상 감정 조절이 어렵다고 평가된 실험참가자들은 슬픈 영화를 본 뒤 예상대로 특히나 그 분위기에 영향을 받아서 기분이 가라앉았다. 그런데 주목할 만한 점은 이런 울적한 기분이 실험이 진행되는 동안 어떻게 변화했는가이다. 실험 결과 스트레칭만 한 실험참가자들은 질문지상으로 감정 조절을 잘하는 사람인지 못하는 사람인지에 관계없이 슬픈 기분이 끝까지 지속된 것으로 나타났다. 밝은 분위기의 〈해리가 샐리를 만났을 때〉 장면을 본 다음에도 그런 기분이 가시지 않았다. 감정 조절이 힘든 사람들만 울적한 기분에서 헤어나지 못하리라는 예상을 뒤엎는 결과였다.

이 실험의 결정적인 발견은 단 한 번의 조깅만으로도 울적한 기분을 뚜렷이 개선할 수 있다는 점이었다. 조깅은 특히 감정 조절에 문제가 있던 참가자들에게 도움이 되었다. 30분간 러닝머신을 뛴 것만으로도 감정 조절 능력이 대폭 향상되었다. 처음에는 그들 또한 영상의 분위기에 휩쓸려 기분이 울적했다. 하지만 조깅을 한 덕분에 울적한 기분에 오래 사로잡혀 있지 않았다. 이것이 바로 중요한 점이다. 30분간 러닝머신을 뛴 것이 감정 조절 능력을 증가시켜, 〈해리가 샐리를 만났을 때〉를 보고 나서는 러닝머신을 뛰지 않은 그룹에 비해 뚜렷이 감정 상태가 나아졌다.[4]

하버드 연구진은 이런 연구 결과를 실생활에서도 확인할 수 있었다. 연구자들은 일군의 실험참가자에게 휴대폰에 앱을 설치하도록 한 뒤, 앱을 통해 며칠간에 걸쳐 계속하여 그들이 방금 운동을 했는지, 기분이 어떤지를 체크하게 했다. 그 결과 운동을 하는 사람들도 일상에서 부정적인 감정을 경험하는 정도는 동일한 것으로 나타났다. 운동을 한다고 삶이 동화로 바뀌지는 않는단 뜻이다. 바뀐 것은 부정적인 감정을 '극복하는' 능력이었다. 하버드 연구자들에 따르면, 운동을 한 사람들은 좋지 않은 기분에 그다지 오래 사로잡혀 있지 않았다.[5]

그 이유는 실험들도 보여주는바 운동을 한 덕분에 생각을 곱씹는 일에 빠져들지 않았기 때문이다. 반추라 불리는 이런 행동은 기분 저하와 우울증의 본질적인 원인이다. 생각과 감정은 긴밀히 연결되어 있으며, 운동은 우리의 생각뿐 아니라 감정을 바꾼다. 한마디로 말해 운동은 우리의 정신을 생동감 있게 만들고, 더 균형 잡힌 기분을 가져다준다.[6]

엔도르핀? 엔도카나비노이드? 마이오카인?

운동을 하기 시작하고 근육에 활력을 불어넣자마자, 근육은 자기 편에서 몸의 나머지 기관들과 '대화'를 하기 시작한다. 근육은 우리처럼 말을 할 수는 없지만, 대신에 '근운동myokinetic'이라는 언어를 구사한다. '마이오카인Myokine'이라 불리는 분자들의 도움으로 소통을 하는 것이다(그리스어로 'mys'는 근육을 뜻하고, 'kinema'는 운동을 뜻한다).

마이오카인은 수백 가지가 있는데 그중 하나가 카텝신B다. 우리가 땀을 흘리면 근육은 우리가 모르는 사이에 카텝신B를 분비하는데, 이것은 뇌에 이르러 해마에도 들어간다.[7]

동시에 근육은 뼈를 흔들어 깨어나게 한다. 우리는 뼈를 경직되고, 생명이 없는 구조물로 여길지 모르지만, 사실 뼈는 역동적이고 활동적이다. 예를 들어 운동을 하면 뼈는 오스테오칼신이라는 호르몬을 더 많이 만들어내는데, 이 호르몬 역시 해마에 도달한다.[8]

카텝신B와 오스테오칼신이 해마에서 BDNF를 만들어낸다. BDNF는 'Brain Derived Neurotrophic Factor'의 약자로, '뇌유래 신경영양 인자'라고 번역할 수 있다.

BDNF는 신경세포 구조를 위한 비료라고 할 수 있다. 새로운 분석에 따르면 세로토닌의 양을 증가시키는 항우울제도 상당 부분은 BDNF를 활성화시킴으로써 기분 향상 효과를 낸다.[9] BDNF는 뇌세포를 보호하며, 뇌세포의 가지모양 구조(수상돌기)가 생겨나게끔 한다. 그렇게 하여 뇌는 새롭게 형성되며 근육처럼 성장한다.

BDNF는 해마의 신경세포가 새로 생겨나게끔 자극하기도 한다. 우리 속 쥐에게 마음껏 힘을 발산할 수 있는 쳇바퀴를 넣어주면(쥐는 이 활동을 좋아해서 하룻밤 사이에 몇 킬로미터의 거리에 해당하는 쳇바퀴를 돌린다), 쥐의 해마에서 성장인자인 BDNF가 증가하고, 신경발

생이 활발히 이루어진다.[10]

인간에게서도 비슷한 현상을 관찰할 수 있다. 신체를 움직이면 BDNF가 분비되어 우울증이 있을 때 전형적으로 위축되는 뇌 영역인 해마, 그리고 전전두피질이 새로워진다.[11]

한 연구에서는 노인들에게 6개월간 일주일에 세 번, 한 시간씩 빠르게 걷는 운동을 처방했더니, 뇌 여러 영역의 부피가 노년기에 일반적으로 감소하는 것과 달리 증가한 것으로 나타났으며, 용적이 최대로 증가한 부위는 바로 전전두피질이 속한 뇌의 앞부분이었다.[12] 일주일에 세 번 노르딕 워킹이나 체조를 한 경우에도 비슷한 효과가 관찰되었다.[13]

그 밖에 운동을 하면 해마의 부피가 늘어난다. 일반적으로 노년이 되면 해마가 매년 약 1~2퍼센트씩 수축한다. 하지만 일주일에 세 번 40분씩 산책만 해도 이런 부피 감소를 예방할 수 있다는 사실이 또 다른 연구를 통해 입증되었다. 나아가 일 년간 이런 식으로 규칙적으로 산책을 하자, 60대 후반 참가자들의 해마 부피가 2퍼센트 증가한 것으로 드러났다.[14]

한 연구 결과는 특히나 고무적이다. 이 연구에서 독일의 신경정신과 의사 팀은 일군의 조현병 환자들과 '건강한' 실험참가자들에게 3개월간 일주일에 세 번 30분씩 실내 자전거를 타도록 권했다. 그러자 단 3개월 만에 해마 부피가 굉장히 증가했는데, 조현병 환자들의 경우 평균 약 12퍼센트가 증가했고, '보통' 사람들은 약 16퍼센트가 증가했다. 참가자들 중 한 사람은 자그마치 20퍼센트가 증가해 육안으로도 확연히 차이를 느낄 수 있을 정도였다.[15]

우리 마음엔 무적의 여름이 숨어 있다

이 모든 결과를 한 문장으로 요약하면, 신체 운동은 스트레스와 부정적 감정을 조절하고 해소시키는 뇌 영역을 새롭게 함으로써 정신 건강을 촉진한다고 말할 수 있다.

이런 결과가 소중한 이유는 삶에서 부정적인 요인을 모두 제거해 버릴 수는 없기 때문이다. 그러므로 "문제가 줄어들기를 바라지 말고, 더 많은 스킬을 바라라."라고 생각해야 한다.[16] 삶이란 무엇보다 삶의 문제에 맞서는 것이며, 위험을 감수하고 실패를 과도하게 두려워하지 않으면서 어느 정도 문제에 적극적으로 도전하는 것이다. 목표를 추구하다가 장애물을 만난다고 곧장 꺾이거나 포기하겠는가. 삶의 만족은 상당 부분 그런 도전에 맞서는 가운데 이런저런 일을 해내는 데서 비롯된다.

신체적으로 건강하면 마음의 저항력도 높아지므로, 인생에서 만나는 위험과 장애물, 패배에 그리 굴하지 않게 된다. 우리는 실패할 것이다. 계속해서 실패할 것이다. 실패하지 않는다는 이야기는 우리가 가진 능력을 제대로 발휘하지 못하고, 늘 자신의 능력 수준에 한참 못 미치는 일만 한다는 뜻이다. 아무것에도 도전하지 않는다는 이야기다. 간혹 실패를 하는 사람만이 본인 능력의 한계 가까이 나아가고 있음을 안다. 알다시피 아이들은 특히나 모험을 좋아한다. 그래서 아이들이 호기심에 자칫 위험한 일을 하지 않게끔 보살피는 것이 부모의 과제다. 하지만 한편으로 아이들이 호기심과 모험심으로 끊임없이 한계를 시험하고 넘어서기에 그만큼 많은 것을 배우고 생동감 넘치는 삶을 살아가는 게 아닌가.

운동으로 스트레스를 극복하는 훈련을 해두면 삶의 도전에 더 잘 대처할 수 있다. 더 자유롭고, 어린 시절처럼 생동감 있게 살 수 있다. 삶의 도전에 맞서 운동으로 방어력을 강화하지 않았을 때는 감히 엄두를 낼 수 없었을 일을 도모할 수 있다.

우리 몸에 잠재한
태곳적 본성을 만나자

좋은 소식이 많지만, 유감스럽게 나쁜 소식도 있다. 그것은 우리 대부분은 운동 잠재력을 정말 놀라울 만큼 적게 사용한다는 사실이다. 일부는 아예 사용하지 않는다. 현재의 데이터에 따르면 독일인의 43퍼센트는 어떤 운동도 하지 않는 것으로 나타났다. 대신에 정말 많은 사람이 온종일 앉아서 보낸다. 그러다 밤이면 누워서 앉아 있던 몸을 좀 회복할 뿐이다.[17] 운동이 부족해지면 만성염증도 생긴다. 신체는 계속해서 우리가 상처를 입었거나 아프다고 생각하고, 더욱더 운동 대신 침대에 누워 쉴 것을 권한다.

가끔은 이런 생활이 어느 정도 괜찮아 보인다. 나를 포함한 우리 중 많은 사람은 평범한 하루에 정말 몇 걸음 걷지 않고 보내면서도 문제없이 살아 있을 수 있다. 아니, 노동계의 관점에서 보면 가능한 한 쉬지 않고, 오래 책상 앞에 앉아 있을 때 가장 생산적인 하루를 보낼 수 있다. 우리가 겪는 모든 스트레스는 순전히 정신적으로 유발되며, 대부분 만성 스트레스다. 그리고 신체적으로 해소될 기회를 거의 얻지 못한다.

이런 생활 방식은 신체와 뇌에 결코 적합하지 않다. 원시시대 아프리카의 사바나에 살던 선조들은 날마다 사냥을 하고 먹거리를 모으는 것 외에는 생존 방법이 없었다. 따라서 석기시대 이후 그다지 변하지 않은 우리의 유전적 장비가 정상적으로 기능하려면 최소한의 운동은 해줘야 한다.

하지만 이런 기대는 현대 생활에서 매일매일 물거품이 된다. 모니터 앞에 달라붙어서 생산성을 발휘하는 아침마다, 우리는 한편으로 몸의 은밀한 기대를 저버리고 있다. 그 결과 심신은 어느 순간 지치기 시작한다.

오늘날 전 세계에 여기저기 흩어져 있는 몇 안 남은 수렵채집사회는 우리의 유전적 장비가 형성되었던 수백만 년간의 과거를 엿볼 수 있는 창문 역할을 한다. 이들 사회는 우리 몸이 얼마나 많은 움직임을 바라고 있는지를 알려준다.

미국 애리조나주립대학의 인류학자인 킴 힐kim Hill은 거의 30년간 수렵채집인과 함께 어울려 사냥하고 채집하며 그들의 생활을 연구했다. 킴 힐은 특히 파라과이의 열대 우림에 사는 '아체Aché'라는 부족과 함께 시간을 보냈는데, 킴 힐의 관찰에 따르면 아체족은 늘 일어서서 시간을 보낸다. 배가 고픈데 근처에 마트도 없고 배달앱도 없으면 그럴 수밖에 없다.

비가 오지 않는 날이면 남자들은 사냥에 나선다. 그러면 약 10킬로미터를 보통 걸음으로 걸어가는데, 숲이 우거지고 빽빽한 정글을 통과하기 때문에 우리가 평지를 걸어 다닐 때보다 훨씬 힘이 든다. 그리고 사냥감을 추격하기 시작하면 대부분은 추가로 1~2킬로미터를 마구 달려야 한다. 사냥이 너무 힘들었던 날이면 그다음 날은 쉰다.

수렵채집 사회에서는 여성들도 마찬가지로 제대로 앉아 있는 법이 없다. 늘 일어서서 채소, 과일, 견과류, 베리류, 새알 등을 끊임없이 수집한다. 때로는 여성들도 작은 동물을 사냥하기도 하고, 화살에 맞아 쓰러진 먹잇감을 캠프로 가져오기도 한다. 아이를 업은 채로 물을 긷고 나무를 하고, 수집을 한다. 아이들이 평균 네 살 정도가 되면, 엄마들은 아이를 업거나 안아서 수천 킬로미터를 이동한 셈이 된다.

하루를 바쁘게 움직인 수렵채집인은 저녁에도 멍하니 텔레비전 앞에 앉아 넷플릭스 시리즈나 시청하지 않는다. 그들은 종종 춤을 추며 저녁을 보낸다. 일주일에 여러 번 같이 어울려 춤을 추는데, 두세 시간을 춤추며 보내기도 한다.

따라서 우리 몸은 아침부터 저녁까지 끊임없이 다양한 방식으로 움직이는 데 익숙하다. 몇 시간씩 앉은 채로 보내는 오늘날의 '평범한 모습'은 우리 몸에는 굉장히 예외적인 상태다. 앞서 운동을 심리치료와 비교했는데, 사실 이것은 적절하지 않다. 그보다는 오늘날 자연에 위배되는 굼벵이 같은 문화 속에서 운동을 시작하는 사람이야말로 원래의 정상 상태로 돌아가는 거라고 할 수 있다.[18] 수백 만년 된 우리 본성과 만나는 것이며, 등한시했던 자신의 본질적인 부분과 만나는 것이다. 그럼으로써 심신의 균형을 이룰 수 있다.

해마를 자극하는 최고의 스포츠들

우리 선조들의 라이프스타일을 상기하면 우리가 얼마나 자주, 얼마나 많이 운동하는 게 좋은지를 따지는 것 자체가 우습게 생각되기도 한다. 한마디로 대답하면 조금이라도 부지런히 몸을 움직일수록 좋다. 더 많이 움직이는 것은 보통은 더 좋다.

영국 옥스퍼드대학교와 미국 예일대학교 연구진은 운동이 정신 건강에 미치는 영향에 대해 몇몇 연구 결과를 발표했는데, 이 결과들은 운동과 관련한 질문에 대해 대략적인 지침을 제시해준다. 이 두 대학의 학자들은 백만 명 이상의 데이터를 분석하는 가운데, 스트레스, 우울증, 기타 감정 문제와 관련한 참가자들의 정서 상태를 살펴보는 한편, 참가자들의 운동량을 체크했다.

그러자 우선은 예상했던 바대로, 운동을 많이 하는 사람들이 심리적인 문제를 덜 겪는 것으로 나타났다. 정서적인 면에서는 일주일에 3~5회 45분간 운동을 하는 사람이(최적치는 30분에서 60분 사이였다) 가장 좋은 점수를 받았다.

이 연구에서 주목할 만한 또 다른 결과는 모든 형태의 운동이 도움되지만 다른 사람과 함께 어울려 배드민턴, 농구, 테니스, 축구, 핸드볼, 배구, 스쿼시, 탁구, 프리스비 등을 하면 특히나 정서에 유익하다는 것이다.[19] 사람들과 어울려 운동을 하면 즐겁고, 의욕이 솟고, 신이 나기 때문이다. 편안한 분위기에서 함께 어울리는 것만으로 긍정적인 효과를 낸다.

이와 관련하여 아직 확실히 입증되지 않았지만, 또 다른 흥미로운 설명은 해마가 운동뿐 아니라 학습과 같은 정신적 자극으로도 활성화된다는 것이다. 신체 활동 외에도 새로운 동작이나 기술을 연습하거나, 다른 멤버의 포지션에 따라 자신의 포지션을 맞춰야 해서 머리를 계속 쓸 때도 해마가 굉장히 자극된다. 원시 아프리카

우리 마음엔 무적의 여름이 숨어 있다

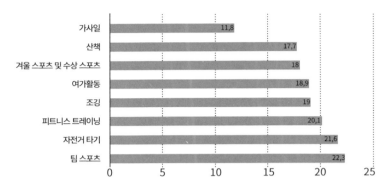

스트레스, 우울증, 감정 문제의 감소율

사바나에서 수렵과 채집을 할 때에도 다른 사람과 조율하여 움직이는 능력이 필요했다. 위험에 주의하고, 흔적을 읽고, 한 번 가본 적이 있지만 헷갈리는 지역에서 길을 찾고, 몇 제곱 킬로미터에 달하는 지역에서 전에 가봤던 곳을 분간해야 했다.

이에 더하여 우리 뇌에는 '사용하지 않으면 사라진다use it or lose it'이라는 원칙이 적용된다. 연결된 신경길을 사용하지 않으면 그 신경길은 사라져 버린다. 뇌가 귀중한 자원을 낭비하지 않기 때문이다. 해마에서 일어나는 신경발생도 마찬가지다. 신체 운동은 새로운 신경세포가 형성되는 걸 자극하지만, 형성된 신경세포는 이후 정신적 과제에 '사용되어야' 한다. 그래야만 머릿속에서 새로운 뉴런 네트워크가 튼튼히 자리를 잡는다.[20]

자, 결론을 내려 보자. 일상에서 운동을 가능하면 많이 하라. 나는 약간 길게 통화할 일이 생기면 전화를 가지고 밖으로 나와서 걸어다니면서 통화를 한다. 걸어 다닐 때면 좋은 생각도 곧잘 떠오른다!

우리는 운동을 해야 하는데 시간이 없다고 느낀다. 내 경우도 다르지 않다. 그러므로 가능하면 운동이 일상의 구성요소가 되게끔 운동을 일상에 편입시키면 좋다. 출근길에도 엘리베이터 대신 되도록 계단을 이용하라. 멀지 않은 곳이라 자전거를 타고 가나 자동차를 타고 가나 걸리는 시간이 별 차이가 없다면 자전거를 이용하라. 사람을 만날 때도 공원 같은 곳을 산책하면서 이야기를 나누면 좋다.

나는 최소한 일주일에 세 번 30분 정도 조깅을 한다. 몇 개의 덤벨과 케틀벨을 가지고 일주일에 여러 번 트레이닝을 한다. 내 친구하나는 태생이 상당히 게으르다. 하지만 친구랑 축구를 하는 건 좋아해서 미리 축구하자고 단단히 약속을 해놓음으로써 최소한 나만큼 운동을 한다. 만보기 앱을 무료로 내려받아, 이에 힘입어 의욕적으로 걸음수를 늘려가는 사람들도 있다. 지금 운동을 할까 말까 크게 고민하지 않고 이어폰을 끼고 음악을 들으며 현관문을 박차고 나서는 편이 더 낫다. 일단 망설이기 시작하자마자 그냥 집에 있어야 하는 이유가 속속 떠오른다(날씨가 너무 나쁘다거나 너무 좋다거나, 급히 처리해야 할 일이 있다거나, 운동하기가 귀찮다거나 등등).

그런데도 한참 동안 운동을 게을리하면서 "시간이 없다."는 핑계를 댈라치면, 다음과 같은 연구를 떠올려 보자. 미국 연구자들에 따르면 운동이 건강에 미치는 효과는 지대해서, 통계적으로 한 시간 동안 조깅해주면 (이것은 아마도 조깅 말고 다른 운동에도 해당된다) 추가로 수명이 일곱 시간 늘어난다고 한다.[21] 물론 무한정 쉬지 않고 뛴다고 무한정 수명이 늘어나는 건 아니므로 이런 계산을 곧이곧대로 받아들여서는 안 되겠지만, 운동의 힘을 인상적으로 보여주는 연구라 하겠다. 따라서 여러분도 지금 나처럼 일단 쉬어주기를 권한다. 자, 책을 덮고 한 바퀴 돌며 몸을 움직이고 오라. 그런 다음 수명이 늘어나고 기분 좋은 상태로 다시 책으로 복귀하라.

4

나를 죽이지 못하는 것은
나를 강하게 만든다

호르메시스

몸에 스트레스를 주고
머리를 비우기

오늘날 풍요로운 사회에서 신체와 정신은 약간 상반된 대우를 받는다. 정신은 종종 지속적인 압박을 받는다. 자극의 홍수에 노출되고 업무로 스트레스를 받고, 24시간 내내 연락 가능한 상태로 살아가다 보니 정신은 고단하고 힘들다. 반면 신체적으로 힘쓰는 일은 상대적으로 많이 하지 않는다. 그러므로 운동이 도움이 된다. 신체에 스트레스를 주고 머리를 비우자!

복지사회라고 할 때 복지란 어느 정도 신체를 가능한 한 힘들지 않게 하는 것을 의미한다. 반면 정신은 끊임없는 부담에 노출된다. 신체는 별로 쓰지 않고, 정신은 과로하는 상태다. 이런 불균형은 장기적으로 정서에 좋지 않은 영향을 미친다.

이런 상황에서 운동은 불균형을 무마하고 심신의 균형 쪽으로 나아갈 수 있는 좋은 수단이다. 하지만 운동 외에 신체에 약간 스트레스를 줄 수 있는 다른 수단도 있다. 이런 수단은 정신에 아주 신속하게 긍정적인 영향을 줄 수도 있다.

일시적이고 목표 지향적인 스트레스 경험은 신체로 하여금 졸던 상태에서 깨어나 방어력을 동원하게 해준다. 그리하여 스트레스 경험을 통해 '단련되어' 신체적으로뿐 아니라 정신적으로도 더

우리 마음엔 무적의 여름이 숨어 있다

강단 있는 사람이 될 수 있다. 과학에서는 이런 현상을 '호르메시스 Hormesis'(호르메시스는 그리스어로 자극을 뜻한다)라 부른다. 호르메시스 원칙은 "나를 죽이지 못하는 것은 나를 더 강하게 만든다."라는 니체Nietzsche의 모토와 상통한다.[1] 다음에서 세 가지 '호르메시스적' 스트레스 요인을 살펴보려고 한다. 운동처럼 마음에 생기를 불어넣고, 건강을 촉진하는 방법이다.

호르메시스 1 : 단식

언제든 돈 한 푼 안 들이고 이용할 수 있는 가장 간단한 스트레스 요인은 바로 단식이다. 며칠간 물만 먹고 단식할 수도 있지만 꼭 그럴 필요는 없다. 더 쉽고, 더 유쾌한 형태인 '간헐적 단식'이 있으니 말이다. 간헐적 단식은 하루에 한두 끼만 먹고 나머지 시간은 금식하는 식사법이다. 또는 시간을 정해 하루에 약 8시간 동안에만 음식을 먹고, 나머지 16시간은 금식한다.

아무것도 먹지 않는 시간이 그리 길지 않아도 간헐적 단식을 통해 몸의 생리가 굉장히 변화한다. 10~14시간 동안 단식을 하자마자 간에 저장된 당분이 바닥이 난다. 간이 글루코스 분자로 된 긴 사슬의 형태, 즉 글리코겐으로 저장할 수 있는 당분은 최대 700~900칼로리 정도다. 여기서 글루코스는 포도당이라고도 불리는 단순당이다. 간에 저장된 당분이 다 쓰여 없어지면, 신체는 다른 에너지원을 이용해야 한다. 바로 지방이다.

그러면 지방세포는 이제 지방산의 일부를 내주기 시작한다. 간에서는 이런 지방산이 무엇보다 베타하이드록시부티레이트와 아세토아세테이트라는 분자로 바뀌는데, 이런 분자는 '케톤체'라고도 불린다.

이제 뇌는 글루코스(포도당) 대신에 케톤체 형태의 분해된 지방산을 에너지원으로 사용하고, 이런 대체 연료는 우리 뇌에서 몇 가지를 변화시킨다. 예를 들어 베타 하이드록시부티레이트는 항염증 효과가 있으며, 신경성장인자 BDNF(3장에서 설명한 뇌유래 신경영양인자)를 활성화해 해마의 신경세포 형성을 돕는다.

이렇듯 포도당에서 케톤체로 대사가 바뀌는 과정을 운동으로 가속할 수 있다. 한 시간 동안 조깅을 해서 약 600칼로리를 소모하는 사람은 마지막으로 식사를 한 뒤 네 시간쯤 지나면 이미 케톤체가 활발히 만들어진다.[2] 운동과 단식을 결합하면 몇 배 더 효과를 볼 수 있다!

단식은 누구나 쉽게 할 수 있는 건 아니다. 하지만 극기하여 단식을 해 본 사람들은 정신이 맑아진 기분이었으며 내적으로 더 평온을 느낄뿐더러 기분도 훨씬 나아졌다고 말한다. 그렇다. 단식으로 신체 건강뿐 아니라 정신 건강도 좋아지는 사람들이 많다(내 개인적으로는 유감스럽게도 단식을 마치고 다시 음식을 먹을 때에야 비로소 기분 호전 효과를 느낀다).[3] 몇몇 연구에 따르면 해가 떠서부터 해가 질 때까지 금식을 하는 이슬람의 라마단 기간에도 금식하는 사람들이 힘이 넘치고, 기분도 향상된다고 한다.[4]

장기연구 결과도 비슷하다. 한 연구에서는 200명 이상의 실험참가자를 무작위로 두 그룹으로 나누고는, 한 그룹은 2년간(!) 하루 칼로리를 평소보다 25퍼센트 적게 섭취하고, 나머지 한 그룹은 평소와 똑같이 식사하도록 했다. 그러자 실험의 마지막에 놀라운 효과가 나타났다. 열량 섭취를 줄인 그룹이 대조군보다 훨씬 컨디션이 좋은 것으로 드러났다. 참가자들은 긴장이 더 줄어들어 편안하다고 느꼈고, 잠도 더 잘 잔다고 보고했다.[5]

그럴 일이 없다면 더 좋겠지만, 기분이 울적하다면 그냥 수동적으로 앉아서 어두운 구름이 저절로 걷히기를 기다리지 않는 것이 좋다. 기분이 좀 처지는 게 느껴진다면, 더 안 좋아져 뭔가를 할 수 있는 힘이 안 날 지경에 이르기 전에 얼른 대책을 세우라는 요구로 받아들여야 한다. 그리고 이때 단식은 좋은 전략이 될 수 있다. 하지만 이어지는 몇 시간 동안 간식을 포기해야 한다는 생각만 해도 이미 기분이 저하되는 사람을 위해 다행히 다른 신속한 호르메시스적 스트레스 요인이 예비되어 있다.

낯선 자극으로
무기력에서 벗어나기

호르메시스 2 : 냉수욕

우리는 거의 일 년 내내 20도 정도로 인공적으로 기온 조절이 된 실내 공간에서 보내기 일쑤다. 하지만 신체를 흔들어 깨우는 또 다른 방법은 일시적으로 쾌적한 온도에서 벗어나, 익숙지 않은 추위나 더위에 신체를 노출시키는 것이다. 이 두 방법 모두 기분을 향상시킬 수 있다.

찬물에 뛰어들어본 사람은 신체가 어떻게 반응하는지 알고 있다. 몸이 차가운 것에 쇼크 반응을 일으킨다. 그리하여 약간 공황 발작과 비슷한 증세가 나타난다. 잠시 동안 거의 숨을 쉴 수가 없고, 몸이 뻣뻣해지고, 숨이 차서, 과호흡을 하고, 심장이 쿵쾅대고, 스트레스 호르몬이 혈관으로 분출되고 혈압이 오른다.[6] 이 모든 현상이 이미 정서를 자극한다. 그리스의 히포크라테스Hippocrates가 수치료를 신체적 또는 정신적으로 무기력한 상태에서 벗어나는 방법으로 여긴 것은 공연한 일이 아니다.

여기서 포인트는 우리가 낮은 온도에 점차로 익숙해져서, 다시금 어느 정도 심호흡을 하고 나면 안정을 되찾는다는 점이다. 이것은 '공황 발작'을 조절할 때와 비슷하다. 조깅이나 운동과 마찬가지로

우리 마음엔 무적의 여름이 숨어 있다

추위를 통해 스트레스 반응을 훈련할 수 있다. 추위라는 스트레스 요인을 수단으로 회복력을 연습해 두면, 신체적인 것이든 정신적인 것이든 다음번 충격은 우리에게 그렇게 무리가 되지 않는다.

이론상으로는 그러하다. 유감스럽게도 일시적인 '냉쇼크'가 정말로 감정 조절 능력을 개선시키는지는 확실한 연구 결과가 몇 안 되지만, 규칙적으로 바다나 강, 호수에서 수영을 하는 아웃도어 수영 선수들에게 물어보면, 많은 선수가 한결같이 차가운 물속에서 수영하는 것이 우울증과 불안에 효과적이라고 강력히 추천한다.

아이스맨이라 불리는 빔 호프도 그중 한 사람이다. 그는 세계에서 가장 유명한 아웃도어 수영선수이자 극한의 추위를 견딜 수 있는 네덜란드의 익스트림 운동선수로 청소년기에 이미 본인이 찬물을 좋아한다는 것을 깨달았다. 그러다가 나중에 극진히 사랑했던 첫 부인이 네 자녀를 남겨둔 채 비극적인 자살로 생을 마감한 뒤 힘든 일상을 보낼 때, 자연과 추위가 다시금 그가 어려움을 딛고 살아갈 힘을 찾도록 도와주었다. 그는 2021년에 출간된《빔 호프 메소드The Wim Hof Method》에서 "찬물이 나를 치유했다."고 적었다. 지금까지도 그는 얼음물 속에서 한 시간 동안 명상을 하고 난 뒤 특히나 상쾌한 기분을 느낀다.

처음 찬물 목욕을 시도하려는 사람을 위해 윔 호프는 다음과 같은 방법을 추천한다. 평소처럼 따뜻한 물로 샤워를 하되 우선은 마지막 15초 동안 차가운 물로 마무리하라. 그렇게 일주일이 지나면 너끈히 30초 이상을 찬물로 샤워할 수 있게 되고 일주일이 더 지나면 1분을 그렇게 할 수 있을 것이다. "하루 한 번 찬물로 샤워를 하면 의사가 필요 없다!"라는 것이 빔 호프의 신조다.[9] 나는 빔 호프의 조언에 따라 일주일에 여러 번 찬물로 샤워를 하고 있다. 보통은 사우나를 하고 나와서 그렇게 한다. 그러다 보니 찬물에 익숙해져서 점점 잘 견딜 수 있다. 내 경우, 찬물 샤워와 목욕을 하고 나면 확실히 기분이 좋아지고 활력이 생긴다.

대규모 연구는 없지만, 산발적으로 전문지에 실리는 고무적인 연구는 기분을 밝게 만드는 찬물 목욕의 효과를 확인해준다. 영국의 한 연구팀은 아버지, 오빠에 이어 십대 시절부터 우울증을 앓던 24세 여성의 사례를 보고한다. 그녀는 약물과 심리 치료도 잘 듣지 않던 터였다.

그런데 연구자들의 지도 아래 일주일에 한두 번 차가운 호수에서 수영을 시작한 뒤 이 여성의 상태는 호전되었다. "처음에는 차가운 물에 들어가는 게 싫었지만, 차츰 내 어깨에서 무거운 짐을 내려놓은 듯한 느낌이 들었어요."라고 그녀는 말한다. 한냉 요법은 아주 효과적이어서, 4개월 이 요법을 실시한 뒤 그녀는 우울증 약을 완전히 끊을 수 있었다. "야외에서 수영을 하는 것은 내게 잘 맞아요. 신선한 공기를 마시며 수영을 하면 기분이 좋아져요. 때로는 여전히 울적한 기분이 들기도 하지만, 그래도 예전과는 달라요. 지금은 그런 기분을 오히려 나의 도전과제로 본답니다."[10]

호르메시스 3 : 사우나

차가운 물에 풍덩 빠지는 것만큼 우리를 생동감 넘치게 하는 일은 없으리라. 그럼에도 대부분의 사람은 차가운 물에 들어가는 것

우리 마음엔 무적의 여름이 숨어 있다

보다는 뜨거운 물에 들어가는 편을 선호한다. 냉충격보다는 일시적인 열충격을 좋아한다는 뜻이다. 따뜻한 것을 좋아하다 보니 사우나를 즐기는 사람들도 많기에, 열 요법에 대해서는 좀 더 많은 연구 결과가 나와 있다. 연구들은 신체를 규칙적으로 열 스트레스에 노출시키는 것이 신체뿐 아니라 정신에도 유익함을 보여준다.

80도에서 90도 사이의 건식 사우나는 체온을 37도에서 약 39도까지 끌어 올린다. 그러면 심장은 운동을 하는 것처럼 스트레스를 받는다. 심박동이 빨라지고, 심장 근육은 더 많은 혈액을 펌프질하여 온몸에 순환시키며, 혈압이 상승한다.

피부에 혈액이 많이 공급되면 땀을 흘린다. 사우나를 하면 약 0.5리터의 체액을 잃게 되며, 이것만으로도 치유 효과를 낸다. 신체는 이런 경로를 통해 평소 소변으로 배출하는 것보다 경금속과 중금속을 더 많이 배출하기 때문이다(두 가지만 예를 들자면, 알루미늄은 4배, 납은 17배를 배출한다).

땀을 흘리는 동안 인터루킨6과 같은 염증 표지자도 증가한다. 다시금 운동할 때와 마찬가지다. 하지만 IL6은 항염증성 사이토카인인 인터루킨10을 활성화한다. 따라서 사우나 스트레스가 끝나면 염증 수준이 다시금 정상화되고 혈압이 평균 수준 이하로 떨어진다. 신체 훈련을 했을 때와 마찬가지다. 규칙적으로 사우나에 다니는 사람이 염증 수준과 혈압이 더 낮은 것으로 관찰되는 것은 우연이 아니다.[11]

이 모든 일은 심장과 신체 건강에 유익하다. 핀란드에서 실시된 대규모 연구에 따르면 일주일에 2~3회 사우나를 하는 남성은 일주일에 한 번만 사우나에 가는 남성보다 심혈관 질환으로 인해 사망할 위험이 약 27퍼센트 낮다. 일주일에 4~7회 사우나를 하는 사람은 심혈관 질환으로 인한 사망 위험이 심지어 50퍼센트까지 감소한다.[12]

신체뿐 아니라 정신도 도움을 받는다. 한 연구에서 미국의 연구진은 적외선 전신온열 가온 장치를 이용해 우울증 환자들의 체온을 일시적으로 38.5도까지 끌어 올렸는데, 이 요법은 1회에 평균 한 시간 반 정도가 소요되었다. 그 결과 단 한 번의 온열 요법만으로도 몇 주간 우울증을 경감시키는 데 도움이 된 것으로 나타났다. 물론 약물 투여만큼의 효과는 아니었지만 말이다.[13]

하지만 여러 번 이런 요법을 적용하면 항우울제에 버금가는 효과를 볼 수 있다. 또 다른 연구에서 우울증 환자는 일주일에 두 번 최대 30분간, 40도 정도의 뜨거운 물로 목욕을 하고, 뒤이어 따뜻한 이불로 몸을 감싸고, 두 개의 뜨거운 물주머니를 이용해 추가로 열을 공급받았다. 이불 속에 뜨거운 물주머니를 넣고 체온을 끌어 올린 채로 최소 30분을 보냈다. 네 번 정도 이렇게 해주자 이미 우울증 증상이 경감되었으며(무엇보다 기분이 나아지고 수면의 질이 좋아졌다) 그 효과는 약물 치료 효과를 넘어선 것으로 나타났다.[14] 여섯 개 정도의 연구가 이와 비슷한 긍정적인 효과를 확인해준다.[15] 이런 긍정적인 효과는 뜨거운 목욕을 하면 신경성장인자 BDNF가 더 많이 생성되는 게 원인일 수도 있다.[16]

마지막으로 수면의 질을 높이기 위한 조언을 하자면(수면에 대한 더 많은 팁은 6장에 있다) 숙면을 취하기 위해서는 이른 저녁에 사우나나 목욕을 하는 것이 가장 좋다. 사우나나 목욕을 한 뒤 혈압이 떨어지는 것만으로도 나른해지고 졸음이 솔솔 온다. 처음에는 약간 모순적으로 들리겠지만, 열 요법은 체온을 낮추는 데도 도움이 된다. 몸의 내부에서 피부까지, 손발에 이르기까지 피가 잘 돌게 되면서, 사우나나 목욕 후 한참 뒤까지 몸이 주변에 열을 내어주는 바람에 체온이 내려간다. 이것은 수면각성 리듬을 뒷받침한다. 우리의 체온은 늦은 저녁이 되면 떨어지고, 한밤중에 최저점을 찍기 때문이다. 그리하여 잠들기 한 시간 반쯤 전에 뜨거운 목욕이나 샤워를 해주면 더 빠르게 잠들 수 있다.[17]

5

주의력 결핍 장애는 자연 결핍 장애?

'자연'이라는 이름의 치료제

칵테일 파티 효과,
당신의 뇌는 너무 바쁘다

나는 오랫동안 쿠도르프에서 살았고 드디어 다시 베를린으로 돌아와 이곳에서 즐겁게 지내고 있다. 하지만 내가 아무리 도시와 대도시를 좋아한다고 해도, 대도시라는 삶의 공간이 아프리카의 황량하고 자극이 적은 광활한 사바나에서 발달한 뇌에는 좀 부담이 되리라는 점은 의심할 바 없다.

이에 대한 주목할 만한 실험적 증거들이 있다. 예를 들어 도시에 사는 실험참가자를 뇌스캐너 속으로 들여보낸 뒤 스트레스를 주면, 시골 주민보다 편도체가 더 강하게 빛이 난다. 대도시에 살수록 이 효과는 더 두드러진다. 마치 대도시 거주자의 뉴런 경보 중추가 더 민감하게 설정되어 있기라도 한 것처럼 말이다. 도시가 우리에게 더 스트레스를 주고, 도시에 사는 사람들이 더 조심을 하며 살아야 하기 때문인지도 모른다.[1] 반대로 도시의 쇼핑가를 산책하는 대신, 한 시간쯤 숲을 산책하면 편도체의 활동이 뚜렷이 감소한다.[2]

자연이 우리를 고요하게 하는 반면 도시는 우리 뇌에 자극을 퍼붓는다. 도시에서 우리의 뇌가 팩 돌아버리지 않는 이유는 중요하지 않은 자극을 그냥 제쳐버리는 데 익숙하기 때문이다. 뇌 속에는 일종의 지적인 필터가 있어, 모든 쓸데없는 것(늘 존재하는 배경 소음,

우리 마음엔 무적의 여름이 숨어 있다

광고판 등)을 거르고 정말로 중요한 것만 우리 의식으로 전달한다.

모든 것이 잘 돌아갈 때 우리는 뇌의 이런 필터 기능을 전혀 알아 채지 못한다. 그 기능의 소중함을 잘 깨닫지 못한다. 하지만 뇌의 무의식적인 작업이 드러나는 예외적인 상황이 있다. 그에 대한 가장 유명한 예가 '칵테일 파티 효과'다. 상상해 보라. 당신은 파티에 있고, 주변에 사람들이 삼삼오오 모여서 수다를 떤다. 당신도 몇몇 사람과 함께 담소를 나누며, 대화에 집중한 나머지 근처에 있는 사람들이 뭐라고 떠들든 신경 쓰지 않는다. 그러다가 갑자기 주변에서 누군가가 당신의 이름을 들먹이면 당신은 그 소리를 용케도 알아듣고 단번에 귀가 쫑긋하여 옆 그룹의 대화로 온통 신경이 옮아가 버린다.

주변에서 사람들이 뭐라고 떠들든 알 바 아니었고 귀 기울여 듣지도 않았는데, 어떻게 당신의 이름이 불리는 순간 그것을 알아들을 수 있었을까? 이는 당신의 뇌가 무의식적으로 주변의 대화를 듣고 있었다는 뜻이다. 한마디 한마디마다 다 듣고 있었기 때문이다. 다만 당신이 지금 참여하는 대화에 오롯이 집중하게끔 이런 방해가 되는 모든 자극을 효율적으로 제쳐버리고 있었는데, 자기 이름이 불리자, 곧장 그것이 의식으로 전달된 것이다. 칵테일 파티 효과는 뇌가 남모르게 얼마나 바삐 일하는지를 보여준다.[3] 밖에서 벌어지는 일이 많을수록 뇌는 더 많은 일을 해야 한다.

대도시는 자연과 비하면 거대한 칵테일 파티라고 할 수 있다. 정신없는 와중에 우리는 필터 작업이 얼마나 머리를 쓰게 하는지 깨닫지 못한다. 어느 순간 지친 나머지 집에 가고 싶어질 뿐이다! 중요하지 않은 것을 거르고 중요한 자극에 능동적으로 주의를 기울이는 일은 정신적 에너지를 많이 소모한다(그래서 영어에서는 '주의하다'는 말을 주의를 지불한다, 'to pay attention'이라고 하지 않는가). 정신적 에너지는 어느 순간 다 닳아버린다. 비유적으로 표현하자면, 대도시 속의 뇌는 한편으로는 중요한 인풋에 대해 계속 가속페달을 밟고, 한편으로는 부수적인 모든 것을 그냥 제쳐버리기 위해 계속해서 브레이크를 밟는다. 이런 스톱 앤 고Stop and Go 기능은 특히나 많은 '정신적 연료'를 소모시킨다.[4]

1842년에 태어나 1910년에 세상을 떠난 미국 하버드대학교의 심리학자 윌리엄 제임스William James는 한술 더 떠 우리가 외부 세계의 방해되는 자극을 걸러내고 중요한 것으로 계속해서 주의를 돌리는 데만 정신적 힘을 소모하는 게 아니라, 내면세계의 '방해적 자극'을 걸러내는 데도 힘을 들인다고 보았다.[5] 예를 들어 직업 활동을 하며 어느 정도 예의 바르게 행동해야 할 때도 이런 에너지가 들어간다. 뭔가가 잘 안 되거나, 참아주기 힘든 동료가 있거나 하면, 정말 화가 나고 막말을 해주고 싶은 충동이 용솟음친다. 하지만 자신의 일을 좋아하거나 한동안 그 일을 계속할 생각이라면 차마 화를 내거나 막말을 하지 못한다. 이런 상황에도 우리는 내면의 브레이크를 밟아야 하고, 사회적으로 적절한 반응을 하는 데 주의력을 써야 한다. 모두 알고 있듯이 이런 일에는 많은 힘이 들며 어느 순간 에너지가 바닥이 난다. 보통은 일과를 마치고 집으로, 아무것도 모른 채 해맑은 얼굴을 한 배우자에게로 돌아갈 즈음에 그렇게 된다. 한마디로 말해, 윌리엄 제임스에 따르면 외부자극에 대한 주의력을 조절하는 것과 내면의 (종종은 부정적인) 생각과 감정을 통제하는 것은 동일한 정신적 에너지원으로부터 힘을 길어올리는 일이다.

정말 그렇다면 대도시 생활자의 정신이 어떨지 짐작할 수 있을 뿐 아니라, 온라인으로 하는 일이 점점 늘어나는 현대의 생활 방식이 우리를 정신적으로 왜 그토록 지치게 하는지를 가늠할 수 있다. 우리는 컴퓨터 앞에서 일을 하면서, 별로 중요하지 않으면서도 그냥 쓱 써서 보낼 수는 없는 메일을 처리한다. 게다가 구글, 페이스북, 트위터, 인스타그램, 뉴스의 유혹에 시달려 주의가 산만해지는 가운데, 자신의 업무나 엑셀테이블, 또는 별로 흥미롭지 않은 문서에 주의를 집중하고자 애를 쓴다. 이 모든 상황은 주의력을 굉장히 많이 소모한다.[6]

최근에 규명된 사실에 따르면 여러 시간 집중해서 하는 작업을 하다 보면, 농도가 높을 때 뇌세포에 독이 되어 뇌세포 기능을 저해하는 전달물질이 전전두피질에 몰린다고 한다. 우리는 주관적으로 이런 '중독'을 정신적 피로로 느끼는 듯하다.[7]

'자기 통제 담당부서'라 할 수 있는 전전두피질은 무엇보다 편도체를 억제해 감정을 통제할 수 있으므로, 전전두피질이 일시적으로 중독되면 감정과 충동조절이 잘 안 될 수 있다. 이미 말했듯이 우울증이 있는 경우에는 종종 전전두피질이 약해진 상태이므로, 여러 시간 동안 집중하다 보면 어느 순간 굉장히 울적해질 수도 있다.

하지만 이번 장의 핵심은 바로 그동안 우리가 과소평가해 온 한 가지 수단이 혹사시킨 두뇌를 회복시키는 데 탁월한 효과가 있다는 사실이다. 주의력을 회복시키는 수단으로, '배터리'를 재충전한다는 말이 꼭 맞는 환경, 바로 자연이다.

너른 자연에서 뇌는 편안하게 이완된다. 숲에서, 산에서, 또는 졸졸 흐르는 강가에서는 이상적일 만큼 방해하는 자극이 없다. 반대다. 자연 속에서 우리는 주변 자극을 온전히 우리 안으로 흡수한다. 뇌는 자극을 거르거나 브레이크를 밟을 필요가 없다. 그냥 편히 쉬면 된다. 능동적으로 주의력을 조절하거나, 다른 곳으로 주의를 돌릴 필요가 없다. 그다지 힘들이지 않고 자극에 심신을 맡기기만 하면 된다. 이런 방식으로 우리의 지친 주의력과 마음이 자연 속에서 새로운 힘을 충전받을 수 있다.

우리 마음엔 무적의 여름이 숨어 있다

자연은 심신을 치유하고
공격성을 줄인다

자연은 우리를 치유할 수 있고, 최소한 치유 과정을 촉진할 수도 있다. 자연이 치유한다는 말이 약간 미신적인 뉘앙스를 풍기는 탓인지 과학은 오랫동안 이런 생각을 진지하게 받아들이지 않았다.

이런 상황이 비로소 변한 것은 1984년, 로저 울리히Roger Ulrich가 미국 학술지인 〈사이언스〉에 놀라운 연구 결과를 발표하면서였다. 내가 다니는 치과에서는 치료를 받는 동안 모니터로 바다와 사막 풍경, 잠수하는 펭귄의 모습을 보여주는데, 이는 전적으로 로저 울리히의 연구 덕분이다.

로저 울리히는 십대 시절 몇 년에 걸쳐 고질적인 신장염이 툭하면 재발을 하는 바람에, 여러 주를 집 안에서 침대에 누워 보내야 했다. 그가 이런 지난한 시간을 무던히 보낼 수 있었던 이유는 바로 창밖으로 보이는 커다란 소나무 덕분이었다.[8]

훗날 젊은 과학자가 된 울리히는 담낭 제거 수술을 받고 입원해 있는 환자 두 그룹의 진료 데이터를 비교해 보자는 생각에 이르렀다. 현재 어떤 병실이 나오느냐에 따라 어떤 환자는 갈색 건물벽이 보이는 병실을 배정받거나, 아름드리 활엽수가 보이는 병실에 배정받았다. 이렇듯 창밖 풍경이 다르다는 것 외에 병실의 나머지 조건과 치료 조건은 거의 동일했다.

환자 데이터를 분석하자 인상적인 결과가 나왔다. 자연 풍경을 즐길 수 있었던 환자는 치료가 더 빠르게 진척되었다. 간호사들 말에 따르면 그들은 심신 상태가 더 양호해 강한 진통제를 투여하지 않아도 되었고, 더 일찍 퇴원해서 집으로 돌아갈 수 있었다.[9] 오직 창밖 풍경 때문에 이 모든 일이 일어났던 것이다!

연구자 울리히는 이런 효과가 나타난 가장 큰 이유가 스트레스 감소 때문이라고 보았다. 자연 풍경을 보면 긴장이 풀리고 마음이 편해진다는 사실이 어떤 역할을 하는 건 분명하다. 하지만 더 자세히 들여다보면 다른 연구들도 보여주듯 우리의 주의력 시스템도 관계가 있는 것으로 나타난다.

일례로 미국의 두 연구자가 시카고에서 사회적 취약 계층에 속한 145명의 여성을 인터뷰했다. 이 여성들은 평균 30대 중반으로, 시카고 시에서 제공하는 복지시설에 입주해 생활을 했는데, 각각의 생활공간은 무작위로 배정되었다.

여기서도 어떤 여성은 주로 콘트리트와 아스팔트가 보이는 집에서 생활했고, 어떤 여성은 나무들이 심어진 잔디밭을 조망하면서 생활했다. 학자들은 질문지를 통해 이들 여성의 공격 성향을 조사했다. 가족들(자녀나 파트너)에게 얼마나 자주 욕설을 퍼붓거나 무시하는 태도를 보이는지, 진짜로 구타를 하거나 심지어 무기로 위협을 하는지 말이었다.

그 결과 자연 조망을 하지 못하는 여성들이 훨씬 더 자주 공격 성향과 폭력 성향을 띠는 것으로 나타났다. 연구진들은 이 경우 녹지

　　　　　　　　우리 마음엔 무적의 여름이 숨어 있다

조망과 폭력 성향 간의 연관을 어떤 메커니즘으로 설명할 수 있을지 고심했다. 그리하여 추가로 간단한 연습문제를 통해 이 여성들의 주의력을 테스트했다. 실험주재자들은 예를 들어 "2, 5, 1…"이런 식으로 수열을 커다란 소리로 읽어주었고, 참가 여성들은 이 수열을 불린 것과 거꾸로 상기해야 했다("1, 5, 2…"). 당연히 수를 거꾸로 정확히 재현할수록 주의력이 더 좋은 것이다.

그 결과 잔디와 나무를 조망하는 공간에 사는 여성은 폭력 성향이 덜했고, 주의력을 더 오랜 시간 발휘할 수 있는 것으로 나타났다. 주의력을 발휘하는 시간이 길수록 폭력 경향이 더 낮았다. 통계적 분석에 따르면 집중력을 발휘할 수 있는 시간을 도구로 여성들의 공격성의 정도를 설명할 수 있었다. 달리 말해 주의력이 떨어질수록 우리는 더 공격적인 사람이 된다고 할 수 있다. 아니 더 정확히 말하자면, 공격성을 더 많이 표출하게 된다. 공격성 자제가 안 되는 것이다.[10]

요약해 보자. 우리의 주의력은 일이 점점 더 우리를 정신없게 만들고 멀티태스킹이 일상화되면서, 그리고 자연에서 멀리 떨어져 대도시에서 살아가면서, 굉장히 혹사당하는 형편이다. 그러다 보니 우리는 만성적으로 '정신적 피로'에 시달리는 거라고 시카고 연구진은 결론을 내렸다. 상황이 이렇다 보니 내적 충동을 잘 조절할 정신력이 남지 않게 된다. 다시 한번 생각하지 못하고 그냥 충동에 굴복해 버리게 되는 것이다.

그래서 지친 채로 집에 돌아왔는데 이웃이 다시금 시끄럽게 하면 우리는 곧장 자제력을 잃고 화를 벌컥 내기 십상이다. 또는 (공동으로 쓰는) 숙소가 어질러져 있으면, 금세 180도로 꼭지가 돌아 "뭐야, 그 자식이 또 쓰레기를 아무 데나 버린 거야?!"라고 소리친다. 배터리가 새롭게 충전되어 있으면, 벌컥 화가 솟구치려 해도 일단 진정해볼 수 있으며, 장기적인 행복을 감안하여 더 외교적인 반응을 하는 데 신경을 쓸 수 있다. 하지만 정신적 통제력을 모두 써버린 날에는 그렇게 할 수 없다. 그렇게 볼 때, 나무들은 우리의 파트너 관계와 인간관계도 구한다고 봐야 할 것이다!

멀티태스킹이 집어삼킨 통제력을 찾아서

이렇게 자문할 수도 있다. 그런데 왜 나무가 좋은 거지? 왜 자연이 그렇게 좋을까? 그냥 텔레비전을 보거나 플레이스테이션을 하면 안 되나? 텔레비전을 볼 때도 나는 모든 자극을 내 안으로 흡수하는데 말이다! 정신적으로 제동을 걸 필요도 없고, 그냥 긴장을 풀고 편히 있으면 되는데….

맞다. 아늑하게 텔레비전을 보거나 게임을 하며 보내는 것도 나쁘지 않다. 하지만 이런 활동과 자연 속을 산책하는 활동에는 근본적인 차이가 있다. 텔레비전의 장면은 대부분 굉장히 분주하다. 우리는 어른거리는 장면을 우리 안에 받아들인다. 하지만 그러면서 현실에서는 거의 존재하지 않는 심한 자극의 홍수에 노출된다.

반면 미국 미시간대학교 앤아버의 심리학자 스티븐 카플란Stephen Kaplan의 말을 빌리면 자연은 우리의 뇌에 '부드러운 매력'을 발산한다. 카플란은 자연은 '주의력을 회복시키는' 힘이라고 말한다. 공원, 햇빛이 반짝이는 호수, 바다 등 이 모든 자연은 감각을 자극한다. 그

우리 마음엔 무적의 여름이 숨어 있다

러나 액션 영화나 비디오 게임처럼 과잉 자극하지는 않는다.

자연의 자극은 똑같이 유지되거나, 바람에 흔들리는 나뭇잎이나 바다의 파도처럼 가볍게 변형되어 반복된다. 부드러운 자극은 주의력의 근육을 마사지하듯 작용하고, 과도하게 요구하기보다는 위로를 준다. 어떤 일이 일어나지만, 그것은 유쾌하게 다가오며, 많은 일이 일어나지도 않아서 조금도 힘들게 느껴지지 않는다.

한 연구에서 실험참가자를 두 그룹으로 나눠 한 그룹은 자연 속으로 트래킹을 떠나게 하고, 한 그룹은 자연과는 거리가 먼 환경에서 휴가를 보내게 하거나 아예 휴가를 주지 않았다. 그러고는 이런 차별화된 활동 이전과 이후에 참가자에게 텍스트를 교정보게 했다. 그러자 자연에서 트래킹을 한 참가자는 트래킹을 다녀오고 나서 교정을 더 잘 보았다. 고쳐야 하는 부분을 더 많이 찾아냈다. 반면 붐비는 도시에서 휴가를 보냈거나 휴가를 가지 않은 사람은 오히려 나중에 교정 본 결과가 더 안 좋았다. 자연 경험이 주의력을 더 예리하게 만드는 듯했다.[11]

실험참가자들이 자연이 등장하는 이미지만 볼 때도 이런 효과가 나타났다. 실제 자연 속으로 가지 않고 자연 풍경이 담긴 사진을 보기만 했는데도 방금 들은 수열을 반대로 말하는 능력이 향상되었다.[12] 조용한 자연 풍경이 담긴 영상은 정신없는 게임 영상과는 달리 어느 정도 주의력을 회복시킬 수 있다.

집중력이 떨어지고, 정신적으로 점점 더 피로를 느낀다고 하여 사고력이나 감정을 느끼는 능력이 약해지는 건 아니다. 생각이나 감정은 계속해서 무의식으로부터 불쑥불쑥 올라온다. 약해지는 건 바로 이런 자극을 일찌감치 인식하고 주의력을 기울여 그것에 무작정 굴복하지 않는 능력이다. 정신적으로 지쳐 있으면, 자극에("집이 엉망이야") 거의 어쩔 수 없이 해당하는 반응(분노 폭발)이 따르게 된다. 분노가 생겨나고 있는 것을 명민하게 느낄 수 있어야 이런 충동에 노예적으로 따르지 않고 감정을 가라앉힐 수 있다.

무엇보다 전전두피질이 약해져 있어서 정신적으로 지쳐 있으면 우리는 빠르게 생각과 감정의 무력한 희생자가 된다. 그러나 자연이 집중력을 회복해주면, 순발력 있게 상황에 대처할 수 있으며 걱정과 불안을 조절하는 능력이 향상된다. 그러면 걱정이 자동으로 꼬리를 물고 이어져 울적한 기분 속에서 생각을 곱씹는 일이 일어나지 않는다.

스탠퍼드 연구자들은 자연 산책이 우울증의 전형적인 특징인 반추, 즉 생각을 곱씹고 또 곱씹는 일을 막아주는 좋은 수단임을 증명했다. 스탠퍼드 학자들은 실험참가자를 늘 그렇듯 두 그룹으로 나누고는 한 그룹은 한 시간 반 동안 시내 산책을 하고, 다른 한 그룹은 이 시간에 자연을 산책하도록 했다.

이 활동 전후에 참가자는 '반추 질문지'를 받고, "내 주의력은 종종 꺼버리고 싶은 생각들에 집중되어 있다."와 같은 문장에 답을 했다. 그리고 산책이 뇌 상태에 미치는 효과를 영상으로 확인할 수 있게끔 산책을 하고 난 뒤에 MRI 스캐너에 들어갔다.

그 결과 한 시간 반 동안 자연에서 보낸 참가자는 질문지로 파악한 자기 평가에서 불쾌한 반추로 인해 그다지 괴롭지 않다고 응답한 것으로 나타났다. 동시에 MRI를 통해 확인된 바, 그들에게서는

전두엽에서 생각을 곱씹는 것과 관련된 영역의 활동이 저하되어 있었다.[13]

별이 빛나는 하늘 아래 느끼는 경외감

지금까지 주의력을 회복한다는 측면에서 자연이 정신적 연료를 공급하는 주유소 같은 역할을 한다는 점을 살펴봤다. 자연 속에서 정신적으로 안도하고 심호흡할 수 있는 이유는 바다를 바라보거나 우뚝 솟은 산에 오르면, 자신이 거대한 자연의 아주아주 작은 부분에 불과하다는 것이 온몸으로 절절히 느껴지기 때문이기도 하다.

광대한 자연 속에 있으면 우리 문제는 상대적으로 작아 보이고, 걱정은 덜어진다. 별이 빛나는 하늘 아래서 우리는 보통 생각을 곱씹기보단 철학적인 경이와 성찰로 나아가곤 한다. 터널처럼 좁디좁았던 시야는 넓어지고, 문젯거리와 상처가 있는 자아는 작아진다. 우리를 두르고 있는 측량할 수 없는 우주 앞에서 우리 자아는 그다지 중요하지 않게 느껴지고 그 무게감을 잃는다. 계속해서 우리를 괴롭히는 머릿속의 목소리들도 경외감으로 인해 한순간 잠잠해진다. 숨이 멎을 듯한 느낌으로 속이 뻥 뚫리고 마음이 편안해진다.

물론 이런 복잡한 현상을 과학적으로 이해하려면 단순화하지 않고는 불가능하겠지만, 그럼에도 이런 숙고를 뒷받침해주는 몇몇 증거가 있다. 실험참가자를 MRI 스캐너 안에 들여보내고 산, 바다, 철새, 폭포 등 인상적인 풍경을 담은 영상을 보여주면 휴식 상태에서 활성화되는 '디폴트 모드 네트워크' 또는 '휴식 네트워크'라는 이름의 뇌 네트워크의 활동이 상대적으로 감소하는 모습을 관찰할 수

있다(트랙터의 모습이 담긴 영상 등 다른 영상을 볼 때에 비해서 말이다).[14]

　서로 활발하게 소통하는 여러 뇌 영역으로 이루어진 디폴트 모드 네트워크가 발견된 것은 여러 해 전, 한 연구자의 기발한 생각 덕분이었다. 보통의 연구에서는 MRI 스캐너 속의 실험참가자에게 특정 과제를 내주고, 그 과제를 해결할 때 참가자들의 뇌활성화가 어떻게 변하는지를 알아본다. 하지만 과제를 다 끝내고 나면 뇌는 무엇을 할까? 과제 중간의 휴식 시간에 우리 머리에서는 무슨 일이 일어

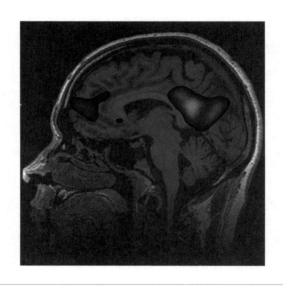

5-1

이 이미지는 머리와 뇌의 종단면을 보여준다. 왼쪽이 얼굴이고, 오른쪽이 머리 뒷부분이다. 초록색으로 표시된 두 영역은 디폴트 모드 네트워크이다. 왼쪽 앞부분의 디폴트 모드 네트워크는 전전두피질의 일부로, 뇌의 중앙에 위치해 있어서 내측 전전두피질이라 불리는 부분이며, 오른쪽 디폴트 모드 네트워크는 후방대상피질 posterior cingulate cortex에 있다. 휴식 네트워크라고도 불리는 디폴트 모드 네트워크는 특히 외부 세계로부터 관심을 거두고 내면세계에 몰두하거나 계획, 상상, 반추를 할 때 활성화된다. 자연 풍경을 보면서 경외감을 느낄 때면 우리의 자아와 연관되는 디폴트 모드 네트워크의 활동이 상대적으로 저하된다.

　　　　　　　　　　　　　　우리 마음엔 무적의 여름이 숨어 있다

날까? 그 연구자는 그런 의문을 품었다.

　연구 결과, 과제를 다 끝내고 나서도 뇌는 쉬지 않는 것으로 드러났다. 대신에 디폴트 모드 네트워크의 시간이 도래한다. 상상력을 꽃피우고, 계획을 세우거나, 앞일을 걱정하는 등의 시간이다. 외부 세계에서 해결해야 하는 과제를 끝내고 휴식 모드에 접어들고 나서야 우리는 드디어 다시금 머릿속의 문제에 관심을 가질 수 있다. 그리하여 반추와 고민의 시간으로 접어든다.

　예상할 수 있듯이 우울증이 있는 사람들의 디폴트 모드 네트워크는 과잉 활성화되어 있다.[15] 생각은 계속해서 나 자신을 중심으로 돌아간다. 인생에서 망쳐버린 일에 대해, 실패한 일에 대해, 자신이 얼마나 무가치한가에 대해 곱씹고 또 곱씹는다.

　뇌 속에서 자아 비스름한 것을 찾을 수 있다면, 바로 디폴트 모드 네트워크가 자아라고 할 수 있다.[16] 그런데 이런 뇌 네트워크는 경외감을 불어넣는 자연 풍경을 보자마자 잠잠해진다. 마치 우리 앞에 모습을 드러내는 광활한 자연이 우리의 자아와 그 모든 일상의 걱정을 뒤로 제쳐버리고 우리의 기분을 호전시킬 힘이 있는 것처럼 말이다.

　한 실험에서 연구자들은 한 그룹의 여행객에게 자신의 모습을 그려 보라고 했다. 여행자들 중 어떤 사람은 항구 도시인 샌프란시스코에 있었고, 어떤 사람은 광대한 숲과 거대한 화강암 절벽으로 둘러싸인 캘리포니아의 요세미티 국립공원에 있었다. 그러자 여행객들은 도시에 있을 때보다 인상적인 자연경관 속에 있을 때 자기 모습을 더 작게 그리는 것으로 나타났다. 그림에 '나ME'라는 글씨를

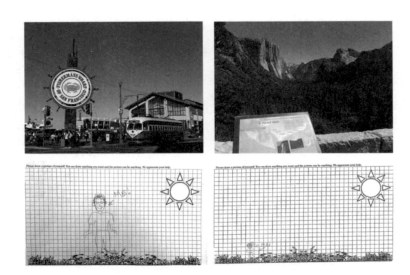

5-2

사람들은 인상적인 자연 풍경 한가운데 있을 때 자신의 모습을 더 작게 그린다. 연구자들은 이 연구에 모눈종이를 사용했는데, 이런 종이를 사용하면, 사람(또는 '나'라는 단어)이 어느 정도 면적을 채우고 있는지를 평가하기가 매우 쉽다. 그림이 차지하는 사각형의 개수만 헤아리면 되기 때문이다. 따라서 도시와 자연 속에서의 자기 모습 그림을 양적으로 쉽게 비교할 수 있다.[17]

적어 넣으라고 하자, 역시나 글씨도 작게 써넣었다. 광활한 자연 속에 있으면 자아가 더 작게 느껴진다. 보잘것없다(무가치하다)는 의미에서 작은 것이 아니라, 커다란 자연의 일부라는 의미에서 말이다.[18]

또한 스스로가 스트레스가 되고, 자신이 부정적으로 인식될 때("나는 실패자야"), 자연은 우울감을 어느 정도 줄여줄 수 있다. 숲속에서 심리치료를 진행한 경우, 병원에서 심리치료를 받은 것보다 더 효과가 좋은 것으로 입증되었다.[19]

우울증 환자에게 자연 속에서의 심리치료가 그들에게 왜 더 유쾌

우리 마음엔 무적의 여름이 숨어 있다

하게 느껴지는지를 질문하면 종종 이런 대답이 나온다. 자연은 그냥 거기에 있고, 판단하지 않는다고. 자연 앞에서는 그냥 있는 모습 그대로 존재해도 되는 느낌이라고.[20] 특히 우울증이 있는 사람들은 종종 (우울증이 없는 사람들도 어느 정도 그렇듯이) 자신과의 싸움으로 속이 시끄럽다. 우리에게 죄책감을 불어넣거나, 보잘것없는 사람이라는 느낌을 주는 내면의 비판자와의 싸움 때문이다. 자연에서는 그런 싸움이 없다. 자연은 고요하고, 강인하고, 회복력이 있다. 자연은 주어진 그대로를 받아들인다. 자연은 늘 자신과 조화를 이루며, 폭풍이 몰아쳐도 무던하게 받아들인다. 자연 속으로 나아가면 자연의 이렇듯 강인하고 평온하고 수용적인 태도가 우리에게도 물들 수 있다.

우울증을 차치하고라도, 우리는 모두 자연 속에서 심호흡을 하고, 더 조화롭고 편안한 기분이 될 수 있다. 영국의 연구자 조지 맥케론George MacKerron은 휴대폰 앱(〈Mappiness App〉)을 도구로 수집한 데이터 포인트 수백만 개에 근거해 이 사실을 설득력 있게 입증했다. 이 앱을 설치한 사람은 하루에 한 번 또는 여러 번 신호음을 듣게 되고, 그때마다 자신이 현재 실내에 있는지, 야외에 있는지, 지금 기분이 어떤지 등 몇몇 질문에 대답해야 했다. 동시에 GPS를 통해 위치 파악이 이루어졌다.

이 방대한 데이터 세트 분석 결과에 따르면, 사람들은 바깥 자연 속에 있을 때가 가장 행복하다. 행복은 우리가 의미 있는 활동을 하는지, 좋은 친구들과 어울리고 어느 정도 건강한지, 우리가 현재 어디에 있는지 같은 단순한 질문에도 좌우된다. 자연 속에 있을 때 우

리는 컨디션이 좋으며, 맥케론의 앱 연구에 따르면 그중 바닷가에 있을 때 최고로 행복하다.[21]

우리 마음엔 무적의 여름이 숨어 있다

ADHD에는 더
본질적인 처방이 필요하다

    운동과 마찬가지로 자연이라는 주제에서도 우리가 아는 것과 행동하는 것 사이에 간극이 크다. 마치 우리가 일상에서 연구 결과를 진지하게 여기지 않는 것처럼 말이다. 밝은 대낮에 30분간 공원 벤치에 앉아 새들이 지저귀는 소리나 나뭇잎이 살랑대는 소리를 듣는다고? 우리 안의 무엇인가가 이런 일을 시간 낭비나 굉장히 호사스러운 일로 느낀다. 우리는 그보다는 차라리 온종일 (가끔은 어둑어둑한) 방이나 사무실에 들어앉아 보낸다.

    이런 경향은 아이들에게 특히 좋지 않다. 아동과 청소년의 야외 활동 시간이 극히 적은 아시아의 여러 지역에서는 십대 청소년의 90퍼센트 이상이 근시로 고생한다. 예를 들어 서울에서는 19세 남성의 무려 96.5퍼센트가 근시다.[22] 눈이 전달물질인 도파민의 영향 하에서 비정상적으로 성장하지 않고, 제대로 된 모양으로 발달하려면 최소한의 양의 햇빛이 망막을 자극해야 한다(근시는 겨울에 더 진행이 빨라진다). 하지만 몇몇 아시아 나라의 아이들은 햇빛을 거의 보지 못한다. 눈의 입장에서 보면 영원히 겨울인 것이다.[23] 게다가 그들은 장시간 연속으로 책과 텍스트, 스마트폰, 아이패드, 그 외 모니터를 쳐다보며 생활한다. 그러다 보니 밝은 햇빛을 받는 시간뿐 아니라 먼 곳을 바라보는 시간도 부족해진다. 우리가 만들어낸 인공적인 생활환경은 장애를 일으키며, 우리는 추후에 이를 안경으로 인위적으로 교정해줘야 한다.

정신 건강도 마찬가지다. 우리는 자녀들을 자연과 멀리 떨어뜨려 교실로, 방으로 들여보낸다. 그곳에서 가능하면 가만히 앉아 정신적인 '소재'에 집중을 하게 한다. 물론 이 모든 행위에는 의미와 목적이 있다. 하지만 주목할 점은 무엇이냐 하면, 아이들이 매일매일 보내는 이런 인공적인 세계에서 주의력 결핍과 과잉행동 장애를 보이는 아이들이 늘어가고 있다는 사실이고, 우리는 그 결과에 놀라워하며 그 아이들을 '장애아' 취급한다는 것이다.

주의력 결핍 장애가 지난 몇십 년간 엄청나게 늘었다는 사실은[24] 우리가 자연과 멀어지고 소외되었다는 점과 맞물려 특히 중요하게 다가온다. ADHD(주의력 결핍 과잉 행동 장애) 아동은 공부처럼 지루하거나 힘든 내용에 주의를 기울이는 데 문제를 보이기 때문이다. 이런 아이들에게 마인크래프트가 설치된 태블릿을 손에 쥐여주면 아이들은 갑자기 놀랍게 집중을 잘한다. '중요한 것'에 주의력을 기울이는 데 필요한 내면의 에너지 배터리가 처음부터 반쯤만 채워져 있었던 것처럼 말이다. ADHD 아동은 충동 조절에도 어려움이 있고, 공격성을 보이는 경우가 많다. 그렇다면 좀 더 자연과 가까이하도록 하면 어떨까? 자연이 이 아이들에게 좋지 않을까?

단연 좋을 것이다. 한 연구에서 연구자들은 7세에서 12세 사이의 ADHD 진단을 받은 아이들을 연구했다. 한 번은 그들과 더불어 20분간 공원을 걸어 다녔고, (일주일 뒤에는) 그들과 시내 또는 아이들

우리 마음엔 무적의 여름이 숨어 있다

이 사는 동네를 걸어 다녔다. 그 결과 공원을 산책한 것만으로도 앞서 여러 번 언급했던 수열 과제에서 더 나은 성과를 보였다. 그 효과는 아주 뚜렷해서 더는 '정상' 아동들과 구별되지 않을 정도였다. ADHD에 통용되는 약물인 리탈린을 투여했을 때와 효과 수준이 별반 다르지 않았다. 리탈린의 작용물질은 메틸페니데이트로, 암페타민과 화학적으로 비슷한 물질이다.[25]

아시아 지역의 근시 아동들도 마찬가지다. 발달사적으로 볼 때, 우리는 아이들을 사바나로부터 자연과 멀리 떨어뜨려 인공적인 환경으로 이주시킨 셈이다. 이것은 장애로 이어졌고, 우리는 약물의 힘을 빌려 이를 다시금 정상으로 되돌리려고 애쓴다. 진짜 원인은 제거하지 않고 증상만 없애고자 하는 것이다.

실제로 이런 연구 결과는 주의력 결핍 장애를 최소한 부분적으로는 '자연 결핍 장애'로 보아야 하는 것은 아닌지 하는 의혹을 불러일으킨다.[26] 집중력이 부족한 원인은 갑작스럽게 아이들의 머릿속에서 리탈린이 부족해졌기 때문이 아닌데도, 우리는 리탈린을 투여한다. 햇빛 대신에 어둠과 안경이 있고, 자연 대신에 실내 공간과 리탈린이 있다. 리탈린이나 제약산업을 '사악한' 것으로 매도하려는 것이 아니다. 물론 안경은 실용적이며, 리탈린은 의심할 바 없이 많은 아이에게 도움이 된다. 하지만 문제의 진짜 원인을 완전히 도외시하고 있는 게 아닌지 생각해봐야 한다.

구체적으로 말해, 우리는 될 수 있는 대로 더 많이 밖으로 나가야 한다. 일찌감치 우리를 배출했던 세계와 다시금 연결되어야 한다. 자연은 사치스러운 것이 아니다. 반대로 자연은 가장 기본적인 것이다. 풀밭에서 놀고, 나무에 오르고, 자연을 경험하고, 온전히 숲을 경험하는 것은(일본에서는 이것을 Shinrin-Yoku, 즉 '삼림욕'이라고 부른 다, '숲의 기운을 마음껏 받아들이는 것'이다) 삶에 꼭 필요한 일이다.

야외 활동이 가져오는 진정한 뇌의 회복

아이들이나 우리 어른들이나 마찬가지다. 온라인-도시 생활자들 인 우리는 하루를 보내면서 점점 일시적 ADHD 환자처럼 변해가고 있지 않은가. 그러다 보니 리탈린까지는 아니지만 카페인이 필요하 다. 카페인은 떨어진 주의력을 금세 다잡아 몇 시간 동안 다시금 집 중하게 할 수 있다. 하지만 그런 식으로는 우리의 지친 뇌가 정말로 해독되고 회복되지는 못한다. 반대로 하루를 마무리할 시간이 되면 우리는 더더욱 지치고 피로를 느낀다. 그리하여 어느 순간부터 커 피를 마셨는데도 더는 집중을 하지 못하고, 온갖 것으로 인해 정신 이 산만해지고 점점 예민해지고 짜증이 난다.

따라서 상황이 허락하는 한 우리는 나가야 한다. 운동과 마찬가 지로, 자연에 얼마만큼 나가줘야 심신에 최적인가 하는 것은 대답 하기 힘들다. 이것은 개인적인 상황에 따라 다르다. 집중력이 특히 필요한데, 많이 떨어져 있는 상황인가? 주의가 산만한 상태인가? 기분이 울적한가? 한 연구에서 국제 연구진은 거의 (성인) 2만 명의 데이터를 바탕으로 일주일에 최소한 족히 두 시간은 야외 활동을 해줘야 한다는 결론을 내렸다.[27] 그러나 권장되는 형태는 다양해서, 어떤 연구자들은 잘 알려진 영양 피라미드를 응용해 '자연 피라미 드'를 작성했다.[28]

그런 피라미드의 맨 아래쪽에는 매일의 지침이 나온다. 이에 따르면 매일 한 번씩 정원이나 공원이나 풀밭으로 나가라고 한다. 분수가 있는 곳에 나가는 것만으로도 도움이 된다. 중요한 것은 기본적인 자연과 연결되어 우리의 주의력 시스템에 잠시 휴식을 선사하는 일이다.

피라미드의 그다음 칸은 주간 활동으로, 호숫가로 소풍을 가거나, 좀 긴 시간 삼림욕을 즐길 것을 권한다. 피라미드의 꼭대기에는 긴 휴가가 들어간다. 일 년에 한두 번 자극 많은 환경을 뒤로 하고, 산이나, 숲이나, 바다로 가서 충분히 심신을 회복시키는 것이다. 얼마나 멋진가!

물론 이 모든 일에서 말보다는 실천이 어렵다는 걸 안다. 결국 우리가 일상에서 정말로 자연과 가까이하는 시간을 확보할 것인가 하는 여부는 그런 활동이 정말로 자신에게 유익하다고 확신하는가에

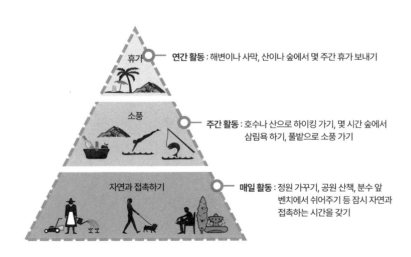

휴가　연간 활동 : 해변이나 사막, 산이나 숲에서 몇 주간 휴가 보내기

소풍　주간 활동 : 호수나 산으로 하이킹 가기, 몇 시간 숲에서 삼림욕 하기, 풀밭으로 소풍 가기

자연과 접촉하기　매일 활동 : 정원 가꾸기, 공원 산책, 분수 앞 벤치에서 쉬어주기 등 잠시 자연과 접촉하는 시간을 갖기

달려 있다. 나로 말하자면, 이 경우는 정말 그렇다고 확신한다.

나는 이 주제를 조사하면서 자연의 소중함을 새롭게 깨닫게 되었다. 예를 들어 내가 작업하는 방에서는 커다랗고 위용 있는 보리수나무가 보인다. 아들이 등교하는 길은 작은 숲을 거친다. 이런 환경이 얼마나 좋은지, 나는 자연을 더 주의 깊게 지각하고, 더 많은 시간을 자연 속에 '잠겨' 보내면서, 자연의 아름다움과 고요함을 누리고 있다. 대부분이 같은 마음이겠지만, 최근에 자연이 마치 가치가 없거나 당연한 것처럼, 자연을 짓밟고 뜬눈으로 파괴하고 있다는 사실이 너무 안타깝다. 이처럼 자연을 경시하는 이유는 현대 생활이 자연과 너무나 동떨어져 있기 때문이 아닐까? 다시금 자연과 친해질 수 있다면, 매일 자연과 접촉한다면, 우리의 무분별함으로 '저 바깥'만 파괴하는 것이 아니라, 우리 자신의 일부를, 우리의 마음을 파괴하고 있다는 것이 절절히 느껴질 터이다.[29]

자연 속에 있으면 혹사당한 주의력이 회복되고, 기력이 충전되고, 신선한 에너지가 생겨난다. 자연 속에서 이렇게 회복되고 새로워지는 효과가 나타나는 까닭은 무엇보다 대도시에서 분주하게 살아갈 때는 늘 자극의 폭격을 당하다시피 하는데, 자연 속에서는 그런 자극이 사라지기 때문이다.

물론 자극이 더 급진적으로 사라지는 때는 바로 잠을 잘 때다. 매일 우리 심신이 재충전을 누리는 시간 말이다. 잠을 자면서 외부 자극을 대폭 차단할 때 비로소, 꿈에서 그러하듯 머릿속의 내면세계가 꽃핀다. 잠과 꿈은 정신 건강에 정말로 유익해서 밤사이에 이루어지는 심리치료라고 할 수 있다. 자, 이것이 다음 장의 주제다.

우리 마음엔 무적의 여름이 숨어 있다

6

꿈의 해석

밤사이 내 몸에서 일어나는 심리 치료

악몽으로 오히려
마음을 치유하는 방법

수면 부족만큼 기분을 망쳐 놓는 것은 거의 없다. 잠을 잘 못 잤다는 말은 나쁜 기분과 거의 동의어다. 잠을 못 자면 어떤 상태가 되는지 우리는 익히 잘 안다. 이런 상태를 아직 잘 모르겠다는 사람은 첫 아기가 태어날 때까지 기다리기만 하면 된다. 그러면 그때부터 이 중고에 직면하게 된다. 새내기 부모 스스로가 만성 수면 부족에 시달릴 뿐 아니라, 보너스로 사랑스러운 아기가 낮잠을 제대로 자지 못했다는 이유만으로 툭하면 보채고 울어대는 괴물로 변신하기 때문이다. 수면은 우리의 가장 기본적인 욕구라서, 잘 알려졌듯이 잠을 안 재우는 것이 고문수단으로 쓰이기도 한다. 수면과 정신 건강이 밀접한 관계가 있다는 건 너무나 분명한 사실이다. 그러나 왜 그럴까? 잠을 충분히 자면 왜 기분이 좋아질까?

물론 이에 관해선 아주 분명히 설명할 수 있다. 지난 장의 주제와 직접적으로 연결되는 설명으로, 바로 뇌와 몸과 정신이 수면을 통해 회복되기 때문이다. 우리는 자연 속에 있을 때처럼 잠을 자면서 새로운 정신적 에너지를 충전받는다. 잘 자고 일어나면 주의력 배터리는 다시금 가득 충전되어, 우리는 통제되지 않은 충동과 생각의 노리개가 되지 않는다.

우리 마음엔 무적의 여름이 숨어 있다

최근에 알려진 바에 따르면 그 밖에도 하루를 보내는 동안 뇌에 축적되었던 독소가 잠을 잘 때 씻겨 나가는데, 이 역시 정신적 회복에 기여한다.[1]

나아가 뇌는 잠을 자면서 그날 우리의 마음을 산란하게 하거나 스트레스가 되었던 사건을 처리하기 때문에, 하룻밤 자고 나면 훨씬 마음이 가벼워진다. 미국 캘리포니아 버클리대학의 수면 연구자 매슈 워커Matthew Walker는 한 실험에서 MRI 스캐너 속의 실험참가자에게 상어, 뱀, 또는 관찰자에게 직접 총을 겨누는 남자 등 불쾌한 감정이 올라오는 영상을 보여주었다. 그리고 12시간 후 똑같은 영상을 다시 보여주었다.

참가자들은 두 그룹으로 나뉘었다. 한 그룹은 아침에 그 영상을 본 후 저녁에 두 번째로 보았고, 다른 한 그룹은 밤에 영상을 보고 잠을 잔 뒤 다음 날 아침 두 번째로 그 영상을 보았다.

그 결과, 영상을 보고 나서 낮 동안 계속 깨어 있었던 사람들은 두 번째로 영상을 볼 때도 감정적으로 격한 반응을 보였다. 마치 감정적 처리가 거의 이루어지지 않은 것처럼, 편도체는 두 번째 볼 때도 첫 번째 볼 때와 마찬가지로 강하게 경보를 울렸고 참가자들의 불쾌한 감정도 전혀 변하지 않았다. 잠을 자고 일어난 참가자들은 아주 달랐다. 그들이 다음 날 아침, 감정적인 영상을 두 번째로 보았을 때, 편도체의 반응도 불쾌한 감정도 상당히 잦아들어 있었다.[2]

우리의 꿈은 감정적인 일을 처리하는 데 무엇보다 결정적인 역할을 한다. 꿈속에서 우리 뇌가 그날의 경험이나 감정과 연루된 예전의 경험을 다시 한번 불러올 때면, 편도체와 해마가 엄청나게 활성화된다.[3] 마치 뇌가 우리가 경험한 사건을 전체 맥락 안에서 통일된 삶의 이야기로 정돈하고자 하는 것처럼 말이다. 여기서 해마는 뉴런의 이야기꾼으로서 중요한 역할을 한다. 이를 통해 감정은 사건에 대한 순수한 기억으로부터 한 걸음 분리되고 떨어져 나와, 어느 순간에는 충격적인 경험이나 트라우마조차도 어느 정도 그 강력한 힘을 잃어버린다.[4]

꿈을 능동적으로 기억하고 기록하는 힘

한편 시카고의 수면 연구자 로절린드 카트라이트Rosalind Cartwright 는 꿈이 이런 치유 효과를 발휘할지 하는 여부는 결정적으로 꿈의 종류에 달려 있음을 발견했다. 카트라이트는 배우자와 어려운 이별을 한 뒤 우울증에 빠진 여성들의 꿈을 중점적으로 연구했다. 예상할 수 있듯이 이들 여성의 꿈에는 남편이 등장하곤 했다.

이들의 꿈은 굉장히 다양했다. 어떤 여성의 꿈은 아주 짧고, 굉장히 차갑고 감정이 개입되어 있지 않았다. 예를 들어 어떤 여성은 거듭 비슷한 꿈을 꾸곤 한다며, "남편이 꿈에 나왔는데, 함께 일하던 여직원과 데이트를 하더라고요. 기억나는 건 그게 다예요."라고 말했다.

어떤 여성은 훨씬 강렬하고 복잡한 꿈을 꾸었다. 그들은 꿈속에서 그냥 수동적인 관찰자가 아니라, 능동적으로 행동했고, 남편과 헤어진 일이 종종 과거의 장면과 섞여서 더 커다란 맥락에서 연출되었다. 이를테면 한 여성은 꿈을 자세히 묘사했다. 본인이 자라던 집에서 파티가 열려서 옛 학교 동창들이 많이 왔더란다. 그런데 자신의 전남편도 파티에 참석한 것을 발견하고 반가워서 그에게 다가 갔단다. 그 순간 전남편이 모든 사람 앞에서 발가벗는 것이 아닌가. 이 여성은 창피했다. 하지만 동시에 이건 본인이 창피해야 할 일이 아니라고 느꼈다. 전남편이 부끄러웠고, 이어서 상당히 평온한 마음으로 파티가 열리는 장소를 떠났다. 마치 그녀의 꿈이 감정적으로 전남편과 거리를 두는 데 도움을 주는 듯했다.

카트라이트는 여러 달에 걸쳐 이 여성들과 접촉을 했고, 꿈을 분석해 나가면서 마지막에 어떤 패턴을 발견했다. 꿈속에서 남편과 헤어진 일과 능동적이고 적극적으로 대면하고, 현재 상황을 옛 기억과 연결했던 여성은 몇 달 뒤 우울증에서 회복되었다. 반면 수동적이고 일차원적이고, 감정이 별로 개입되지 않은 꿈을 꾼 여성은 그렇지 못했다. 다시 말해, 꿈을 통해 어떤 여성이 어느 정도 혼자 힘으로 우울증에서 차츰 회복되고, 어떤 여성이 추가로 치료적 돌봄이 필요할 것인지를 예측할 수 있었다.[5]

이런 결과를 고려하면, 어떤 꿈들은 인과적 연결고리가 있는 경우 정말로 심리치료 기능을 떠맡을 수 있다. 뇌는 최대로 이완된 상태에 있게 되는 시간에 스트레스가 되었던 경험을 되풀이한다. 그러면 그 사건은 우리의 전기에 편입되며, 차츰 그것을 경험할 때 느꼈던 직접적인 감정의 무게를 잃는다.

이런 밤의 심리치료를 낮에도 뒷받침해줄 수 있다. 특히 반복되는 악몽에 시달릴 때는 그렇게 해주는 게 유용함이 입증되었다. 밤마다 같은 악몽을 꾸는 것은 잠도 문제의 괴로움을 제대로 다루지 못하고 있다는 뜻으로 해석할 수 있다. 밤의 심리치료가 어떤 이유로든 효과를 내고 있지 못하단 뜻이다.

이런 경우 깨어 있는 낮시간에 악몽을 가능하면 빨리 잊으려 하거나 억압하는 대신, 반대로 의도적으로 악몽에 관심을 가지면서 그 위험한 힘을 앗아버리는 게 유익하다. 예를 들어 꿈을 적어보고, 그 꿈을 좋게 마무리하면서, 꿈을 긍정적으로 재해석할 수 있다. 아니면 악몽을 생생하게 눈앞에 그리며 신체적 이완 연습을 할 수도 있다. 물론 처음에는 상당히 겁이 나고 마음이 산란할 것이다. 그러나 차츰차츰 긴장을 풀고 꿈에 직면할수록, 불안한 이미지와 격한 감정은 힘을 잃고, 점차 사라지다가 어느 순간 밤에 더는 악몽을 꿀 필요가 없는 상태가 된다.

여러 연구는 이런 방법이 정말로 효력이 있음을 보여주었다. 이를테면 한 연구에서는 네 살부터 거의 매일 악몽에 시달렸던 34세의 여성이 이런 방식으로 단 3일 만에 만성 악몽에서 벗어났다. 13년 전부터 일주일에 두세 차례 악몽을 꾸었던 40세 여성은 몇 주 되지 않아 악몽에서 해방되었고 "이제 평화로이 잠을 자요, 잠자리에 드는 것이 두렵지 않아요."라고 했다.[6]

내 아내도 이와 비슷한 방법을 적용해 반복적으로 가위를 눌리던 상태에서 벗어났다. 아내는 꿈속에서 자기 바로 뒤에서 누군가가 도끼를 들고 서서 언제든 내리칠 준비를 하고 있다고 느꼈다. 그래서 어느 날 이에 적극적으로 대처하려고 마음먹고 누워 의식적으로 신체를 이완하여 반쯤 잠든 상태에 이르렀다. 그런 다음 그 수상한 존재를 눈앞에 그렸다. 그러고는 그가 도끼를 들고 자기 뒤에 서 있는 모습을 상상했다. 여러 번 그렇게 하자 놀라운 사실이 밝혀졌는

우리 마음엔 무적의 여름이 숨어 있다

데, 이 존재를 아무리 자주 불러내도 결코 도끼를 내리치는 일은 없었다는 사실이다. 그는 아무 행동도 하지 못하는, 무해하고 생명이 없고 굳어 있고 비현실적인 존재였다. 아내가 이 점을 분명히 하자 악몽은 물거품처럼 사라져버렸다.

처방전 없이 활용하는
최고의 수면제 6가지

1 ― 숙면을 위한 가장 중요한 규칙은 한마디로 말해, 리듬이다. 신체가 기대하는 대로 모든 일이 평소처럼 진행되면 뇌와 신체는 안정이 되고 고요해진다. 따라서 가능하면 늘 같은 시간에 잠자리에 들고, 같은 시간에 일어나는 것이 좋다. 가능하면 주말에도 그래야 한다. 낮잠은 밤잠을 방해하지 않을 정도로만 자야 한다.

침대에 누워 잠들기까지 시간이 좀 오래 걸린다면, 며칠간 아침에 평소보다 더 일찍, 이를테면 6시쯤 일어난다든지 해서 수면 압력을 키우는 것이 도움된다. 그러면 밤이 되면 피곤해서 원하는 시간에 상대적으로 신속하게 잠이 들 수 있다. 물론 그렇게 하려면 며칠간은 좀 극기를 해서 일찍 일어나야 하지만, 일단 리듬을 찾고 나면 차츰 더 늦게 일어나도 될 것이다. 물론 그렇다고 마냥 늦잠을 자서 도로 밤에 잠들기가 어렵게 만들면 안 된다. 마지노선을 정해서 그 이상으로 늦잠을 자서는 안 된다(마지노선을 넘어서면 도로 예전으로 돌아가 다시금 더 일찍 일어나서 수면 압력을 높여야 하는 일이 일어난다). 이런 방식으로 개인적인 수면 필요에 적절한 리듬을 찾을 수 있다. 하룻밤 잠을 설치더라도 가능하면 원래 리듬을 고수해야 한다.

알려진 바에 따르면, 올빼미형은 종달새형보다 우울증에 더 취약

우리 마음엔 무적의 여름이 숨어 있다

하다.[7] 올빼미형으로서 울적한 기분에 시달린다면, 한동안 일찍 자고 일찍 일어나면 어떨지 시험해 보면 좋을 것이다.

소규모 참가자를 대상으로 한 연구에서, 수면 습관을 아침형으로 바꿔주자 기분이 좋아지고 스트레스가 줄어든 것으로 나타났다(참가자들은 3주간, 평소보다 두 시간 일찍 잠자리에 들었다).[8] 일찍 잠자리에 들고 일찍 일어나는 것은 우울증의 위험도 줄일 것으로 예상되는데, 그렇게 하면 낮 동안 햇빛을 더 많이 받을 수 있기 때문이다.[9]

2 ─ 밤이 되면 잠자리에 들기 위한 의례를 행하라. 이런 의례는 심신에 이제 잠잘 시간임을 신호한다. 잠이 드는 일은 이상적으로는 침대에 눕기 전부터 시작되는 과정이다. 목욕, 명상, 잠이 잘 오게끔 약간의 술이나 간식, 약간의 스트레칭, 오디오북이나 팟캐스트, 또는 음악 듣기, 잠옷으로 갈아입기, 양치질. 중요한 점은 긴장을 돋우는 대신 긴장을 이완시키는 의례를 해야 한다. 신체를 안정시키고, 부드럽게 잠으로 넘어가게끔 하는, 신체에 아주 익숙한 루틴이어야 한다.[10]

3 ─ 생리학적 차원에서 밤낮 리듬을 뒷받침하는 모든 것은 수면에도 도움이 된다. 즉 먹고 활동하는 것은 낮에 해야 하고, 금식하고 쉬는 것은 밤에 해야 한다. 아침 커피는 좋지만, 늦은 오후의 커피는 신체를 인공적으로 깨어 있게 만들어 수면과 숙면을 방해할 수 있다. 알코올은 잠드는 데 도움이 되기도 하지만, 전반적으로는 수면을 방해한다. 그 밖에도 배가 잔뜩 부른 상태로 침대에 누우면 숙면

에 방해가 되므로 저녁은 잠들기 몇 시간 전에 먹는 게 좋으며, 될 수 있으면 늘 비슷한 시간에 먹는 게 좋다. 운동은 장기적으로 수면에 유익하지만, 신체에 스트레스를 주고 신체의 활력을 북돋우는 것이니 너무 늦은 시간에 해서는 안 된다. 아울러 하루 중 늘 비슷비슷한 시간에 운동을 하는 것이 좋다.[11] 잠자리에 들기 한 시간 반 정도 전에 뜨거운 목욕을 하는 것은 이미 말했듯이 잠드는 데 필요한 시간을 줄여준다. 뜨거운 목욕은 체온을 한밤중 모드로 낮추는 데 도움을 주기 때문이다.[12] 그래서 침실의 기온은 서늘한 게 좋다.

　4 — 빛과 어둠을 적절히 조절하는 건 기분뿐 아니라, 수면에도 굉장히 중요하다. 우리는 종종 일반적인 조명뿐 아니라, 거대한 모니터, 휴대폰, 기타 전자 기기로 인해 늦은 밤까지 너무 많은 빛에 둘러싸여 지낸다. 그렇게 되면 수면 호르몬인 멜라토닌이 뇌 속에서 만들어지고 분비되는 데 지장을 준다. 밤인데도 밝은 빛에 노출되면 신체는 여전히 낮인가 보다 생각해, 우리를 깨어 있게 만들어 일주기 리듬(서캐디언 리듬)이 교란된다. 그러면 다시금 우리 기분은 엉망이 된다. 그러므로 잠자리에 들기 전에 일찌감치 조명을 은은하게 해줘야 한다. 전자기기 활용도 마찬가지다. 모니터에서 컬러풀한 영상을 보는 대신, 팟캐스트로 전환해준다든가 하면 좋다. 침실도 어두운 것이 좋으며, 여의치 않으면 안대를 착용하라.
　거꾸로 너무 빛을 적게 받는 것도 문제가 된다. 해가 나는 시간이 짧아지는 늦가을이 되면 계절성 우울증이 시작되는 사람들이 많다. 아침에도 어둑어둑하면 무엇보다 수면 호르몬인 멜라토닌이 계

우리 마음엔 무적의 여름이 숨어 있다

속 만들어져, 사람을 축 처지게 만든다. 이미 오래전에 낮이 시작되었는데도 신체는 여전히 밤이라고 착각한다. 그러면 하루를 살아갈 힘이 나지 않는다.

이럴 때 빛 치료가 도움이 될 수 있다.[13] 계절성 우울증이 아닌 '일반적' 우울증에서도 낮 동안 햇빛을 받는 것이 탁월한 효과를 발휘한다. 우울증이 있는 경우, 밤낮 리듬과 수면에 장애가 생기기 쉽기 때문이다. 예를 들어 한 연구에서 우울증 환자를 여러 그룹으로 나누어, 첫 그룹은 빛 치료를 받게 하고, 두 번째 그룹은 우울증의 표준적인 약을 복용하게 하고, 세 번째 그룹은 빛 치료와 약물복용을 병행했다. 빛 치료에서는 매일 아침, 가능하면 일어나자마자 30분간 1만 럭스 조도의 주광등에 노출시켰다(이런 조명은 상당히 밝아서 내게는 커피 한 잔 더 마신 듯한 효과를 낸다). 8주간 그렇게 치료를 진행한 결과 빛 치료가 우울증 증상을 상당히 경감시킨 것으로 나타났다. 심지어 표준적으로 복용하는 약물보다 더 효과가 컸다. 하지만 빛 치료와 약물을 결합한 경우가 조금 더 효과가 높았다.[14] 인공조명을 활용해 빛 샤워를 하는 대신 아침 산책을 해주어도 좋다. 그리고 가능하다면 커다란 창문이 있는 밝은 공간에서 일하는 것도 좋다.

5 — 침실은 어둑어둑해야 할 뿐 아니라, 긴장이 풀리는 공간이어야 한다. 사랑하는 파트너와 함께 침실을 쓰는 것도 긴장 이완에 기여할 수 있다. 이상적인 경우 파트너는 우리 마음을 안심시켜주고, 안정감과 보호감을 느끼게 해준다(총애하는 반려견도 마찬가지다. 반려견과 함께 잘 때에도 수면의 질이 개선된다[15]). 실험 결과 베개에 파트너

가 입었던 티셔츠를 둘러씌워서 파트너의 체취가 나게끔 하기만 해도 수면의 질이 더 좋아지는데, 이때 수면 효율성에 미치는 효과가 수면 호르몬 멜라토닌만큼 큰 것으로 나타났다.[16] 때때로 파트너와 각방을 써야 수면의 질이 개선된다는 권고가 이루어지기도 하며, 파트너가 나무꾼처럼 코를 심하게 고는 경우는 정말로 그렇기도 하다. 하지만 전반적으로 현재의 경험적 연구 결과는 파트너와 함께 잘 때 잠이 더 빨리 들 뿐 아니라, 더 오래 잔다는 사실을 보여준다. 그러면 결과적으로 낮에 피로를 덜 느끼게 되며, 불안·우울증·스트레스가 경감되고, 파트너 관계와 생활 전반이 더 만족스러운 것으로 나타났다.[17] 전문가들은 이것이 처방전 없이 활용할 수 있는 가장 좋은 수면제라고 입을 모은다.

6 — 앞으로 '무조건' 해결해야 할 문제를 상기시키는 내면의 목소리가 잠드는 걸 방해하는 경우가 많다. 이것은 놀라운 일이 아니다. 침대에 누우면 하루 종일 우리를 정신없이 만들면서 걱정을 몰아냈던 모든 것이 갑자기 사라지므로 걱정거리들이 떠오른다. 이때 두 가지 전략으로 대처할 수 있다.

+ 첫 번째 전략은 '브레인 덤프Brain dump' 법이다. 이것은 잠들기 전에 마음속 걱정을 적어보는 방법이다. 머릿속에서 꺼내 종이 위로 보내 버리자는 모토에 따라 나온 말이다. 연구에 따르면 잠자리에 들기 전에 5분간 시간을 내어 다음 며칠간 할 일 목록을 메모하면 잠이 더 빨리 들었다.[18] 이런 방법은 머릿속의 걱정거리에게 "목소리들아. 그래, 그래. 너희 이야기 잘 들었

어! 모든 걸 기록해 두었어. 고맙다. 이제 잘 자."라고 하는 것과 마찬가지다.

+ 두 번째 전략은 편안한 음악으로 주의를 전환시키는 방법이다. 이 방법을 쓰려면 이것저것 시도해 보며, 어떤 음악이 잠들기 전에 자신에게 좋게 느껴지는지 알아가야 할 것이다. 감정을 자극하고 생각을 질주하게 하는 음악도 있기 때문이다. 반대로 고요한 음악은 긴장 이완에 도움이 되고, 불안을 줄이며[19] 무엇보다 우울한 생각에서 벗어나도록 해준다.[20] 영국의 연구진이 실시한 대규모 설문 조사에 따르면 잠들기 전 음악으로 가장 인기 있는 음악가는 바흐, 에드 시런, 모차르트, 브라이언 이노(굉장히 졸립다), 콜드플레이, 쇼팽 순이었다.[21] 음악이 왜 우리에게 위안이 되고 치유 과정을 촉진할 수 있는지, 이어지는 내용에서 더 자세히 살펴보자.

이럴 땐 이런 음악,
내 마음의 영원한 친구

의기소침해 있거나 슬프거나 반대로 기분이 붕 떠 있을 때, 한마디로 말해 감정에 압도되어 어쩔 줄을 모를 때, 우리는 혼자 있고 싶지 않다. 누군가와 기분을 나누고 싶다. 우리의 아픔이나 기쁨을 이해하는 누군가와 함께 그런 감정을 나누고 싶다.

그럴 때 음악이 역할을 한다. 음악은 감정이입을 아주 잘하는 친구이기 때문이다. 슬픈 음악을 들으면 위로가 되고 나아가 행복감이 드는 이유는 무엇일까? 슬픈 음악을 듣는데 행복감이 느껴지는 건 모순이 아닐까? 음악이 우리의 마음에 정말로 친구처럼 작용한다면, 그것은 모순이 아니다. 음악은 말로 논쟁하거나 "아, 제발, 왜 또 그래."라고 말하지 않고, 공감해주고, 함께 기뻐해주고, 함께 아파해주는 친구다. 음악은 대단히 아름답고 감동적인 방식으로 우리의 슬픔조차 더는 그렇게 의미 없어 보이지 않게끔 해준다(물론 이렇게 위로해주고 의미를 주는 힘을 가진 것은 음악만이 아니다. 문학이나 영화, 예술 전체가 그러하다).

음악은 힘든 감정에 마음을 열 수 있게 해준다. 평소 같으면 회피했을 감정을 진정으로 느끼게 해준다. 이것은 심리치료에서 불안이

우리 마음엔 무적의 여름이 숨어 있다

나 트라우마를 겪는 환자에게 행하는 직면, 또는 노출 요법과 비슷하게 치유적인 카타르시스 효과를 낸다. 음악을 들을 때 우리는 감정을 더 이상 억압하지 않고 경험하게 되며, 나아가 어느 순간에는 받아들일 수 있게 된다. 환각 요법을 적용하는 경우는 특히나 그런 효과가 나타난다. 환각제의 영향하에서는 종종, 음악이 우리에게 하는 감정적 언어를 전례 없이 직접적인 방식으로 이해하는 듯한 느낌을 받게 된다(이에 대해서는 10장에서 더 자세히 살펴보자).

음악이 동반할 수 없는 감정은 거의 없다. 기분이 멜랑콜리하다면, (베토벤의 월광 소나타 시작 부분처럼) 단단조로 된 무궁무진한 음악이 우리의 멜랑콜리를 함께 나눌 준비가 되어 있다. 실망하고 좌절한 상태에 있다면 린킨 파크Linkin Park만큼 우리를 잘 이해해주는 사람은 없을 것이다. 화가 나 있다면 에미넴Eminem이 우리의 목소리를 대변해줄 것이다. 실연의 상처는 다른 사람이 있는 자리에서 들으면 좀 무안하기에 비밀리에 들을 수밖에 없는 수많은 유행가를 들으며 넘길 수 있다.[1]

어떤 문화권에 속해 있든, 어떤 연령대든 간에 사람들은 세계 곳곳에서 울적할 때 음악에서 도움을 구하며, 이것은 익히 검증된 전략이다.[2]

편안한 음악은 귀를 위한 삼림욕

심리 실험에서 발견된 또 다른 사실도 있다. 인간관계 스트레스 때문에 울적할 때, 우리는 감정적인 지지를 얻을 수 있는 말이 통하는 친구를 찾아가고 싶다.[3] 그런 상황에서 억지로 좋은 기분을 꾸며

내 우리를 울적한 기분에서 벗어나게 하려고 하는 친구를 만나고 싶지는 않을 것이다. 하지만 인간관계와 무관한 종류의 스트레스를 받았을 때, 예를 들어 휴대폰을 잃어버렸거나, 자동차가 고장 났거나, 직업적으로 안 좋은 일이 있었을 때는 우스운 친구들을 만나는 게 도움이 된다.

이것이 음악과 무슨 관계가 있을까? 우리의 필요에 따라 듣고 싶은 음악의 종류도 달라진다는 것이다. 실연을 당했거나, 인간관계에서 어려움이 있을 때 실험참가자는 슬픈 노래, 단조 곡, 발라드, 가슴 아픈 사랑 노래 등 현재 자신의 감정에 들어맞는 음악에서 위로받으려 했다. 반면에 직업적인 과제를 감당하지 못했거나, 시험을 망쳤다는 것 때문에 짜증이 난 상태라면 좀 더 밝고 기운 나는 노래들을 듣고 싶어한다. 이런 경우 공감을 얻기보다는 짜증 나는 기분을 바꾸고 힘을 내고자 하기 때문이다. 이런 걸 보면 친구 선택과 음악을 고르는 것 간에 심리적 유사점이 있는 듯하다.[4] 음악은 언제든지 필요할 때 부를 수 있는 가상의 친구이다. 음악이 외로움을 이기는 데도 굉장히 효과적인 수단이 되는 점을 봐도 그러하다.[5]

혼자 방에 들어앉아 책 작업을 할 때면 음악은 언제나 나와 함께한다. 때로 지치고 실망해 있을 때도, 누워서 눈을 감고 30분 정도 조용한 음악을 듣는다. 편안한 음악은 우리의 감각에 '부드러운 매력'을 행사한다. 그 매력은 우리를 유쾌하게 자극하지만 지나치지는 않아 자연 속에 있을 때처럼 주의력을 회복할 수 있다. 음악은 귀를 위한 삼림욕인 셈이다.

음악은 자연과 마찬가지로 질병의 치유과정을 뒷받침해줄 수 있

우리 마음엔 무적의 여름이 숨어 있다

다. 무엇보다 뇌졸중 환자들에게서 이를 관찰 가능한데, 한 연구에서 뇌졸중 발생 뒤 몇 달 동안 최소 한 시간 동안 매일 음악을 들었을 때 우울감뿐 아니라 기억력과 집중력도 개선된 것으로 나타났다(무엇보다 오디오북을 통한 직접적인 비교에서 이 결과가 눈에 띄었다).[6]

　음악을 통해 상황에 따라 짓눌렸던 기분을 의도적으로 그럭저럭 괜찮은 기분으로 바꿀 수 있다. 실험참가자에게 슬픈 영상을 보여준 뒤, 곧장 음악을 들을 기회를 주면 참가자들은 처음에는 굉장히 무거운 곡을 고른다(감정적으로 중립적인 동물 다큐를 보고 나서는 그러지 않는다). 하지만 무거운 곡을 듣고 나서 몇 분 지나면 참가자들은 더 밝은 음악으로 옮겨간다. 처음에는 자신들을 이해해주고, 자신들의 감정을 알아주는 공감 어린 친구가 필요하지만, 공감을 얻고 나면 기운을 낼 준비가 되는 것처럼 말이다. 당연하겠지만, 반추 경향이 있는 사람들은 밝은 곡을 들을 준비가 되기까지 시간이 더 오래 걸린다(그리하여 슬픈 곡들을 더 많이 듣는다). 하지만 기분 저하 상태에 갇혀 있거나 매몰되지 않기 위해 어느 순간 방향을 전환해 보는 것도 좋다. 자신의 작은 플레이리스트를 작성해 보라. 단조에서 장조로 넘어가는 곡들로 구성하여, 마음이 힘든데 마음껏 이야기를 나눌 상대가 없을 때, 우리의 마음을 지켜줄 수 있는 음악 목록을 만들어 보라.[7]

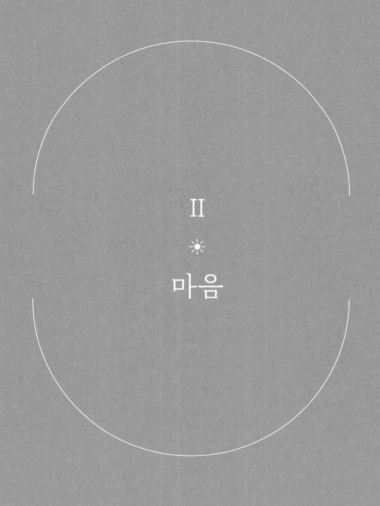

II

마음

7

자유로워지고 싶다면 도망치지 말라

내면의 독백을 잠재우는 법

더 많이 가짐으로써
행복해지는 데는 한계가 있다

2부에 오신 걸 환영한다. 정신 건강이라는 같은 목표를 추구하긴 하지만, 2부의 분위기는 좀 다르다. 이제 더는 신체와 감각을 '우회'하지 않고, 마음으로 직진해서 좀 더 깊이 들어가 보려고 한다.

신체적·감각적 전략을 내면화하여 영양과 운동, 호르메시스적 경험, 자연 속에서 휴식하기, 균형 잡힌 수면 취하기 등과 같은 면에서 모든 것을 꽤 잘한다고 해도, 좁은 의미에서 '마음'이 우리를 힘들게 한다면, 신체적·감각적 전략만으로는 내면의 균형을 이루는 데 충분하지 않다. 우리는 곧 마음이나 마찬가지이므로 마음과 잘 지내는 것이 먼저 해야 할 일이다.

이를 위해 일단 마음을 잘 알아야 한다. 사람의 마음만큼 매력적인 것이 또 있을까? 마음은 너무나 다면적이고 측량할 수 없다. 우리는 별로 의식하지 못할 때가 많지만, 마음은 우리 삶을 좌우하고, 생의 감정을 만들어내는 강력한 힘을 가지고 있다. 2부에서는 이렇듯 반쯤 의식되거나 의식되지 않는 힘, 그러나 살아가는 데 너무나 중요한 이 힘을 더 자세히 살펴보려고 한다.

마음에 도움이 되는 방법을 살펴보는 것만으로도 흥미롭고 보탬이 되지만, 심리에 초점을 둔 전략 또한 신체적인 전략과 마찬가지

우리 마음엔 무적의 여름이 숨어 있다

인 면이 있다. 즉, 아는 것만이 아닌 실행에 옮길 때 비로소 효력을 발휘한다. 심리적 전략은 신체적 요소보다 외부의 지도나 도움을 더 필요로 하는 경우가 많다. 하지만 이런 방법을 적극적으로 적용해 보면 좋다. 나의 경험과 최근의 연구 결과에 따르면, 2부에서 소개할 방법과 수단은 단순히 마음을 더 평온하고 조화롭게 해줄 뿐만 아니라 우리의 삶과 삶에 대한 시각을 근본적이고도 폭넓게 바꿔주고 풍요롭게 해줄 수 있다.

작은 연습, 주의력 집중하기

이제 작은 연습으로 시작해 보자. 이 연습은 언뜻 보기에는 단순해 보일지도 모르지만, 나를 포함해 수많은 사람의 삶을 긍정적으로 변화시켰다. 따라서 독자들의 삶도 더 긍정적으로 바꿀 수 있다. 그러므로 정말로 함께하기를 바란다. 함께하지 않으면 뭐랄까, 내가 색맹인 사람에게 무지개를 그려 보이는 것과 비슷한 형국이 될 것이다. 그냥 읽기만 해서는 충분하지 않다.

준비가 되었는가? 그렇다면 이제 편안히 의자에 앉거나, 책상다리를 하고 방석 위에 앉아라. 비스듬히 기대지 말고 똑바로 앉도록 하라. 그러고는 눈을 감고 우선 두세 번 심호흡하라. 깊이 숨을 들이마시고, 내쉬면서는 긴장을 풀어라.

자, 시작! 주의력을 호흡에 향하라. 호흡을 자연스럽게 흐르도록 하라. 호흡에 대해 생각하는 게 아니라, 호흡을 알아차려야 한다. 호흡을 분명히 느낄 수 있는 신체 부위 한군데를 선택하면 가장 좋다. 코끝이나 비강에서 공기의 흐름을 느낄 수 있는 코를 선택할 수도 있고, 호흡할 때 위아래로 팽창과 수축을 거듭하는 배 부분을 선택할 수도 있다.

신체의 느낌에 주의를 기울여라. 주의를 기울이라고 했다고 억지로 호흡을 의식하려고 할 필요는 없다. 자연스럽게 하라. 공기를 들이마시는 첫 순간부터, 공기가 폐 속에서 모두 빠져나가는 순간까지 호흡에 머물러라. 그런 다음 새로운 호흡이 시작되는 걸 알아차려라. 그것이 당신이 숨 쉬는 가장 첫 호흡인 것처럼.

5분간 또는 10분간 그렇게 해보라. 알겠는가? 잘되길 바란다!

아, 한 가지만 더 언급하자면, 연습하는 동안에 주의력이 다른 곳으로 가버리고, 당신이 어쩌다 보니 잡념에 빠진 걸 알아차리게 된다 해도 별문제는 아니다. 그것을 알아차리자마자 조용히 주의력을 돌려서, 조심스럽게 호흡으로 되돌아가라.

마음 건강을 위한 두 가지 길

이제 우리는 책으로 다시 돌아왔다. 호흡에 주의를 기울이는 일은 잘되었는가? 이 책을 쓰기 시작한 이후, 매일 아침(오케이, 거의 매일 아침)의 나와 비슷하다면, 우리는 방금 자신의 심리에 대해 근본적인 발견을 했을 터다. 이런 연습이 쉬워 보여도 막상 해보니 쉽지 않다는 점이다. 그냥 호흡에 주의를 기울이고 있기만 하면 되는데…. 별로 어렵지 않을 텐데 말이다!

하지만 해보면, 잘 안 된다는 걸 확인하고 정말 놀라서 당황하거나 실망스러운 기분이 된다. 1분도 그냥 호흡에 머무를 수가 없다. 정말로 (몇몇 도를 닦은 사람을 제외하면) 아무도 그렇게 못 한다. 1분

우리 마음엔 무적의 여름이 숨어 있다

간 숨을 참을 수는 있는데, 생각을 참을 수는 없다니… 정말 놀라운 일 아닌가? 이것만 봐도, 이것이 뭔가 '원초적 힘'과 관계가 있다는 걸 알 수 있다. 곁다리 생각으로 빠지는 일이 산소만큼이나 우리의 생존에 중요하기라도 한 듯하다. 정말 신기하다. 우리는 대체 왜 그럴까?

아울러 이상한 점은 우리는 주의력이 어떻게 없어지는지 전혀 알아차리지 못한다는 사실이다. 다만 어느 순간에 주의력이 도망가 버렸음을 확인하게 될 따름이다. 호흡에 주의력을 머물게 하는 대신, 갑자기 어떤 문제를 해결하려고 하거나, 그날 할 일이 뭔지 생각하거나, 오늘 아침 파트너와 다툰 일을 머릿속으로 되돌린다(그때 이런 말을 했으면 좋았을 것. 그 말을 하면 정말 내가 잘못이 없다는 것이 분명해졌을 텐데. 걱정하지 마. 그 말을 꼭 해주고 말 테니까…).

불현듯 "아차!"할 때까지 말이다. 그러면 우리는 갑자기 다시 현재로 돌아온다. 최면에 걸린 듯한, 꿈꾸는 것과 비슷한 잡념에서 '깨어나', 다시 호흡에 주의를 돌린다. 영적인 맥락에서 종종 '각성'이라는 말을 하곤 하는데, 사실 각성이란 별로 의식하지 못한 채 잡념에 빠진 상태에서 깨어나는 것을 말한다. 그렇게 볼 때 당신은 방금 여러 가지 영적 체험을 했다고 할 수 있다.

"헐, 영적 체험이라고요? 무슨 소리죠? 내 생각은 방금 그저 이리저리 배회했는데, 그게 뭐 대단한 거라도 되나요? 그걸 알아차린 게 뭐 별거라도 되냐고요." 서구 사회 사람들은 잡념에 빠져 있는 상태에 대해 대략 이런 태도로 반응할 것이다. 사실 우리는 미국의 대중 지식인 샘 해리스Sam Harris가 그의 저서《나는 착각일 뿐이다Waking up》에서 말했듯이 잡념에 빠져 있는 상태를 별로 대단하게 생각하지 않는다.[1] 우리의 머리가 정말로 잠시도 생각의 세계에 잠기지 않고는 못 견딘다는 사실에 그저 어깨만 으쓱해 보일 뿐이다.

생각이 이리저리 배회하는 것은 우리 정신의 매우 핵심인 특성이지만 우리는 이런 특성에 별 관심을 쏟지 않고 살아왔다. 이런 현상은 우리가 행복과 마음 건강을 추구하는 태도에도 반영된다. 행복은 우리 속, 즉 우리의 몸과 머리에 있지만, 우리는 자꾸 밖에서 행복을 추구한다. 완벽한 파트너를 만나면, 직업적으로 성공하면, 돈을 많이 벌면, 이국적인 곳으로 여행을 하면, 행복해질 거라고 생각한다. 그래서 자꾸 새로운 물건을 사들인다. 간단히 말해, 우리는 행복을 외부 세계의 변화와 개선, 풍요로움에서 우선적으로 찾는다. 이런 외부 세계는 전반적으로 만들고 변화시킬 수 있는 것들이다.

반면 동양 문화, 특히 불교에서는 일찌감치 '직접적으로' 행복에 이르는 또 다른 길이 있음을 알고 있었다. 외부 세계를 바꾸는 게 아닌 내면세계로 향하는 길 말이다. 결국 행복을 좌우하는 것은 우리의 마음이기 때문이다. 그리하여 외부 세계를 거쳐 간접적으로 행복에 이르려 하는 대신에 내면세계, 즉 마음에 집중하여 자족하는 마음을 훈련하라고 권한다. 그러면 환경과 상관없이 계속해서 내면으로부터 행복이 솟아난다는 것이다.

다음 장들에서 마음 건강에 이르는 내적인 길을 자세히 살펴보려고 한다. 그중 한 가지 유용한 방법은 명상이다. 굉장히 다양한 방식의 명상이 있다. 우리는 이번 장에서 그중 한 방법을 살펴봤다. 최근 몇십 년간 명상이 마음의 균형을 잡는 데 얼마나 유익한지 속속 드러났다. 명상의 소중함이 더 와 닿는 이유는 무엇보다, 외적인 것을 더 많이 가짐으로써 행복해지려는 노력은 한계가 있기 때문이다.

훈련되지 않은 정신은
혼자 있는 걸 싫어한다

이런 전략을 더 자세히 살펴보기 전에, 우선 정신을 훈련하는 것이 왜 중요한지를 짚고 넘어가야 한다. 운동과 스포츠가 신체 건강에 좋다는 건 누구나 인정한다. 하지만 우리는 정신 건강을 위해서는 딱히 훈련을 해야 한다고 생각하지 않는다. 훈련이 없이도 정신이 어느 정도 좋은 상태를 유지할 거라고 믿는다(파트너 관계, 직업 활동, 재정 등이 그럭저럭 돌아간다면 그것으로 충분하다고 생각한다). 정신을 그냥 '생긴 대로' 방치하면서 어떻게 마음의 균형이 잘 잡힐 거라고 생각하는 걸까?

우리는 앞서 짧은 호흡 명상을 하면서, 마음의 연습이 필요한 결정적인 이유를 알게 되었다. 그런 훈련이 없으면 우리는 대부분 시간을 잡념에 빠져 보내게 된다. 잡념에 빠진 상태는 우리 정신의 표준적인 상태다. 우리는 계속 생각을 한다. 자신이 생각하고 있다는 것조차 잘 알아차리지 못한 채 그렇게 한다. 앞으로 보겠지만, 이런 정신 상태는 여러 가지 부정적인 결과를 동반한다. 무엇보다 이는 기분을 망치는 제일가는 요인이다. 이런 상태는 우리를 불만족스럽게 만든다. 즉 우리는 때때로 생각을 하는 가운데 불행으로 들어간다는 뜻이다.

우리 마음엔 무적의 여름이 숨어 있다

불교의 창시자인 석가모니는 2600년 전에 이미 이를 깨달았다 (붓다buddha는 '깨달은 자', '눈을 뜬 자'라는 뜻이며, 원래 이름은 가우타마 Siddhārtha Gautama였다). 과학은 이를 깨닫는 데 불교보다 오랜 시간이 걸렸지만, 석가모니의 깨달음이 옳았음을 보여주는 인상적인 증거를 찾아냈다. 자, 이제 우리의 정신이 훈련되지 않은 상태로는 석가모니가 '고dukkha'라고 부르는 만성적인 불만족에 빠지기 쉽다는 걸 보여준 두 가지 연구를 소개하려 한다.

첫 번째 연구에서 하버드대학교의 두 연구자는 수천 명의 실험참가자에게 아이폰 앱을 깔게 했다. 참가자들은 세계 여러 나라 출신으로, 연령대도 직업과 생활 방식도 다양했다. 앱은 참가자들에게 하루 중 임의의 시간에 그들이 지금 무엇을 하고 있는지, 기분은 어떤지를 물었다. 앱이 질문하는 시간에 어떤 사람은 막 쉬고 있었고, 어떤 사람은 일하고 있었다. 어떤 사람은 대화를 하고 있거나, 대중교통을 이용하고 있거나, 텔레비전을 보거나 독서를 하고 있었다. 자녀들과 놀아주거나, 음식을 만들거나, 음악을 듣거나, 음식을 먹거나, 산책을 하거나, 운동을 하는 사람들도 있었다.

앱의 결정적인 질문은 참가자들이 각각의 활동에 온전히 몰두하고 있는지 아닌지 여부였다. '현재'에 있는가? 지금 하는 일에 주의를 기울이고 있는가, 아니면 딴생각을 하고 있는가?

데이터를 분석한 결과, 사람들은 너무나 자주 다른 생각을 하는 것으로 드러났다. 사실 '거의 늘'이라고 할 수 있었다. 앱이 체크한 경우의 거의 절반 가까운 수준으로, 실험참가자들은 현재 무슨 활동을 하고 있는지와는 상관없이 지금 하는 일에 주의를 집중하지 않고 있다고 대답했다. 단 한 가지 예외는 섹스였다. 최소한 섹스를 할 때는 대부분의 사람이 '지금 여기에' 있을 확률이 높은 것처럼 보였다. 모토는 이러하다. 섹스할 때도 집중하지 못하고 다른 생각을 하는 사람은 구제 불능이다!

사실 실생활에서 우리는 이 연구 결과가 보여주는 것보다 훨씬 더 자주 다른 생각에 빠져 있다. 그렇게 보는 것이 합당하다. 우리의 정신은 지금 정신이 얼마나 다른 데 팔려 있는지 깨닫지 못할 정도로 부주의하고 다른 데로 가 있기 때문이다. 이에 대해서는 나중에 더 자세히 살펴보자.

두 번째 연구 결과는 우리 생각이 계속 곁길로 빠지곤 한다는 사실이 좋은 소식은 아니라는 것이다. 연구 결과 사람들은 지금 자신이 하는 일에 주의를 온전히 기울일 때 가장 행복한 것으로 나타났다. 반대로 생각이 곁길로 빠지면, 기분은 곤두박질쳤다. 불쾌한 주제를 곰곰이 생각할 때 특히나 그랬다. 하지만 유쾌한 상상을 하고 있다 해도, 온전히 현재의 활동에 집중할 때보다 참가자들의 기분이 더 좋아지지는 않았다.

우리가 현재의 활동에 주의를 기울이지 않고 다른 생각을 할 때, 이는 생각의 내용과 상관없이 기본적인 긴장을 만들어낸다. 신체와 감각은 이쪽 세계에 있고, 정신은 저쪽 세계에 있는 것이다. 조화롭지 못한 일이다. 두 세계는 하나가 될 때 조화를 이룬다. 그럴 때 긴장이 풀리고, 안도의 숨을 쉬며, 마음의 균형이 잡힌다.

데이터를 시간적으로 분석한 결과, 참가자들은 대부분 처음에 나쁜 기분이었다가 이어 상상의 세계로 피난을 간 것이 아니었다(물론

우리 마음엔 무적의 여름이 숨어 있다

그런 경우도 발생한다). 보통은 그 반대였다. 생각의 회전목마가 사람들을 지금 여기에서 멀어지게 하자마자, 곧장 기분이 저하된다. 연구자들은 미국의 〈사이언스〉지에 실린 에세이에서 이런 결론을 내렸다. "인간의 영혼은 방황하는 영혼이고, 방황하는 영혼은 불행한 영혼이다."[2]

홀로 생각하느니 전기충격을 선택한 사람들

이런 인식이 우리 삶과 건강에 미치는 의미와 중요성을 가늠하기는 어려운 듯하다. 하지만 어쨌든 이런 인식의 중요성을 과소평가해서는 안 된다. 의식하지 못한 채 우리는 자신을 지금 여기에서 빼내어, 때로는 걱정으로 몰아가고, 스트레스를 받게 하고, 우울하게 만드는 생각에 빠져 일상을 보내고 있다.

하지만 우리가 품은 생각이 그렇게 불쾌한 걸까? 생각일 뿐인데! 흠, 생각만으로도 괴로운 나머지 그 생각에서 주의를 돌리려고 신체적 아픔까지 감수할 정도라는 것이 〈사이언스〉지에 실린 또 하나의 연구 결과다. 미국의 심리학자 티모시 윌슨Timothy Wilson 팀은 약 400명의 실험참가자를 15분간 빈방에서 딱딱하고 팔걸이도 없는 의자에 앉아있게 했다. 참가자들은 스마트폰(및 주의를 산만하게 할 수 있는 모든 기기, 책, 펜 등)을 맡기고, 아무것도 없이 방 안에 들어가, 오롯이 자기 자신과 자기 마음과 더불어 고요히 자신이 선택한 주제를 생각해야 했다. 이것이 참가자들에게 주어진 과제였다.

아, 한 가지 작은 기분 전환 거리가 있었다. 원하는 사람은 단추를 누르면, 위험하진 않지만 매우 불쾌한 전기충격이 주어졌다. 참가자들은 이런 전기충격을 사전에 시험해 보았는데, 하나같이 돈을 내고서라도 그런 전기충격을 다시 당하고 싶지는 않다고 입을 모았다. 그랬기에 윌슨은 대부분의 사람이 몇 분간 아주 얌전하게 가만히 앉아 있을 거라고 생각했다.

하지만 실상은 달랐다. 오롯이 자기 자신, 그리고 자기 생각과 함께하는 시간을 굉장히 불쾌하게 느낀 나머지 많은 참가자가 자원해서 자신에게 전기충격을 가했다. 한 참가자는 무려 190번의 충격을 허락했다! 물론 이런 경우는 예외였다. 보통은 이런 참가자처럼 행동하고 싶지는 않을 것이다. 그런데도 혼자 우두커니 앉아 시간을 보낸 뒤, 참가자들의 절반은 혼자 15분간 '독방'에 갇혀 있는 건 정말 견디기 힘든 시간이었다고 말했다. 아울러 거의 모두가 이 시간에 불쾌한 정신적 불안을 느꼈다고 토로했다. 한 가지 주제를 생각하려 했는데, 무엇을 생각해야 할지 몰라 우유부단했고, 자꾸만 주제에서 벗어났다. 윌슨은 참가자들이 "생각의 회전목마에 잘 대처하지 못했다."고 말했으며, 〈사이언스〉지에 기고한 에세이에서 "훈련되지 않은 정신은 혼자 있는 걸 싫어한다."라고 실험 결과를 개괄했다.[3]

두 연구 결과를 잠시 요약해 보자. 우리의 정신, 정확히 말해, 훈련되지 않은 상태의 정신은 계속해서 부지불식 중에 방황을 하고, 이것 때문에 우리 기분이 저하된다. 우리는 모두 머릿속에 자신을 방해하거나 괴롭히는 목소리를 갖고 있다. 이런 목소리는 도대체 입을 다물지 않는다!

뭔가를(흥미롭고 새로운 것이면 더 좋다) 해야 해서 외부 세계가 우

우리 마음엔 무적의 여름이 숨어 있다

리에게 주의력을 요구할 때, 비로소 내면의 목소리에 주의가 기울여지지 않고 기분이 유쾌해진다. 우리가 계속해서 뭔가로 바쁘게, 재미있게 살려고 하는 것도 그런 이유가 아닐까. 언제나 자신의 마음을 즐겁게 하는 것이 중요하다! 1분이라도 '비어 있는' 시간이 우리를 위협하면, 우리는 견디지 못하고 얼른 스마트폰을 부여잡거나, 소식을 체크하거나, 인터넷으로 뭔가를 검색한다. 마치 그 일에 목숨이 달려 있기라도 한 듯 말이다. 물론 당연히 그렇지 않은데도 마치 목숨이 달린 일처럼 스마트폰을 들여다본다. 순전히 주의를 다른 곳으로 돌리기 위해서다. 다른 곳으로 주의를 돌리지 않으면 금세 머릿속의 목소리가 나타나 우리를 짜증 나게 할 거라는 걸 무의식적으로 두려워하기 때문이다. 그래서 급성진통제로서 구글을 검색하고 인터넷을 서핑하고 텔레비전 채널을 이리저리 돌린다. 절망한 나머지 전기충격을 받는 것까지 감수했던 윌슨의 실험참가자들처럼 계속해서 우리 자신 앞에서 도망친다. 오롯이 혼자만의 시간을 견디지 못한다.

궁금증이 생긴다. 내면의 목소리는 대체 왜 있는 걸까? 왜 우리는 속으로 늘 독백을 하는 걸까? 이 현상은 우리 영혼 깊이 닻을 내려서, 귀가 안 들리는 사람들조차도 머릿속으로 대화를 한다. 물론 그들은 머릿속에서도 음성언어 대신 수어로 말을 하겠지만 말이다.[4] 우리 머릿속은 왜 유쾌한 고요가 지배하지 않을까? 왜 우리는 그렇게 원하는데도 마음의 수다를 간혹이라도 잠재울 수가 없을까?

방황하는 영혼은 불행한 영혼이다

머릿속 목소리가 어디서 비롯되고 왜 시작되었는지를 알고 싶다면, 이 내면의 목소리가 어떤 주제의 이야기를 주로 하는지 자기 독백의 '히트 퍼레이드'를 살펴보면 좋다.

내면의 목소리는 잘 돌아가지 않고 삐걱거리는 삶의 상황을 반복해서 끄집어내기를 좋아한다. 인간관계 문제, 다툼, 내가 특정 사람에게 왜 그렇게 (잘못) 반응했을까, 또는 그 사람이 내게 왜 그렇게 했을까, 잘 진척되지 않는 작업이나 활동에 대한 생각, 자식 걱정, 내가 작가로서 생계를 유지하기 힘들었던 시절의 잔재일 금전 걱정도 불쑥불쑥 떠오른다. (아직) 이루지 못한 직업적 목표에 대해서도 이런저런 생각을 한다. 내가 그런 일을 이루면 어떨까 그려본다. 그래, 그러면 나는 드디어 안도의 한숨을 쉴 수 있겠지. '골인 지점에 다다른' 기분이 들겠지… 가끔은 (만남이나 강의나 인터뷰처럼) 앞둔 일들이 어떻게 진행될지 상상으로 돌려본다. 그럴 때 머릿속 목소리는 전체 대화를 시뮬레이션하기도 한다!

물론 모든 이의 내면의 비판자는 각자 자신의 관심사를 가지고 있다. 그러나 기본 주제는 놀랍게도 비슷비슷하다. 기본 테마는 인간관계, 파트너 관계, 사람들에게 인정을 받는 것, 돈, 직업, 커리어, 멀리 있는 행복에서 맴돈다. 우리는 두려움에 내몰리고, 건강을 걱정하고, 앞으로 닥칠 일을 미리미리 상상한다.

이렇듯 이런 목소리가 끄집어 올리는 주제가 모두에게 비슷비슷하다는 점은 우리의 뿌리에 대해 많은 것을 알려준다. 내면의 목소리는 우리의 발달사에서 살아남는 데 중요했던 기본 모티브와 목표

우리 마음엔 무적의 여름이 숨어 있다

를 눈에 띄게 자주 끄집어낸다. 물론 이런 주제는 우리가 살아가면서 받은 교육과 경험에도 영향을 받는다. 하지만 핵심을 놓고 보면, 내면 목소리의 주제와 관심사는 우리의 진화적 과거로 거슬러 올라간다(2600년 전 석가모니가 우리와 비슷한 문제와 씨름했던 것도 그래서다).

관계와 인정을 예로 들어보자. 아프리카 초원에서 살던 우리의 조상이 씨족사회에서 내쳐진다면 살아남기가 쉽지 않았을 것이다. 무리 지어 함께 살아가야 먹거리도 더 안정적으로 얻을 수 있고, 자녀들도 더 잘 돌볼 수 있다. 공격을 받아도 속수무책으로 당하고만 있지 않아도 된다. 그래서 인간관계 문제, 동료와 어떻게 하면 잘 지낼 수 있을까 하는 문제는 오늘날까지 아주 고민되는 사안이고, 내면의 목소리는 이런 주제를 늘 도마에 올린다.

물론 우리가 이런 태곳적 뿌리를 의식하며 고민하고 곰곰이 생각하는 것은 아니다. 우리는 그저 오늘 아침, 우리와 마주친 이웃이 왜 인사를 안 했을까, 또는 동료가 나를 왜 그런 삐딱한 눈초리로 쳐다봤을까를 생각하며 골머리를 싸맨다. 이런 문제들이 우리를 그렇게 곤두서게 하는 이유는 과거에는 주변 사람들에게 인정받는 것이 생사를 좌우했기 때문이다. 아울러 번식의 성공도 좌우했다.

'진화'가 태곳적 생존 투쟁과 번식에서 중요했던 목표를 상기시켜 주기라도 하려는 것처럼, 우리의 머릿속에서는 반복해서 경보가 울린다. 우리가 그것을 잊어버릴까 봐 걱정이라도 하는 듯하다. 그리하여 내면의 목소리는 우리가 원치 않는데도 멈추지 않고 말을 한다. 심지어는 우리가 모든 수단을 동원해 그 목소리에서 벗어나고자 하는데도 아랑곳하지 않는다.

그러므로 내면의 목소리에서 벗어나서는 안 될 것 같다! 그러기에는 그 목소리가 너무나도 생존에 중요하다. 옛 조상들 중 내면의 목소리를 문제없이 끌 수 있었던 사람들은 유감스럽게도 자손을 남기지 못했던 듯하다. 자손들을 남겼더라면 머릿속의 유쾌한 고요까지 물려줄 수 있었을 텐데.

진화적 시각을 고려하면, 왜 섹스할 때는 내면의 음성이 침묵하는지도 설명할 수 있다. 섹스를 하는 순간에는 우리가 진화의 궁극적 명령을 수행하고 있지 않은가. 그러므로 방해받아서는 안 되는 것이다. 그러나 섹스를 하고 나서는 내면의 목소리가 다시금 재잘거리기 시작하고, 그와 함께 내적 불안과 불만족, 더 많이 가지려는 욕심도 돌아온다. 왜 아니겠는가? 진화는 우리 마음이 평화롭고 고요한지에는 관심이 없다. 오직 한 가지, 바로 우리가 생존 투쟁에서 살아남아 유전자를 다음 세대로 전달하는 것만을 염려한다.

그래서 우리에게는, 즉 머릿속의 목소리에게는 좋은 외모를 갖거나 많은 자원을 축적하는 것이 아주 중요한 문제다. 그것이 파트너 시장에서 우리를 매력적으로 만들어 생존을 보장하지 않는가. 그래서 우리는 사회적 사다리에서 가능하면 위까지 올라가려고 노력한다. 그러다 보니 우리의 성과는 내면의 목소리에겐 결코 충분하지 않다. 어느 분야건 늘 경쟁이 있을 터, 만성적으로 불만스러운 목소리는 경쟁심을 부추겨, 늘 더 많이 갖고자 하고 더 '나은' 자리에 서기를 원하게 만든다.

더 많이, 더 높이 나아가도록 부추기고, 경쟁을 독려하기 위해 내면의 목소리는 온갖 것을 끌어다 댄다. 머릿속에 알록달록하게 그

우리 마음엔 무적의 여름이 숨어 있다

려지는 목표를 이루면 오래오래 행복할 거라고 약속하며 우리의 힘을 동원한다. 그렇게 우리는 머릿속으로 늘 미래를 그린다. 계속해서 미래를 지향한다. 지금 여기를 희생해서 말이다.

하지만 이런 행복의 약속은 실현 불가능하다. 중요한 목표는 계속 경쟁하고, 늘 동료들보다 조금쯤 앞서가는 것이기 때문이다. 따라서 짧게나마 기분이 좋아진다는 보상만 있을 뿐 '도착'은 없고, 지속적인 행복도 없다. 부지런히 외적인 꿈을 이루어나간다 해도, 불만족은 늦든 빠르든 돌아오게 된다. 그것이 프로그램 일부이기 때문이다. 만성 불만족 또는 석가모니가 말했던 '고'는 내면 목소리의 본질이다. 그것이 그 목소리가 존재하는 의미이자 목적이다.

따라서 내면의 평화 비스름한 것을 원한다면 우리는 다른 길로 눈을 돌려야 한다. 외적인 세계에서 점점 더 많이 가지려는 추구를 넘어서는 길. 이는 우리를 명상으로 인도한다.

내면의 목소리로부터
분리된다는 것

명상은 우선 모순적이다. 맨 처음 명상을 시작하면, 대부분은 내면의 음성이 정말로 뚜렷하게 의식된다. 마치 볼륨을 제대로 올린 것처럼 말이다. 그래서 처음 명상을 할 때, 오히려 자기 생각 때문에 더 고통스러워지는 것은 아주 전형적인 일이다!

염려하지 마라. 이것은 좋은 표지다. 늘 존재하던 우리 안의 목소리를 더 의식적으로 지각하기 시작한다는 의미다. 이제 내면의 시선이 예리해지므로 생각이 이리저리 오가는 것을 더 자주 알아차리게 된다.

자기 대화를 알아차릴 때마다 매번 한 걸음 물러나, 거리를 두고 내면의 음성을 들으려고 해보라. 이것은 굉장히 해방감이 느껴지는 일이다. 내면의 음성을 지각하자마자, 우리는 더는 그 음성 자체가 아니기 때문이다. 우리는 그 음성을 지각하는 신비로운 존재로 바뀐다.

심리치료는 이런 맥락에서 '융합'과 '탈융합'을 이야기한다.[5] 일반적으로 우리는 자기 생각에 녹아들어 있거나, '융합'되어 있어서 그 생각을 액면 그대로 받아들인다. 이럴 때 우리는 생각과 하나이며, 자동적으로 자기 생각을 진실하고 중요한 것으로, 현실 그 자체로

우리 마음엔 무적의 여름이 숨어 있다

여긴다. 우리는 머릿속 음성들 그 자체다.

하지만 사실 내면의 목소리가 하는 말은 '단지' 생각일 뿐이다. 진화의 목표를 상기시키려고 정신이 지어내는 생각일 따름이다. 이것은 우리의 목표가 될 수 없고 되어서도 안 된다(먹을 것이 충분한데도 때로 먹거리에 욕심을 내는 내 모습을 본다. 그럴 때면 아, 또 내 안의 진화가 신호를 해오는군… 어리석지만, 이해할 수는 있지! 라고 생각한다).

물론 우리의 생각이 정말 맞을 수도 있다. 그 자체로는 틀리지 않고 현실을 적확히 묘사하고 있을 수도 있다. 그러나 현실을 실제보다 훨씬 부정적으로 보이게 왜곡하는 경우가 훨씬 많다. 예를 들어 "모든 것은 어차피 아무 의미가 없어." "왜 그런 일이 꼭 내게만 일어나지?" "이번 생은 망했어."라고 말이다.

생각에 잠기는 것은 거친 강물에 휩쓸리는 것과 같아 소용돌이를 벗어나 강둑에 도달한 뒤에야 비로소 우리는 휩쓸리지 않은 상태로 강물을 관찰할 수 있다.

다행히 생각의 소용돌이에서 벗어나도록 우리를 돕는 몇몇 트릭과 테크닉이 있다. 우리가 하던 일을 완전히 망쳤고, 내면의 비판자가 "넌 정말 루저야!"라는 말로 우리를 괴롭힌다고 해보자. 생각과 융합된 상태에서는 이런 자기비판을 아주 곧이곧대로 받아들이고, 기분이 꿀꿀해진다.

치료사들의 조언에 따르면 이런 상황에서 머릿속의 생각을 의식적으로 불러내 그것을 명확히 생각으로 규정하면 좋다. "넌 루저야."라는 내면의 목소리를 "봐, 내 뇌가 지금 내가 루저라는 생각을 만들어내고 있네."라고 바꾸는 식이다. 이것은 생각이 단지 정신이 만들어내는 산물임을 보여준다.

한 걸음 더 나아가, 깜찍한 동요(〈All My Ducklings〉는 어떨까?)의 멜로디에 맞춰 방금 든 생각의 내용을 노래로 바꿔 불러 보라.[6] 그러면 방금 우리를 괴롭혔던 생각을 진지하게 받아들이기가 어려워진다. 생각에 내적으로 녹아드는 것 또는 융합이 해체되고, 치유적인 탈융합이 일어난다. 우리는 더는 생각과 하나가 아니다. 그것이 생각일 뿐임을 인식하고 있기 때문이다. 생각 자체('넌 루저야')에는 변함이 없다. 그러나 그것을 뇌가 만들어내는 산물이라고 폭로하면 그 생각은 우리에게 미치는 힘을 잃어버린다.

생각이 뇌가 만들어내는 산물이라는 점이 중요하다. 탈융합 기법의 목표는 생각을 변화시키거나 억누르는 게 아니다. 물론 '나는 루저'라는 생각이 정말로 객관적인 사실인지 질문을 던지고, 이런 생각을 상대화하거나 반박하면서 그 생각을 무력화할 수 있다면 좋다. 하지만 어떤 생각을 바꾸거나 없애버릴 마음으로 자기 생각에 직접 접근하는 방식은 외부 세계의 장애물을 치우려는 것과 마찬가지로, 보통은 내적 싸움을 일으키고 상황을 더 악화시킬 뿐이다. 그러다 보면 이제 문제가 하나 더 추가되어 두 가지 문제를 갖게 된다. 루저라는 생각, 그리고 이 생각과 싸우는 것 말이다. 변화를 통해 개선하려는 전형적인 '서구적' 접근은 내면세계를 더 헷갈리게 만드는 경우가 많다.

생각이 그저 생각에 불과한 것을 알아차리는 방법이 더 효과적이다. "그래, 그런 생각을 듣고 있어. 그런 생각이 또 찾아왔군. 내 머릿속의 목소리. 아, 내면의 목소리! 난 네가 내게 잘해주려고 그러

우리 마음엔 무적의 여름이 숨어 있다

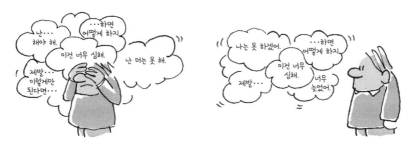

생각에 빠져 있을 때   관찰자 모드로 있을 때

는 거 알아. 때로는 네가 상황을 안 좋게 과장할지라도 말이야…"
그러고 나서 자신에게 이렇게 말할 수 있다. "나는 내 내면의 목소
리가 아니야, 내면의 목소리를 관찰할 수 있으니 좋네. 내가 목소리
를 관찰할 수 있다는 사실은 내가 내면의 목소리와는 다르다는 걸
증명해줘. 그리고 곰곰이 생각해 보면, 난 절대로 루저가 아니야. 그
리고 모든 것이 다 안 좋기만 한 건 아니야. 내면의 목소리는 언제나
그렇게 과장할 뿐. 뭐 어쩌라고! 나는 루저라는 생각을 그냥 생각으
로 지각하고, 흘려보낼 거야… 그러니 생각들아, 안녕!"

생각이 생각임을, 순전히 우리 뇌가 만들어낸 산물임을, 피어났
다가 사라지는 뉴런의 활동임을 알아차리려면 정신적으로 깨어 있
어야 한다. 명상이 이 일을 도울 수 있다.

하지만 한 번 정도 명상한다고 하여 많은 일이 일어나지는 않는
다. 규칙적으로 해야 한다. 명상하면서 쉴 새 없이 우리 안에서 떠오
르는 생각에 온통 휩쓸리지 않고, 어느 정도 거리를 두고 생각을 관
찰하는 훈련을 할 수 있다.

명상을 자주 할수록 이런 유쾌하고 치유적인 '관찰자 모드'를 취

하는 것이 더 자연스러워진다. 그러므로 되도록 자주, 10분 이상 명상할 것을 권한다. 주의 집중력이 좋은 아침에 하면 가장 좋다. 그러면 명상 분위기를 낮에도 이어갈 수 있다.

명상을 도와주는 좋은 앱이 많이 있다. 자연과학자인 보리스 보르네만Boris Bornemann의[7] 〈Balloon〉이라는 명상 앱을 추천하고 싶다. 미국의 지식인 샘 해리스의 〈Waking up〉 앱도 내겐 아주 특별하다. 나는 처음에 이 앱 덕분에 명상에 관심을 갖게 되었고 매일매일 명상을 할 수 있었다(유감스럽게도 이 앱은 영어로만 지원이 된다). 이외 〈Head space〉와 〈Calm〉과 같은 명상 앱도 인기가 많다.

명상 앱을 활용하면 명상에 들어갈 때 굉장히 도움이 된다. 자기 생각에 골몰해 있을 때, 외부의 목소리를 활용하면 지금 여기로 돌아오는 것이 더 수월하기 때문이다. 그러므로 좋은 명상 앱을 다운로드해서 활용하면 좋다.

외국어나 운동(또는 가치있는 모든 것)을 배우는 일처럼 명상을 배우는 것도 처음에는 힘들 수 있다. 그러나 포기하지 않고 지속하면 보람이 있을 것이다.

자아에서 의식으로

이미 말했듯이 첫 효과를 느끼려면 최소한 며칠이라도 여러 번 명상을 해야 한다. 그러나 늦든 빠르든 변화가 느껴질 것이다.

최근에 명상이 얼마나 긍정적인 변화를 가져다줄 수 있는지를 입증하는 연구가 수없이 쏟아져 나왔다. 그만큼 현재 명상에 대한 관심이 뜨겁다. 이번 장의 첫 부분에 썼듯이 명상 연습이 집중력과 주

우리 마음엔 무적의 여름이 숨어 있다

의력을 강화시켜서, 우리가 생각의 회전목마에 무턱대고 내맡겨지지 않게끔 해줄 수 있다는 사실도 연구로 증명되었다.[8]

미국 캘리포니아대학교 산타바바라의 심리학자 조나단 스쿨러Jonathan Schooler팀은 한 연구에서 두 그룹의 대학생을 비교했다. 한 그룹은 2주의 연습 기간 동안 한 번에 45분씩, 총 여덟 번에 걸쳐 명상 코스를 밟았는데, 코스에는 1회에 10~20분 정도를 할애해 호흡에 주의를 집중하는 명상 연습도 포함되어 있었다. 그리고 추가로 2주간 집에서도 10분씩 명상을 했다. 즉 집중적으로 명상 훈련을 받았다. 반면 대조군은 같은 기간에 식생활에 대한 강의를 듣고, 집에서 명상을 하는 대신 하루 동안 무엇을 먹었는지를 기록했다.

코스를 시작하는 시점과 끝나는 시점에 두 그룹의 참가자들은 모두 IQ 테스트와 흡사한 약간 지루한 사고력 과제 및 독해력 테스트를 해야 했다. 그 결과 명상 코스를 이수한 대학생들은 코스가 끝난 후 과제에 훨씬 더 잘 집중할 수 있었던 것으로 드러났다. 그들은 잡념에 그다지 휘둘리지 않아서, 테스트에서 더 좋은 점수를 받았다 (식생활 코스는 예상대로 이런 면에서 별 변화를 가져다주지 못했다).[9]

다른 연구들도 명상 훈련을 받고 나서 독서를 하면 잡념에 빠지거나 내용에 집중하지 못하고 멍하니 "그냥 글자만 읽어 내려가는" 현상이 줄어든다는 걸 보여주었다.[10] 끊임없이 주의가 산만해지는 이 시대에 명상으로 한 가지 것에 머물러 보는 연습은 정말 유용할 것이다.

우리는 자연의 치유력을 다룬 장에서 집중력이 기분에도 영향을 미친다는 사실을 살펴봤다. 하루를 보내면서 집중력이 점점 약해질 때(또는 잠을 못 잔 날처럼 처음부터 집중력이 좋지 않을 때), 무의식에서 올라오는 생각과 감정은 평소보다 더 쉽게 우리를 접수해 버린다. 머릿속의 목소리는 제어되지 않고 마구 분출된다. 더 안 좋은 점은 우리가 그 목소리와 완전히 하나가 되어간다는 것이다. 자기 생각을 관찰하거나, 그 생각에서 자신을 떼어낼 정신력이 부족하다. 파트너가 부주의한 실수를 하나만 해도 이미 우리 안에서 생각의 도미노가 일어나서, 우리 마음을 장악하고 감정을 자극해 분노가 솟구친다. 나중에 후회해도 소용없게끔 말이다. 좀 더 정신이 깨어 있으면 우리 안에서 어떤 감정이 올라오는지를 일찌감치 감지하고, 예민해지는 원래 원인이 무엇인지에 주의력을 돌릴 수 있다("과로해서 피곤하다 보니 이렇네"). 그렇게 하면 마음이 평온해지고, 상황을 진정시킬 수 있다.

이렇듯 정신적으로 깨어 있는 상태는 명상을 통해 강화된다. 명상은 우리 주의력을 개선시켜, 마음을 더 주의 깊게 지각하도록 해준다. 그러다 보면 우리는 더는 무방비 상태로 무의식적인 자극-반응-도식(예를 들어 배우자의 부주의한 행동 → 견딜 수 없이 자존심에 상처를 입음 → 분노 폭발)에 내맡겨지지 않는다. 명상을 통해 더 많은 자유와 여지를 얻어, 평소처럼 자동적으로 자극에 대한 연쇄 반응이 나오는 것을 멈추고, 대신 좀 더 의식적으로 행동할 수 있다. 좀 더 자신이 원하는 대로 행동할 수 있고, 좀 더 자신이 소중하게 생각하는 가치에 어울리게 행동할 수 있다(배우자의 부주의한 행동 → 견딜 수 없이 자존심에 상처를 입음 → 내가 지금 막 과잉반응하고 있는 건 아닐까? 라는 생각).

그러는 동안에 연구자들은 호흡 - 명상의 각 단계를 연구했다. 호흡에 집중하는 단계에서 자꾸만 다른 생각을 하게 되는 단계를 거쳐, 그것을 의식하고 다시금 호흡에 집중하기까지를 말이다. 이 연구에서 실험참가자들은 MRI 스캐너 안에서 명상을 하면서 잡념이 드는 걸 알아챌 때마다 단추를 눌러야 했는데, 정확히 언제부터 잡념이 시작되었는지는 몰라도, 최소한 단추를 누르기 몇 초 전부터 잡념에 빠져 있었다는 사실은 확실했다.

이 연구에서 관찰한 것 또한 시사하는 바가 컸다. 우리가 알아채지 못하고 생각에 빠져 있는 단계에서 우리 뇌에서는 5장에서 이미 잠시 살펴봤던 네트워크가 활성화된 것으로 나타났다. 바로 우리 뇌의 '표준 모드'인 디폴트 모드 네트워크가 말이다. 그리하여 많은 뇌과학자는 디폴트 모드 네트워크를 우리의 자아, 즉 에고와 짝을 이루는 영역으로 여긴다.

스스로 잡념에 빠진 것을 발견하고 백일몽에서 깨어나자마자, '에고 네트워크'의 활동은 다시금 저하된다. 이어 주의력 조절과 관계있는 다른 뇌 영역이 통제권을 넘겨받고, 우리는 다시금 호흡에 주의를 돌린다.[11]

이런 면에서 볼 때 우리의 자아 감정 또는 에고는 잡념에 빠졌을 때 특히 강하게 올라온다고 말할 수 있다. 야망과 질투, 손해 보고 있다는 느낌을 동반한 머릿속의 괴로운 목소리가 마구 터져 나오고, 우리는 이런 목소리와 자신을 완전히 동일시한다. 우리 자신이 목소리가 된다. 그 목소리를 자기 자신으로 여긴다.

'깨어나서' 다시금 딴생각을 하고 있었음을 알아차릴 때까지 말이다. 무엇보다 처음 명상 연습을 할 때 사람들은 종종 좌절에 빠진다. "맙소사, 또다시 실패했어요!" 하지만 좌절할 필요가 없다. 오히려 반대다. 이렇게 깨닫는 순간을 성공으로 여기고 기뻐해야 한다. 이렇게 의식하는 과정이 바로 연습이기 때문이다. 늘 계속해서 백일몽 상태에서 '깨어나는' 것이 중요하다. 이를 제2의 천성처럼 습관으로 삼아라.

물론 명상할 때 우리는 잡념에 빠진 걸 깨닫는 연습을 해야 할 뿐 아니라, 그걸 깨달을 때마다 생각의 소용돌이에서 벗어나 호흡으로 돌아가는 연습을 해야 한다. 하지만 잡념에 빠진 상태를 자아가 활개를 치는 상태라고 본다면, 이런 잠재 의식적인 생각의 흐름에서 벗어나 주의력을 다른 데로 돌리는 것은 우리의 자아와 진화의 '목표'에 상당히 영향을 받은 뇌 구조에서 비롯된 목소리로부터 벗어나는 것이다. 이를 통해 우리는 지금까지 나라고 생각했던 모습만이 내 전부는 아니라는 것을 깨닫는다. 자아는 나 자신이라기보다는 진화의 목표를 위해 개발된 또 하나의 구조인 것이다(진화는 늘 나와 나의 존속만 따진다).

규칙적 명상으로 의식을 의식하기

규칙적인 명상 연습은 이런 방식으로 자신에 대한 시각을 근본적으로 변화시킬 수 있다. 우리는 머릿속의 목소리, 자아와 그의 모든 콤플렉스와 자신을 동일시하는 걸 멈추기 시작한다. 대신에 차츰차츰 우리 안에서 지각하는 '주체'를 알게 되고, 이런 주체와 함께 우리의 생각을 관찰한다. 이런 주체는 생각하는 자아(즉, 에고)와 반대로 관찰하는 자아라고도 불린다.[12] 그러나 이것은 오히려 '순수한' 의식과 비슷하다.

이런 의식은 생각하고 판단하고 비판하고 논평하지 않는다. 그냥 지각만 한다. 이 의식의 특징은 평화와 고요다. 이 의식은 그냥 존재한다.[13] 달리 말해, 우리 안에는 늘 고요하고 평화로운 주체가 있는 것이다. 외부 세계에서 일어나는 일과 상관없는, 방금 성공을 이루었느냐 아니냐와 관계없는 행복의 장소다. 이것이 바로 우리의 의식이다. 알베르 카뮈의 말을 빌리면 의식은 우리 속의 여름이다. 깊은 겨울에도 발견할 수 있는 여름이다.

의식과 생각과의 관계를 좀 더 구체적으로 보여주고자 의식을 하늘에 비유하기도 한다. 의식을 하늘처럼 상상해 보자. 이 비유에서 우리의 생각이나 감정은 하늘에 지나가는 구름이다. 때로는 작은 구름이 떠다니고, 때로는 짙은 회색 구름이 깔리고, 번개와 천둥이 친다. 우리의 생각과 감정은(우리의 감각적 인상도 역시) 구름처럼 계속해서 변화한다. 우리는 보통 구름과 악천후를 우리 자신으로 여기며, 그것과 동일시한다. 우리 자신이 구름이고 악천후다.

이는 우리가 구름을 관찰하기 시작할 때까지의 이야기다. 그때가 되면 비로소 우리는 구름이 굉장히 넓은 공간의 일부분임을 알아차린다. 그 광활한 공간에서 구름이 비로소 나타나곤 한다는 점을 말이다. 우리의 의식은 이런 하늘과 같다. 제아무리 먹구름이 깔려도, 제아무리 천둥 번개가 쳐도, 그 공간은 날씨로 인해 좌우되지 않는다. 우리는 의식으로 생각과 감정을 관찰하며, 의식은 생각과 감정에 동요하지 않고 남는다. 의식은 그 자체로 고요하다. 마치 거울처럼 그가 비추는 대상에 따라 변화되지 않는다.

이런 말이 아직 좀 추상적으로 들릴지도 모르겠다. 하지만 나는 확실히 말할 수 있다. 명상을 실천하면 이 모든 것이 구체적이고 손에 잡히는 실체가 될 거라고. 많은 사람은 평생 자신의 생각과 감정과 자신을 동일시하며, 의식을 결코 의식하지 못하고 살아간다. 하지만 의식은 우리 안에 있다. 그리고 명상은 자기 속에서 이런 의식 공간을 발견하고 이와 더 친해지는 탁월한 방법이다.

한동안 명상을 통해 자신의 불안한 영혼(불교에서는 이를 '몽키 마인드'라고 한다. 마음이 원숭이처럼 이 생각에서 저 생각으로 옮아가며 날뛰듯이 한다는 뜻이다)과 친숙해지면, 주의력이 점점 더 조금씩 '안정'되는 것을 느끼게 된다. 이것은 스노우볼을 흔드는 것과 비슷하다. 스노우볼을 흔들면 안에서 눈송이들이 이리저리 흩날린다. 그처럼 처음에는 우리의 생각이 사방으로 소용돌이친다. 하지만 눈송이들은 차츰 잦아든다. 눈송이와 마찬가지로 생각은 없어지지 않는다. 이미 말했듯이 생각을 없애는 것이 목표가 아니다. 하지만 마음은 명상 훈련을 통해 덜 요동친다. 이런 면에서 진보하고 있음이 느껴진다면 다음 단계로 나아갈 준비가 되었다. 바로 명상의 두 번째 단계로 말이다.

우리 마음엔 무적의 여름이 숨어 있다

8

지금의 자신을 받아들인다는 것

진짜 나를 직면하는 명상의 길

마음챙김,
불안한 영혼과 친숙해지기

 부단히 이리저리 뛰어다니는 '몽키 마인드'를 길들였다면, 명상을 더 확장해 볼 수 있다. 다시금 편안하게 의자나 방석에 앉아, 눈을 감고, 몇 번 심호흡을 하라.

 신체를 지각하라. 어떻게 앉아 있는지. 중력이 어떻게 아래에서 몸을 끌어당기고 있는지. 특히 가부좌 자세로 앉아 있으면 이따금 자신이 느낌의 구름이 되는 듯한 기분을 느낄 수도 있다.

 호흡에 주의를 기울이고, 앞에서처럼 1~2분간 호흡을 쫓아라. 자신에게 집중하고, 주의력을 안정시키는 것이 중요하다.

 주의력이 안정되면, 주의력을 열기 시작하라. 우선 소리로 시작하라. 소리를 명명하지 말고 들리는 소리를 지각하라. "아, 지금 자동차가 지나가네!"라고 말할 필요가 없다. 음악을 듣듯이, 그저 소리의 콘서트에 귀를 기울여라.

 소리가 들렸다가 다시 사라진다. 예측할 수도 붙잡을 수도 없다. 우리의 정신을 응접실이라고 상상하라. 때때로 소리가 그 공간에 입장했다가 다시 떠난다. 공간 자체는 변하지 않고 남는다.

 몇 분 뒤 배경의 소리를 뒤로하고, 생각으로 주의를 향하라. 소리를 지각했던 것처럼 생각도 내면의 목소리, 또는 이미지처럼 지각

우리 마음엔 무적의 여름이 숨어 있다

할 수 있다. 생각도 지나가는 손님처럼 저절로 의식의 응접실에 나타날 수 있다. 소리처럼, 그 생각을 예측하거나 붙잡을 수 없다.

앞서 언급했듯이 당신 안의 이런 '응접실'을 하늘로 상상할 수도 있다. 생각이 구름처럼 지나가지만, 하늘은 변하지 않는다. 의식은 또 다른 점에서 하늘을 닮았다. 의식은 형태가 없다. 도공 앞에 놓인 흙처럼 형태가 없다. 당신 자신인 이런 '의식의 흙'이 소음과 생각에 따라 계속해서 일시적으로 '형태를 띠는' 듯이 보인다. 하지만 여러 다른 형태를 띠더라도, 흙은 언제나 같은 흙이다. 아이가 놀이터의 모래로 장난하고 집짓기를 하더라도 모래는 늘 같은 모래인 것처럼 말이다.

생각이 왔다가 가도록 하라. 생각과 아무런 상관을 할 필요가 없다. 그것은 저절로 가버리고, 우리는 곧 다시 형태 없는 흙이 된다.

이런 방식으로 차츰차츰 모든 것에 열릴 수 있다. '그곳'에 있는 모든 것, 당신 안에 등장하려 하는 모든 것에 말이다. 당신은 수신하는 관찰자다. 소리가 오면, 오게 하라. 생각이 올라오면, 그것을 관찰하고 또 지나가게 하라. 감정이 생겨날 수도 있고, 어떤 신체적 느낌이 들 수도 있다. 배에서 느껴지건 가슴에서 느껴지건 얼굴에서 느껴지건 간에 이런 느낌도 상관하지 말고, 그냥 관찰하기만 해라. 아픈 곳이 있는가? 그런 느낌도 그냥 지각하라. 있는 그대로의 것과 함께하라. 바꾸려 하지 말고 들어오는 인상을 받아들여라. 뭔가를 하거나 반응하거나, 그 어떤 문제를 해결하려는 모든 노력을 포기하라. 그냥 존재하라. 더 간단히 말하자면 단순해져라.

서서히 알아차리게 되겠지만, 우리의 의식은 모든 것을 수용한다. 억누르거나 거부하거나 판단하지 않고, 모든 인상을 있는 그대로 받아들인다. 우리의 의식은 아무것과도 싸우지 않는다. 의식은 판단이나 저항 없이, 소리, 생각, 감정, 신체적 느낌 등 등장하는 모든 것으로 빚어질 수 있는 공간이다. 의식은 아무것도 고대하지 않고, 아무것에도 집착하지 않으며, 아무것도 쫓아내지 않는다. 의식은 수용한다. 모든 변화를 받아들인다. 이렇게 수용하고 받아들이는 의식이 돼라.

자신의 신체와 가까워지기

이런 형태의 명상은 '마음챙김mindfulness'으로 명상의 핵심이다 (불교의 '위빠사나'). '열린 모니터링'이라고도 하는데, 다름 아닌 바로 있는 그대로를 기꺼이 관찰하는 것이다.

이 명상에 들어갈 때는 우선 호흡에 집중하면 도움이 된다. 그렇게 하면 주의력이 예리해지고, 잡념이 오가는 것에 친숙해질 수 있다. 이를 '주의 집중'이라 부르기도 한다(고대 인도의 팔리어로 표현하자면 석가모니처럼 '사마타'라고 부를 수도 있다). 하지만 호흡에만 집중하는 대신 주의를 확장해 의식에 떠오르는 모든 것에 주의를 기울일 수도 있다. 호흡의 인상뿐 아니라 소리, 생각, 분위기, 신체 느낌 등에 주의를 열 수도 있다.

그러면서 우리 의식의 특징이기도 한 저 내면의 태도를 받아들여라. 바로 모든 것을 호의적으로 수용하고 지나가게 하는 그런 태도 말이다. 때로 나는 늘 성급하게 반응하거나 거부하지 않고, 그냥 받아들이는 사람이 되기를 소망한다. 하지만 정확히 말하자면 이런

우리 마음엔 무적의 여름이 숨어 있다

수용적인 태도를 지닌 주체는 아주 오래전부터 내 안에 존재한다. 우리 모두 안에 말이다. 명상은 자기 속에서 그 주체를 발견하도록 도와준다.

마음챙김 명상에서 우리는 잡념에 빠지는 대신 전체의 현실과 접촉한다. 지금 여기의 나 자신과 접촉한다. 나의 몸, 감각, 감정, 정서와 접촉한다. 있는 그대로의 모든 것과 접촉한다. 저항하지 않고 스스로 모든 것에 열려 있기 때문이다.

명상을 하는 사람들에게 명상이 삶을 어떻게 변화시켰는지 물으면, 종종 자신의 몸과 감정을 더 정확하게 지각하게 되었다고 말한다. 예를 들어 산책을 하면서 다리와 몸의 움직임을 관찰하거나 뭔가를 마시거나 먹고 난 뒤 몸의 느낌이 어떻게 변하는지를 더 의식적으로 지각한다고 말이다.[1] 명상을 통해 우리 몸은 순간순간 더 현존한다. 현대인은 삶에서, 특히 일을 할 때면 그저 '머릿속'에서만 존재하는 경우가 많다. 우리가 신체적 존재라는 점을 그냥 망각한 상태로 살아가는 것이다. 명상을 통해 우리는 신체로 돌아가고, 다시금 '온전한' 상태가 될 수 있다.

이것은 실제적이고 긍정적인 결과를 동반한다. 산책을 하든, 음식을 먹든 무엇을 하든 간에 신체는 그가 어떤 상태인지, 즉 우리가 어떤 상태인지 꾸준히 알려준다. 신체는 늘 우리와 이야기를 하거나 최소한 이야기를 하려고 한다. 우리는 보통 내면의 목소리와 생각에 주의력을 빼앗겨, 이런 신체 신호를 제대로 지각하지 못하거나 늦게서야 지각한다. 신체의 신호가 아주 시끄러워질 때 비로소 알아차리게 된다. 이런 상황은 명상과 마음챙김으로 달라질 수 있다. 더는 생각에만 빠져 있지 않고, 지금 여기에서 일어나는 끊임없이 변화하는 신체 신호를 계속해서 인식하게 된다.

시간을 내어 자주 명상을 하며, 감각·기분·정서의 형태로 나타나는 신체의 메시지를 가로막지 않고 의식적으로 지각할수록, 외적인 자극을 지각하듯이 신체 메시지를 지각하는 훈련이 된다. 서양인들의 눈에 아시아인들의 얼굴은 보통 헷갈릴 정도로 비슷하게 보이지만 한동안 일본 같은 데서 살다 보면 점점 더 많은 섬세한 차이가 눈에 들어오며, 얼굴을 점점 더 잘 구분할 수 있게 된다. 눈이 훈련되고 예리해지는 것이다. 내면 또한 관심을 가지고 반복적으로 관찰하면 비슷한 일이 일어난다. 우리의 느낌과 감정을 대하는 시선이 점점 예리해진다.[2]

이는 굉장한 도움을 준다. 신체 느낌을 정확히 느낄수록, 현재 마음 상태가 어떤지도 더 명확해진다. 그래서 기분이 좋지 않은 걸 느끼면 뭔가 기분이 좋아지는 행동을 할 수 있다. 자신의 느낌을 잘 감지하지 못하면, 기분이 가라앉아도 기분을 돌보고자 별달리 애쓰지 않게 된다. '위험 신호'가 제대로 지각되지 않기 때문이다. 자신의 감정을 읽지 못하는 상태가 장기화되면 기분 저하나 우울증, 기타 심리 장애가 올 수 있다.[3]

우울증 환자들은 머릿속 생각에 굉장히 강하게 사로잡혀 있다(키워드: 반추). 그러다 보니 세상과 동료뿐 아니라, 자신의 신체와 감정으로부터도 차단된다. 자신의 신체 느낌, 그리고 그와 연관된 감정을 거의 느끼지 못한다. 신체와 신체의 메시지를 신뢰할 수 없는 것으로 분류하여, 어느 순간 신체의 메시지에 귀를 기울이지 않는

우리 마음엔 무적의 여름이 숨어 있다

다.[4] 그러다 보니 내면생활은 생기 없고, 칙칙하고, 무미건조한 머릿속 생각의 세계로 쪼그라든다. 우울한 상태의 반대는 무조건 행복한 상태가 아니라, 연결된 상태다. 살아 있음을 느끼는 상태, 스스로와 생명을 느낄 수 있는 상태다. 명상이 우울증에 효과를 발휘할 수 있는 이유는 무엇보다 명상을 통해 자신을 느끼고 읽는 능력이 훈련되기 때문이다.[5]

보리스 보르네만(나는 앱을 통해서뿐 아니라, 개별 또는 그룹 명상을 통해 그에게 명상에 대해 많은 것을 배웠다)은 라이프치히에 있는 막스 플랑크 인지신경과학 연구소에서 명상을 통해 신체 지각력이 향상되는 현상을 자세히 연구했다. 그의 연구 중 하나에서 몇십 명의 테스트 참가자는 한 달간 명상 훈련에 참여해 일주일에 최소 다섯 번, 두 시간 반씩 명상을 했다. 때로는 호흡에 중점을 두었고, 때로는 몸 전체나 감정에 집중하기도 했다. 명상 훈련을 하기 전에 보르네만은 참가자들이 스스로 심장박동을 얼마나 잘 느끼는지를 테스트했다. 즉 참가자들에게 잠시 자신의 심박동을 세도록 하고 이 수치를 심전도 기록과 비교했다. 그리고는 명상 훈련을 진행하면서 이런 테스트를 여러 번 반복했으며, 명상 훈련을 끝마치는 시점에 마지막으로 다시 한번 테스트를 했다.

그러자 명상 훈련이 진행되면서, 참가자들이 심박동을 감지하는 능력이 더 좋아진 것으로 나타났다. 아울러 감정 읽기 능력을 측정하기 위해 개발된 표준 질문지로 조사한 결과, 참가자들은 명상 훈련을 거치며 자신의 감정에 더 다가가, 감정을 더 분명히 깨닫고 묘사할 수 있다고 느끼는 것으로 드러났다.[6]

흥미로운 발견이지만, 정말로 그런 효과가 있는지 현재로서는 단정할 수 없다. 모든 연구에서 그런 효과가 확인된 건 아니기 때문이다.[7] 이것은 심장박동을 지각하는 데 개인적인 차이가 있기 때문으로 보인다(내 아내는 명상을 하지 않아도 자신의 심박동을 지각할 수 있는 반면, 나는 명상을 하는데도 여전히 힘들다. 훨씬 지각력이 좋아졌다고 생각은 하지만 말이다). 물론 심박동을 더 잘 느끼는 게 명상의 목표는 아니다. 그것은 중요하지 않다. 하지만 이 연구는 우리가 명상을 통해 신체와 더 잘 접촉할 수 있음을 보여준다. 우리가 명상으로 자신을 더 많이, 더 정확하게 느끼는 법을 배울 수 있다는 걸 말이다.

내 몸의 신호를 의식하는 데서 오는 효과

신체의 소리를 잘 듣는 능력은 우울증을 예방할 수 있을 뿐 아니라, 일상을 여러모로 풍요롭게 해준다. 예를 들어 나는 목 근육에 만성적 긴장을 느끼곤 한다(이것은 가끔은 느끼지 못한다는 소리다). 특히 컴퓨터 앞에 앉아 글을 쓸 때나 스트레스를 받고 있을 때 그렇다. 온종일 그런 상태로 긴장을 무시하면, 긴장은 어느 순간 두통으로 변한다. 반면 긴장을 일찌감치 알아채고 조치를 해주면 두통으로 옮아가는 걸 대부분은 막을 수 있다. 목 근육의 긴장을 풀어주려고 목을 간혹 이리저리 돌려주거나 마사지를 해주거나 작업 도중 계속해서 잠깐씩 쉬어가면서 말이다.

식사를 할 때도 그렇다. 우리는 무엇을 먹는지 맛도 잘 느끼지 못한 채로 음식을 꾸역꾸역 삼키곤 한다. 음식에 따라서 이는 상당히 안타까운 일이다. 음식 맛을 음미하는 대신에 우리는 스마트폰이나 컴퓨터 모니터를 응시하거나 텔레비전을 보거나 머릿속 생각에 골몰해 있는 경우가 많다. 하지만 이렇게 구글이나 뉴스나, 자기 생각이나 걱정거리에 온통 정신을 집중하다 보면, 내 몸이 뇌에 포만감 신호를 보내기 시작한다는 걸 깨닫지 못한다. 주의가 산만해져, 몸의 메시지에 주의를 기울이지 않고 우리는 무턱대고 계속 먹는다. 몸의 신호 소리가 커져서 드디어 알아챌 때까지 말이다. 하지만 이런 시점이면 우리는 한참이나 과식을 한 후다.

독일의 한 연구팀은 100명 이상의 젊은 여성을 대상으로 한 연구에서 자신의 심장박동을 특히나 정확히 셀 수 있는 여성들은 흥미롭게도 '직관적 식사'를 하는 그룹에 속한다는 것을 발견했다. 직관적 식사란 감정적인 이유로, 이를테면 실망했거나 심심하다고 음식을 먹거나 또는 냉장고가 근처에 있다고 하여 음식을 먹지 않고, 정말로 배가 고파야 먹는 것을 말한다. 접시나 냄비에 음식이 남아있어도 그냥 고집스럽게 계속 먹지 않고 배부르면 그만 먹는다. 여기서도 몸의 소리에 귀 기울이고, 몸의 메시지에 인도를 받는단 점이 중요하다. 직관적 식사를 하는 사람 중 과체중 비율이 낮다는 것은 놀랄 일이 아니다.[8]

마지막으로 이미 지난 장에서도 언급했지만, 몸과 몸에서 일어나는 일을 더 많이 지각하다 보면, 화가 나거나 분노가 치밀어 오르는 등 내면의 악천후가 언제 슬슬 올라오는지도 더 일찌감치 깨달을 수 있다. 상사가 부적절한 발언을 한다든지, 스마트폰에서 기분 나쁜 소식을 봤다든지 하면 이미 부정적 생각의 폭포가 작동되기 시작한다. 감정이 이에 휘말려 생각을 더 부채질하면 생각이 부정적인 나선 곡선을 그리다 결국 분노가 폭발할 수 있다. 이런 연쇄 반응은 이런 과정을 의식할 때라야 비로소 완화되기도 한다. 거리를 둔 채 분노를 '보자마자' 우리는 더는 분노 자체가 아니고, 분노를 누그러뜨릴 수 있는 가능성을 갖게 된다.

그리하여 명상과 마음챙김은 삶에서 불필요하게 화를 내거나 다른 파괴적인 감정 가운데 보내는 시간을 줄여준다. 분노와 같은 감정은 보통 상황을 악화시킬 뿐이다. 사실 분노는 굉장히 일시적인 감정이다. 분노가 지속되는 이유는 다만 그다지 의식하지 못한 상태에서 생각과 감정이 서로 부정적인 나선형을 그리며 부추겨지기 때문이다.[9]

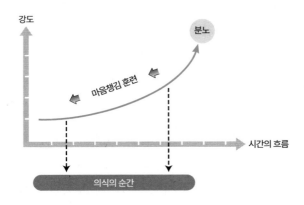

8-1

부정적 사고와 감정이 상호적으로 악순환을 거듭해 우리를 완전히 압도해 버리는 경우가 흔하다. 우리는 너무 늦게, 분노 폭발을 통제할 수 없을 때에야 그런 악순환을 알아채곤 한다. 명상으로 감정에서 생각까지 내면을 관찰하는 훈련이 이루어지면, 우리는 계속 변화하는 정서 상태를 잘 살필 수 있다. 내면의 눈이 예리해지고, 정서의 미묘한 변화를 점점 더 잘 감지하게 된다. 예를 들어 화가 슬슬 치밀어 오르는 것을 조기에 알아챌 수 있다. 자신의 감정을 관찰할 수 있게 되자마자 우리는 더는 분노에 휘말리지 않는다. 한 걸음 뒤로 물러나 관찰자가 되면, 폭발하려던 분노가 누그러진다.

우리 마음엔 무적의 여름이 숨어 있다

동물들만 봐도 상황이 다를 수 있음을 알 수 있다. 강아지 두 마리가 서로 만나 잠시 이빨을 드러내며 으르렁거리거나 시끄럽게 짖는다고 해보자. 하지만 다음 순간 주인들과 함께 가던 길을 갈 때면, 강아지들의 분노는 순식간에 물거품처럼 사라지고, 강아지들은 다시금 상당히 기분이 좋아 보인다. 강아지들의 머릿속에는 화를 계속해서 곱씹는 내면의 목소리가 없다. 생각에 사로잡혀 짜증을 내는 대신 강아지들은 늘 지금 여기에 산다. 그래서 그들은 명상이나 심리치료, 또는 술의 도움 없이도 기분 좋게 지낸다.

통증 =
통증 + 통증에 대한 괴로움

마음챙김과 명상의 핵심 원칙은 무엇이든 마음을 열고 받아들이며, 다정하고 관심있게 자신의 내면을 살피는 것이다. 기분이 좋고 긍정적인 생각을 할 때는 그렇게 하기가 쉽다. 하지만 화가 날 때도 불쾌한 생각과 감정을 가감 없이 바라볼 수 있다.

놀랍게도 마음챙김 연습은 신체적 통증에 대처하는 데도 도움을 준다. 정말로 그럴까? 통증이 느껴질 때 다른 데로 주의를 돌리거나 통증을 무시하는 것이 도움이 될까? 더구나 요통이나 두통은 분노와 달리 생각의 영향을 받는 게 아니지 않은가?

완전히 그렇지는 않다. 좀 더 자세히 살펴보면, 통증도 보통 여러 요인이 혼합되어 나타나는 것임을 알 수 있다. 한편으로 통증은 따끔거리거나 화닥닥거리거나 욱신욱신 쑤시는 등 순전한 감각으로서, 순수한 통증 센서에 의해 유발된다.

하지만 여기에 보통은 적잖이 의식적인 불쾌감이 추가된다. 이런 불쾌한 통증이 생기는 데 대한 실망과 분노 등이 추가되는 것이다. 그리하여 우리는 불쾌한 증상을 없애려고 한다. 마치 우리 안의 뭔가가 외부에서 우리를 가로막는 장애물을 치우려는 듯 통증과 싸운다. 하지만 이런 노력은 오히려 상황을 악화시킨다. 이제 통증에 더

우리 마음엔 무적의 여름이 숨어 있다

해 통증에 대한 괴로움이 덧붙여지기 때문이다.

　순수한 통증에 대해서는 할 수 있는 일이 별로 없지만, 통증으로 인한 괴로움에 대해서는 할 수 있는 것이 있다. 통증을 있는 그대로 관찰하고, 그것에 반응하거나 거부하거나 내적으로 싸우지 않는다면, 통증 자체는 없어지지 않을지 몰라도 통증에 대한 괴로움은 잦아든다. 그러면 통증은 순수한 감각으로 국한된다.

　연구에서도 실지로 이런 효과를 증명할 수 있었다. 하버드대학교 연구팀은 마음챙김 명상에 숙련된 사람들을 MRI 스캐너 속에 들여보낸 뒤, 그들의 왼쪽 팔뚝에 해가 없지만 꽤나 고통스러운 전기충격을 가했다. 그리고는 마음챙김 연습이 여기서 어떤 효과가 있는지를 보려고 참가자들에게 우선은 마음챙김을 하라는 지시 없이, 그냥 전기충격을 가했다. 그리고는 그 뒤에 마음챙김 연습에서 배운 대로 왼쪽 팔뚝의 전극 아래 피부에 주의를 기울이고, 그곳에 가해지는 통증 자극을 주의 깊게 지각해 보라고 지시했다. 이제 참가자들은 마음을 열고 수용하는 자세로 통증을 지각하기 시작했다.

　연구자들은 명상 경험이 없는 대조군을 대상으로도 같은 실험을 진행하고 실험군과 대조군 모두가 통증 자극이 얼마나 강하고, 얼마나 불쾌한지를 평가하도록 했다. 연구 결과 마음챙김 훈련이 되어 있든 되어 있지 않든, 참가자들이 느끼는 통증 자극 자체는 비슷한 정도였던 것으로 나타났다. 하지만 대조군과 반대로 명상 연습이 된 사람들은 마음챙김 모드에서 전기충격 통증에 대해 불쾌감을 훨씬 덜 느낀 것으로 드러났다. 마음챙김 덕분에 통증에 대한 고통이 굉장히 줄었던 것이다.

이런 괴로움 감소와 더불어 전두엽의 활성화가 눈에 띄게 줄어든 것이 발견됐다. 우리는 전두엽 영역을 동원해, 통증을 그 자체로 느끼지 않고, 내면으로 거부하고 싸우는 듯하다. 전두엽은 뭐랄까, "난 그걸 원하지 않아. 부디 멈춰줘!"라고 외치는 뇌 영역이다.

반대로 마음챙김 명상을 하는 사람들은 전기충격을 경험하는 동안 뇌섬엽insula이라고 불리는 영역이 활성화되었다. 뇌섬엽은 뇌의 좌우 반구의 안쪽 중앙에 놓인 영역이다. 명상에 대한 뇌연구 결과는 자못 모순되는 경우가 많지만, 늘 일관된 연구 결과 한 가지는 명상을 통해 뇌섬엽이 활성화된다는 것이다. 명상을 자주 하는 사람의 뇌섬엽은 차츰차츰 훈련된 근육과 비슷하게 두꺼워진다. 해마에서처럼 새로운 신경세포가 자라는 것이 아니다. 그보다는 기존의 뉴런 사이에 배선이 증가한다.

여기서 주목해야 할 점은 뇌섬엽은 신체 지각을 상당 부분 담당하는 영역이라는 것이다. 우리는 뇌섬엽과 더불어 신체에 귀를 기울이고, 신체의 메시지를 받는다(우울증이 있는 경우는 뇌섬엽의 활성화가 감소된다).[10] 따라서 명상을 하는 사람들은 뇌섬엽을 도구로 통증을 아주 명확하게 지각하지만, 동시에 그로 인한 고통은 덜하다. 통증에 대한 저항, 즉 싸움을 포기할 수 있었기 때문이다.[11] 그들은 관찰자 모드에서 통증을 지각했다. 따라서 평가하거나 한탄하지 않고 그냥 '수용하는 마음으로' 관찰자 모드에 있을 수 있었다.

관찰자 모드로 통증을 자각하는 뇌 만들기

나는 이런 연구 결과가 중요하다고 생각한다. 결국 모든 형태의

우리 마음엔 무적의 여름이 숨어 있다

괴로움은 우리 안의 무엇인가가 현 상태에 저항하는 데서 비롯되기 때문이다. 우리 삶의 무엇인가가 탐탁지 않게 굴러가고, 우리는 그것을 받아들이고 싶지 않다. 삶은 지금과는 달라야 하는데! 우리는 속으로 현실과 싸운다.

극단적인 예를 들어보자. 사랑하는 사람을 잃었다고 하자. 사랑하던 파트너가 우리 곁을 떠났거나 친구나 가족이 세상을 떠났을 때, 한편으로는 상실에 대한 순전한 아픔이 존재한다. 하지만 이에 더해 우리 안의 무엇인가가 이런 상실을 인정하고자 하지 않는다. 우리는 사랑하는 이가 정말로 더는 세상에 존재하지 않는다는 걸 믿을 수 없다. 어떻게 그럴 수가 있는가? 그럴 수는 없다! 우리 안의 뭔가가 이런 무시무시하고, 아픈 현실에 저항한다.

우리는 상실을 왜 받아들이지 못하는가? 그 이유는 우리가 아픈 현실을 정말로 받아들이면, 마치 저세상으로 간 사람을 놓아주고 포기하는 듯한 느낌이 들기 때문이다. 상실을 인정하는 순간에 그 사람이 정말로 사라져버리는 것 같아서 굉장히 거부감이 느껴진다. 사랑하는 사람이 우리를 떠났다는 사실을 받아들이자마자 우리는 우리가 굳게 믿었던 사랑이 끝났음을 인정하게 된다. 그러고 싶지 않고, 그 사랑을 계속해서 믿고 싶은데 말이다.

그러나 어떤 것에 대해서든 내적으로 거부하고 싸우는 한, 우리는 상실 자체뿐 아니라 상실을 괴로워하는 마음 때문에도 고통당한다. 자신을 깊숙이 들여다보면, 괴로움의 밑바탕에는 늘 우리에게 아픔이 되는 동시에 우리가 받아들일 수 없는 경험이 있음을 발견하게 된다.

다른 예로, 어린 시절의 아픈 경험, 이를테면 부모로부터 인정받지 못했거나 사랑받지 못했다는 느낌을 예로 들어보자. 어린아이가 느낌을 어떻게 받아들일 수 있었을까? 그런 경험은 너무나도 아파서, 우리는 억누르기 외에 다른 방법을 찾지 못한다. 특히 어릴 적에는 다른 선택이 거의 불가능하다.

　그러나 경험은 남아, 우리는 살아가면서 내내 속으로 그 경험과 싸우며 그 감정을 상쇄하고자 한다. 우리는 사랑받지 못했음을 인정하지 않으며 성인이 되어서도 계속해서 바깥 세계에서 사랑을 갈구한다. 외모 또는 업적을 통해, 또는 계속 모두에게 잘해주고자 애쓰면서 동료에게서 사랑을 받으려고 한다. 어릴 적에 했던 경험을 절망스럽게 부정하고는 자신이 사랑받기에 합당한 사람임을 증명하고자 애쓴다. 그러나 살아가면서 사랑받고 인정받는다고 해도, 어린 시절의 원체험은 내면 깊숙이 남아 우리를 갉아먹는다. 언젠가 이런 경험에서 자유로워질 수 있을까?

　우리가 어느 순간 마음을 열고 그 경험과 대면할 때라야 치유를 기대할 수 있다. 힘들었던 경험을 돌아보며 이렇게 말할 때 말이다. '그래 맞아, 그랬어. 그리고 그거 알아? 뭐 괜찮아. 나는 이런 거부를 경험했고, 그런 경험이 나를 지금의 나로 만들었어. 나는 그런 경험을 받아들여. 내가 그것을 받아들인다는 것이 내가 사랑받을 만하지 않다는 뜻이 아니야. 이런 개별적 경험은 객관적인 진실을 말해주지 않아. 우리 부모님이 내게 그렇게 대할 수밖에 없는 사정이 있었는지 누가 알겠어. 하여튼 내가 경험한 일은 마음 아픈 일이야. 하지만 나는 더는 그 일과 내적으로 싸우지 않을 거야. 이런 방식으로 더 고통스러워질 따름이니까. 내가 그 경험을 받아들이면, 어느 정도의 아픔은 남을 거야. 하지만 아픔으로 인한 괴로움은 멈출 거야.' 이런 식으로 마음챙김 기법의 두 가지 핵심인 열린 마음과 수용을 결합해 우리 마음의 평화에 상당히 이바지할 수 있다.

우리 안의 악마를
받아들일수록 두려움은 사라진다

우리는 명상과 마음챙김 연습에서 활용 가능한 핵심적인 치료 메커니즘에 이제 이르렀다. 이런 메커니즘은 심리학에서 '노출 요법 Exposure therapy' 또는 '직면'이라 불리는 치료기법과 비슷하다. 직면은 거미 공포증이나 승강기 공포증 같은 공포증과 두려움에 매우 효과적인 것으로 입증되었다.

이 치료는 이렇게 이루어진다. 공포증이 있는 사람은 공포를 불러일으키는 대상을 상상하며 몇 번 심호흡을 한다. (거미나 엘리베이터와 같은) 대상을 그냥 상상하는 일이 별로 큰 문제가 안 될 때까지 말이다.

다음 과정은 그림과 사진으로, 이를테면 거미를 보여주는 단계다. 공포의 대상을 볼 때마다 다시금 살짝 식은땀이 나거나 가슴이 뛸 것이다. 그러나 매번 아무 일이 일어나지 않으면 어느 순간 마음이 안정된다. 그러다 보면 몇 미터 안전거리를 두고서 튼튼한 강철과 방탄유리로 만들어진 밀폐용기 속의 거미를 관찰할 수 있게 된다. 그리고 나서 결국 거미가 팔뚝을 기어가도 눈썹 하나 까딱하지 않고 견딜 정도가 되면, 공포증이 치료되고도 남았다고 할 수 있다.

두려움 앞에서 도망치면서 두려움을 극복할 수는 없다. 이는 두려움을 더 키울 뿐이다. 이런 방식으로는 두려움이 현실에 의해 반증될 수 있는 기회를 얻지 못한다. 깜깜한 다락방에서 이상한 소리가 들린다고 생각할 때와 비슷하다. 다락방에 올라가 확인할 자신이 없다면, 우리는 계속해서 상상의 나래를 펴가며 두려움에 빠져든다. 다락방에 올라가 불을 켜고 나서야 비로소 그곳에 전혀 위험한 것이 없다는 걸 보게 된다. 우리가 두려움에 맞서 두려워할 근거가 없다는 걸 알아챌 때(공포증의 경우 으레 그러한데, 거미, 엘리베이터, 열린 광장은 보통은 전혀 생명을 위협하는 대상이 아니다), 두려움은 그힘을 잃고 김이 새어버린다.

이때 우리 머릿속에선 마침내 새로운 학습이 일어난다. 엘리베이터가 위험하지 않다는 경험을 거듭하면(엘리베이터가 절대로 추락하지 않고, 놀랍게도 원하는 층에 가면 문도 저절로 열린다는 것), 이런 학습과정은 뇌에 흔적을 남긴다. 기존에는 '엘리베이터'와 공포와 알람중추인 편도체 사이의 연결이 저장되어 있었다. 이런 원래의 공포연결은 직면 치료가 이루어질 때도 존재한다. 그러나 여기에 새로운 연결이 추가된다. 반복되는 경험을 통해 거미가 무해하고, 엘리베이터가 안전하다는 것을 배우는 것이다.

해마도 이런 과정에 참여한다. 해마는 전전두피질과 긴밀하게 연결되어, 편도체를 억제하는 작용을 한다(40쪽의 그림은 이런 영역이 뇌의 어느 부분에 위치하는지를 보여준다). 직면 치료의 결과 전전두피질이 해마와 협력해 편도체에 존재하는 공포의 회로를 점점 억제한다.[12] 그리하여 공포에 대한 내적 조절이 어느 정도 가능해진다. 공포를 제어하는 걸 배우게 된다.

흥미로운 관찰은 명상이 해마와 전전두피질을 강화하고, 편도체는 억제하는 역할을 한다는 점이다. 이 역시 뇌 연구에서 일관되게 확인할 수 있는 결과다. 흔히 참여할 수 있는 8주간의 표준 명상 코스만으로도 해마(뇌섬엽도 포함해서)의 용적이 커지는 것으로 나타났다. 아울러 전전두피질의 활동도 증가해 편도체를 더 효과적으로 억제하게 된다. 그러면 편도체의 흥분이 감소되거나, 심지어 편도체가 구조적으로 수축한다.[13] 따라서 명상은 정확히 이런 영역에서, 직면 치료에서 관찰할 수 있는 것과 같은 방향으로 뇌를 변화시킨다고 할 수 있다.[14]

정확히 말해 명상과 마음챙김은 삶에서 우리를 괴롭히는 그 모든 불안과 걱정을 위한 직면 요법이라 할 수 있다. 명상하기 위해 앉아 있는데 머릿속의 목소리가 온갖 걱정을 늘어놓으면, 그런 생각을 그냥 지각하라. 그리고 가능하면 평온하게 관찰자 모드로 거리를 둔 채, 그것이 먹구름인 양 우리 곁을 지나가게 하라. 미래에 대한 두려움, 짜증 나는 사람들, 과거의 어느 사건 때문에 괴로운가? 이런 것에 반응하지 말고 그냥 용인하라. 마음으로 다정하게 다가가 그것을 수용하면, 예전에 우리를 힘들게 했던 것은 그 찌르는 듯한 고통과 공포를 잃어버린다.

명상을 하면 자신 속에 있는 것이 무엇이고, 우리 자신이 누구인가에 대해 별로 두려워하지 않게 된다. 우리는 더는 자신에게서 도망칠 필요가 없이 자신과 자신의 경험을 받아들일 수 있다. 트리거가 될 수 있는 내적, 외적 자극은 점점 적어진다. 그리하여 우리는 더는 그 어떤 기억, 경험, 상황, 또는 사람을 피하려고 몸을 사릴 필

우리 마음엔 무적의 여름이 숨어 있다

요가 없다.

　우리는 자유로워진다. 정말로 자유로워진다. 우리 안의 악마를 받아들이는 법을 배울수록, 삶이 우리에게 직면케 하는 모든 것을 두려워할 필요가 없게 된다. 내적으로 경직되거나 방어 태세를 보이지 않고, 열린 태도로 삶을 살아갈 수 있다.

　15분간 (휴대폰을 보지 않고, 다른 것에 정신이 팔리지 않고, 자신의 마음만 가지고) 가만히 앉아 있는 게 사실 그렇게 어려운 일은 아니지 않는가. 하루 15분간 그렇게 앉아 있다고 큰일이 나지 않는다. 아니 반대로 어느 순간 15분간 오롯이 자신과 더불어 지금 여기에 있는 그대로 머무르는 시간이 하루 중 가장 유쾌하고 평온하고 행복한 시간이 될 것이다.

　명상은 동양의 전통에서 유래했지만, 서구에서도 예로부터 성공적인 삶을 위해 어떤 요소들이 필요한지, 정서적 안정과 평정심을 어떻게 찾을 수 있을지 하는 물음에 천착해왔다. 때로 불교를 연상시키는 서구 철학의 한 조류는 무엇보다 실천적인 면에서 굉장히 두드러진다. 바로 스토아철학이다. 다음 장에서 약 2,000년의 역사를 거슬러 올라가, 고대 그리스와 로마의 스토아학파가 삶의 기술과 마음의 평정과 관련해 오늘날의 우리에게 무엇을 가르쳐줄 수 있을지를 살펴보고자 한다.

9

평정심

스토아철학에서 배우는 강인함의 비결

조언 1 :
당신의 힘이 미치는 일에 집중하라

스토아철학은 불행한 사건에서 배태되었다. 스토아학파의 창시자인 키티온의 제논Zenon은[1] 타고 가던 배가 난파해서 무일푼으로 아테네에 오래 머무를 수밖에 없었다. 몇 년 뒤인 기원전 300년경 제논은 새로운 철학 학파를 창시했고, 아테네 아고라의 주랑(스토아stoa)에서 이 학파의 강의가 진행되었다. 스토아학파의 이름은 여기서 유래했다.

그로부터 300~400여 년 후, 로마 제국 시대에 몇몇 사상가는 제논이 창시한 철학을 다시 한번 꽃피웠다. 그렇게 스토아철학은 전성기를 맞이하게 되었다. 새 세대의 스토아 철학자들도 삶의 신산스러움을 너무나도 잘 알고 있었으며, 스토아철학은 이런 녹록지 않은 삶에 대한 응답이었다. 이 시대 스토아 철학자 중 가장 유명한 철학자가 바로 세네카, 에픽테토스, 마르쿠스 아우렐리우스다.

기원전 4년경부터 서기 65년까지 살았던 세네카는 오랜 세월을 계속 천식과 홍역 등 여러 질병에 시달렸다. '가시덤불로 뒤덮인 벌거벗은 바위'로 된 외딴 코르시카섬에서 8년간 유배 생활을 하기도 했다. 당시 황제 클라우디우스Claudius의 아름다운 조카딸과 간통을 저질렀다는 혐의로 유배되었지만 그런 혐의는 사실무근이었고, 오

우리 마음엔 무적의 여름이 숨어 있다

히려 질투심 많은 클라우디우스 황제비의 모략이었다. 사이코패스 같은 네로Nero 황제는 나중에 결국 자신의 가정교사였던 세네카에게 자살을 명했다. 세네카가 자신을 살해하려 했던 반역자 그룹의 일원이라고 의심한 탓이었다.[2]

에픽테토스(서기 50~135년경)는 십대 시절까지 노예로 살았다. 네로 황제의 비서였던 그의 주인은 에픽테토스를 너무나 잔인하게 대해서, 결국 에픽테토스의 한쪽 다리가 마비되었다고 한다. 네로가 죽은 뒤 에픽테토스는 자유의 몸이 되었지만, 사람들을 가르치고 다닌다는 이유로 로마에서 추방당했다.[3]

마르쿠스 아우렐리우스(121~180년)가 로마 황제 직을 맡은 직후, 로마제국에는 치명적인 전염병인 천연두가 창궐했고, 경제위기와 함께 기아 및 전쟁이 이어졌다. 아우렐리우스는 생애의 마지막 12년을 주로 전쟁터에서 생활했고, 그곳에서 밤마다 일기인 '명상록'을 쓰며 자신을 다독였다.[4]

스토아철학의 핵심은 운명의 타격에 최대한 평온하게 반응하는 것이다. 스토아학파 철학자들은 그 일을 제법 훌륭하게 해냈다. 세네카에 따르면 제논은 배가 난파해 전 재산을 잃게 되자, "운명이 나를 철학하며 사는 더 자유로운 길로 인도하려 하는구나."라고 말했다고 한다.[5] 네로가 자살을 명령했을 때 세네카 자신도 마찬가지로 흔들림 없이 침착한 반응을 보였다.[6] 스토아학파 철학자들은 어디서 이런 내적인 강인함을 얻었던 걸까? 그들은 어떻게 일반인들이 보기에는 거의 초인적으로 보일 만큼 삶의 타격을 '스토아적'으로 받아들일 수 있었던 걸까?

스토아학파 철학자들이 강인한 내면을 소유했던 것은 우연이 아니었다. 그들은 적극적으로 평정심을 유지하는 훈련을 했고, 그 훈련에서 여러 가지 철학적 통찰과 심리 기법을 활용했다. 그들이 활용했던 방법 중 다음 두 가지는 일상에서 특히 도움이 된다.

삶에서 가능과 불가능을 구분하는 지혜

첫 번째 통찰은 에픽테토스에게서 비롯한다. 이는 에픽테토스의 기본적인 가르침으로, 불교가 설파하는 가르침과도 가깝다. 에픽테토스의《편람》첫 문장은 다음과 같다. "어떤 일들은 우리 힘이 미치는 범위에 있지만 어떤 일들은 그렇지 않다."[7] 살아가면서 우리는 외부 세계에 집중할 수도 있고, 내면세계에 집중할 수도 있다. 어떤 선택을 하느냐에 따라 불행에 빠질 수도 있고, 만족하고 평온하게 살아갈 수도 있다.

우리는 보통 소망을 이루고 동경을 충족하면 행복할 거라고 생각한다(나 자신도 오랜 시간 그렇게 확신했다). 좋은 점수를 받거나 칭찬을 들으면 행복하다. 승진을 하거나 연봉이 오르면 적어도 당분간은 행복하다. 멋진 파트너를 찾거나 동료들에게서 인정받으면 만족스럽고 행복하다.

에픽테토스에 따르면 일반적인 행복관의 문제점은 바로 이런 외적인 일이 우리 통제 범위를 벗어난다는 것이다. 외적인 일에 의존하다간 행복이 그저 운의 문제가 되어버린다. 우리는 내적으로 더 행복감을 느끼고자 외적인 세계를 개선하려고 한다. 하지만 목표를 달성하고 소망을 이루기 위해 외부 세계를 변화시킬 힘은 굉장히

우리 마음엔 무적의 여름이 숨어 있다

제한되어 있다. 때로는 잘될 수도 있지만, 때로는 잘 안 될 수도 있고, 때로는 어느 정도까지만 변화시킬 수 있다(외부 세계를 통제할 수 있다고 해도, 그것으로 행복이 보장되는 것은 아니다).

에픽테토스는 이런 이유에서 자신의 힘이 닿고, 스스로 영향을 미칠 수 있는 것에 집중하라고 조언한다. 우리가 영향을 미칠 수 있는 것은 보통 우리 자신의 태도와 자세일 따름이다.

+ 공부를 보자. 우리는 자신의 성적을 스스로 결정할 수 없다. 하지만 열심히 공부하고 노력할 수는 있다. 최선을 다했는데도 좋은 점수를 받지 못한다면, 안타까운 일이지만 결과에 너무 아쉬워할 필요는 없다. 이번에는 더는 불가능했다. 늘 이길 수는 없다. 하지만 최선을 다할 수는 있고, 뭐든 열심히 할 수도 있다.

+ 직업을 보자. 직업적으로 얼마나 빠르게 경력을 쌓아갈지는 상사의 변덕, 근무하는 조직의 성공 여부, 전반적 경기 등 자신이 통제할 수 없는 여러 요인에 좌우된다. 그러나 이런 외적 요인과 무관하게 우리는 동료에게 친절하게 대하고, 열심히 일하는 등 우리 몫을 할 수 있다. 책임을 다할수록 직업적 목표를 이룰 확률은 높아진다. 물론 그러리라는 보장은 없지만 말이다.

+ 자녀교육을 보자. 우리 자녀들이 어떻게 커나가고, 나중에 어떤 사람이 될지는 우리 손에만 달려 있지 않다. 자녀들의 앞길을 일일이 통제할 수는 없다. 우리는 자녀들이 독립적인 인격체가 되어, 나름의 삶을 살아가기를 바라며, 그들 역시 자신의 과오와 실수를 통해 배우며 자라갈 것이다. 하지만 아이들의 운명을 통제할 수는 없다 해도 참을성 있고 사랑 많은 좋은 부모가 될 수는 있다. 아이들에게 우리가 필요할 때 도와줄 수는 있다.

+ 평판, '이미지', 명성을 보자. 우리는 주변 사람들이 우리를 어떻게 생각할
  지, 우리를 어떤 사람으로 여길지, 우리를 좋아할지 그렇지 않을지에 민감
  하다. 하지만 그들이 우리를 어떻게 생각할지에 직접적인 영향을 미칠 수는
  없다. 그러므로 무엇을 할 수 있을까? 사람들에게 예의 바르고 친절하게 대
  하고, 환대해줄 수 있다. 그런데도 우리를 거부하는 사람들이 있다면 (그것
  이 정말로 분명하다면) 그냥 내버려둬라. 살아가면서 모든 인간의 마음에
  들 수는 없는 일이다.

에픽테토스에 따르면 우리는 너무나 자주 통제할 수 없는 것을
통제하려 한다. 그러다 보면 좌절하고 고통을 겪게 될 수밖에 없다.
삶을 시합에 비유하자면, 우리는 트로피를 타고, 마지막에 엄청나
게 좋은 결과가 있기를 꿈꾼다. 하지만 정작 최선을 다해서 시합을
하는 데는 집중하지 않는다. 그것만이 우리가 할 수 있는 일인데도
말이다. 에픽테토스의 조언을 듣는다면, 우리는 우리 손에 달린 일,
우리의 과제인 일, 우리가 영향을 미칠 수 있는 일을 책임있게 해야
한다. 힘써 좋은 '플레이'를 해야 한다. 최선을 다하는 것 외에 그 이
상은 불가능하다. 이는 우리가 기본적으로 더는 잃을 것이 없다는
뜻이기도 하다.

에픽테토스의 말이 지혜롭긴 해도, '보통 사람'들은 그럼에도 간
혹 이성을 잃고 발끈하고, 화를 내고 스트레스를 받고, 의기소침하
고 절망하기도 한다. 하지만 이런 상황에도 자신에게 너무 엄격해
서는 안 된다. 이 모든 감정에 이유가 있음을 생각하고 자신에게 너
그럽게 대해야 한다. 의기소침하거나 불만족스러운 감정이 거슬리

우리 마음엔 무적의 여름이 숨어 있다

고 신경쓰여, 이런 감정을 거부하고 싸우려 하는 것 또한 자연스럽고 다 이유가 있는 일이다. 불쾌한 감정을 다루는 더 좋은 길이 있어서, 마음의 평정을 위해 우리가 할 수 있는 일이 있긴 하지만, 동시에 언제든지 자신의 감정이나 입장을 통제할 수 있을 것처럼 기고만장해서는 안 된다. 내가 보기엔 그건 불가능하기 때문이다.

조언 2 :
불행을 예상하는 연습을 하라

　두 번째 스토아적 전략은 실천이 조금 더 쉽다는 점에서 약간
더 유용한 전략이다. 나 또한 일상에서 이 전략을 늘 명심하며 살
고 있다. 세네카는 이 전략을 '불행에 대한 사전숙고praemeditatio
malorum'라고 불렀다.[8]

　이 방법은 바로 나쁜 사건이나 불행을 (자신의 죽음에 이르기까지)
속으로 예상해 보는 것이다. 그런 생각에 익숙해지면 정말로 그런
사건이 닥쳐도 소스라치게 놀라거나 압도되지 않게 된다. 좋은 시
절에 미리 마른하늘에 날벼락 치듯 중병을 선고받는 장면을 의식적
으로 눈앞에 그리면, 그런 운명의 타격에 내적인 준비가 된다.

　그런 운명의 타격을 받지 않는다고 해도, 불행을 예상해 보는 것
은 긍정적인 효과를 지닌다. 이럭저럭 지내는 것만으로도 아주 다
행스럽다는 사실이 확실해지기 때문이다. 이런 방법은 특히나 짜증
스러운 상황에서 기적을 일으킬 수 있다. 슈퍼마켓 계산대 앞에 길
게 줄을 서 있거나, 교통정체로 우리가 탄 차가 꼼짝도 하지 않는 상
황이라고 해보자. 또는 주차할 자리를 찾는데 아무리 빙빙 돌아도
자리가 하나도 보이지 않아 슬슬 열받기 시작한다고 해보자. 그때
우리는 한순간, 우리가 사실은 얼마나 행복한 상황에 있는지를 떠

우리 마음엔 무적의 여름이 숨어 있다

올리기만 하면 된다. 오늘 시한부 선고를 받은 사람들이 정말 많을 텐데도, 우리는 아직 중병을 선고받지 않았다. 오늘 많은 사람이 병실에 누워 힘든 시간을 보내고 있는데, 우리는 밖에 나와 평온한 시간을 보내고 있다. 일자리를 잃지도 않았고, 전쟁이나 분쟁에 시달리는 지역에서 살고 있지도 않다. 병원에 입원해 있거나 전쟁으로 힘든 상황을 보내는 사람들은 마트에서 평범하게 줄을 서거나 막히는 차 안에 있는 우리가 얼마나 부럽겠는가. 우리는 조금 있으면 다시 집으로 돌아가 가족들과 그냥 평온한 일상을 보낼 수 있다!

오래전부터 스토아철학에 천착하고 그 가르침을 실천해온 미국의 철학자 윌리엄 어빈William Irvine은 스토아주의에 대해 두 권의 책을 썼다. 그가 쓴 《좋은 삶을 위한 안내서》라는 책을 열렬히 추천한다. 어빈은 그 책에서 우리 중 많은 사람은 한때 꿈꾸던 삶을 살고 있지만 그럼에도 삶에 불만족한다고 강조한다. "우리는 결혼하고 싶었던 사람과 결혼하여 자녀를 낳고, 하고 싶었던 일을 하고 있을지 모른다. 전에 타고 싶었던 차를 구입해 타고 다니는지도 모른다. 그러나 꿈에 그리던 삶을 영위하게 되자마자, 우리는 (…) 이 모든 것을 당연하게 여긴다. 매일 새롭게 그런 삶을 경축하는 대신, 새롭고 더 큰 동경을 쫓으며, 늘 자신의 삶에 불만족한다."⁹ 이런 상황에서 불행을 예상해 보는 것은 도움이 된다. 자칫 잊힐 뻔한 행복을 새롭게 의식하게 되기 때문이다.

정확히 말해, 우리는 종종 젊을 적 꿈꾸던 세계에서 살 뿐 아니라, 미래에 늙은 내가 꿈꿀 세계에서 살아간다. 아흔 살이 넘어서 양로원에서 혼자 고독하게 우두커니 앉아 시간을 보내고 있다고 해보

자. 우리 몸은 쇠약해졌고, 친구들은 대부분 먼저 세상을 떠나버렸다. 전에 당연하게 여겼던 모든 것이 사라져버렸다. 우리는 더는 혼자서 밥을 먹을 수도 없고, 화장실에 갈 수도 없다. 그리고 '지금 여기'의 황량함을 벗어나고자 자꾸 옛날 생각을 한다. 스트레스는 받았지만 일할 수 있었을 때가 얼마나 좋았는지, 어린 자녀를 키우는 일은 힘들었지만 당시 아이들이 얼마나 귀여웠는지… 그때 배우자와 곧잘 싸우곤 했지. 육아나 가사와 관련해 서로 역할을 분담하느라 싸움도 많이 하고, 화도 내고 불평도 했었지. 하지만 회상하니 우리는 그때 우리가 얼마나 행복했는지 깨닫지 못하고 있었어. 그 세계로 돌아간다면 얼마나 행복할까![10] 좋은 소식이 있다. 우리는 아직 돌아올 수 있다는 것. 눈을 열어 우리 주변에 있는 행복을 지각하기만 하면 된다는 것.

그때, 아니 지금 우리는 얼마나 행복한가!

앞으로 닥칠 불행이나 자신의 필멸성을 계속해서 떠올리라는 조언이 우울하게 들릴지도 모르겠다. 평소 우울한 사람이라면 이런 방법은 좋지 않다. 그러나 평범하게 살면서 곧잘 불만족에 시달리고, 아무것도 아닌 일 때문에 짜증 내고 흥분하며 살아가고 있다면, 스토아 철학자들이 조언하듯 의식적으로 죽음에 대해 명상하는 것이 나쁘지 않다. 이를 통해 일상의 별것 아닌 일들이 갑자기 더 소중하게 다가온다. 이런 조언이 진부하다고 생각하는가? 하지만 이런 연관에서 철학자 어빈의 말은 지당하기 짝이 없다. 그는 이렇게 쓴다. "눈이 내리는 소리를 마지막으로 듣게 될 날이 올 것이다. 달이 떠오르는 걸 마지막으로 보게 될 날이 올 것이다. 팝콘의 냄새를 마지막으로 맡을 날, 우리 품에 안겨 잠자는 아이의 온기를 마지막으로 느끼게 될 날이, 누군가의 곁에서 잠드는 것이 마지막이 될 날이 올 것이다. 언젠가 우리는 우리의 마지막 식사를 하게 될 것이며, 그로부터 얼마 가지 않아 마지막 호흡을 할 것이다."[11] 이런 관점에서 보면 모든 작은 다툼, 질투, 그 밖에 영혼의 평화를 앗아가는 모든 일은 그냥 시간 낭비이고, 감정 낭비다.

에픽테토스와 마르쿠스 아우렐리우스는 심지어 자신의 자녀가 언제든 세상을 떠날 수 있다는 사실을 눈앞에 그려보는 것이 마음에 유익하다고 말한다(마르쿠스 아우렐리우스에게 이는 쓰디쓴 현실이었다. 그와 그의 아내 파우스티나의 자녀 중 여섯 또는 일곱이 일찍 세상을 등졌기 때문이다). 어빈은 두 아버지의 예로 이를 보여준다. 한 아버지는 에픽테토스와 마르쿠스 아우렐리우스의 조언을 마음에 새기지만, 다른 아버지는 그렇게 하지 않는다. 후자의 아버지는 자식이 일찍 죽을지도 모른다는 우울한 생각을 하지 않고, 자식이 늘 자기 곁에 있을 거라고 생각한다. 따라서 자식이 있는 상황을 아주 당연하게 생각한다. 그러다 보니 자녀와 시간을 보내는 대신 일을 하거나 휴대폰을 붙잡고 시간을 보낸다. 언제든지 자녀와 시간을 보낼 수 있다고 생각하기 때문이다. 그러다가 자녀가 정말로 죽으면 이 아버지는 자신의 행동을 너무나 후회하게 될 것이다. 언젠가는 아이와 시간을 보낼 수 없다는 것을 예전에 의식했더라면 얼마나 좋았을까 생각한다.

반면 한 아버지는 아이가 세상을 떠날 수 있다는 걸 마음으로 늘 생각하고, 아이가 아침에 눈을 뜨고 아침을 먹는 것을 보거나, 학교에 데려다줄 수 있음을 너무나 행복하게 여긴다. 아이의 존재 자체를 기뻐하고 사랑하고 자랑스러워한다. 그러다가 아이가 비극적이게도 먼저 세상을 떠나면 그 또한 뼈아픈 운명의 타격이겠지만, 그래도 그는 최소한 먼저의 아버지만큼 가슴을 치며 후회하지는 않아도 될 것이다.[12] "…했더라면 얼마나 좋았을까?" 하는 마음에 시달리지는 않을 것이다. 하지만 주어진 행복을 잘 알아채지 못하고, 소중히 여기지 않았을 때는 나중에 후회하게 된다.

다시 한번 말하지만, 불행을 예상해 보는 연습은 그럭저럭 안정된 상태에서 지낼 때 적합하다. 이것은 우울증 특유의 반추와는 전혀 상관이 없다. 새벽 세 시에 잠이 깨어 죽음의 공포에 시달리거나, 너무나 고통스럽게 걱정하고 불길한 생각을 끄지 못해서 괴로워하는 것이 아니다. 무엇보다 우리에게 있는 행복을 아주 당연하게 여기고 불평불만을 하는 시기에 심리적 도움 수단으로 조심스럽게 사용하면, 현재의 일상이 얼마나 소중한 건지를 깨닫게 해주는 효과적이고 소중한 수단이 된다.

나는 스토아적 삶의 철학에 시간이 지날수록 더 공감하게 된다. 스토아철학은 일상의 소중함을 무시할 위험이 있을 때, 우리의 마음을 더 민감하게 해준다. 다람쥐 쳇바퀴 도는 듯한 생활이 지겹게 느껴질 때 어느 정도 감사와 평온을 유지할 수 있게 도와준다. 한 걸음 더 나아가, 스토아철학은 우리 집 세 아이가 매력 넘치게도 온갖 짓궂은 짓을 하며 거실을 거의 전쟁터로 만들어놓는 상황에서도 자기 진정 효과를 보이는 몇 안 되는 방법에 속한다.

우리 마음엔 무적의 여름이 숨어 있다

행복이 사람들과 어울릴 때
피어나는 이유

이 책에서 말하는 전략은 굉장히 개인적이고, 심지어 '자기중심적인' 것처럼 보일지도 모르겠다. '내가 정신 건강을 위해, 나를 위해 무엇을 할 수 있을까?' 하는 것으로 말이다. 하지만 이 책의 모든 전략은 다른 사람들과 함께할 때 더 잘 적용할 수 있다는 점에서, 그것은 오해다. 우리는 다른 사람들과 함께할 때 보통은 더 많은 즐거움을 느끼고, 필요한 경우 더 동기부여를 받을 수 있다. 식사도 운동도 자연 산책도 마찬가지다. 또한 명상도 다른 사람들과 더불어 코스를 밟거나 피정을 거치며 할 수 있다.

우리의 마음은 공동체 안에서 꽃핀다고들 한다. 물론 거기에는 위험도 있다. 우리가 사람들과 어울릴 때 기분이 좋기에, 다른 사람들은 언제나 기분이 좋다고 생각한다. 반면 혼자 있을 때면 고독하고 우울한 자기 자신을 발견하고, 주변 사람들은 다 잘 지내는데 자신만 못 지낸다고 여기게 된다. 그러다 보니 사람들과 함께 있을 때 종종 자신의 기분을 숨기고, 실제보다 더 기분이 좋은 것처럼 행동한다. 그러고는 다른 사람들은 기본적으로 우리보다 더 기쁘게 살아가는데 나는 왜 이 모양인지 자문하고 자책한다. 나는 대체 왜 이

리 어리석은 사람이지? 내가 대체 무엇을 잘못하고 있는 거지? 라고 말이다.[1]

하지만 우리에겐 아무런 잘못도 없다. 다만 잘못된 인상을 받고 있을 따름이다. 주변 사람들 또한 혼자만의 공간으로 가면 우리처럼 슬프고, 우울하고, 절망한다는 사실을 간과하는 것이다. 상상이 잘 안 되겠지만, 주변 사람들은 종종 '우리'가 참 잘 지내는 것 같다고 생각하면서, 그들은 왜 우리처럼 늘 기쁘고 즐겁지 않은지, 그들이 무엇을 잘못하고 있는 건지를 물을지도 모른다. 이런 착각을 알아차리는 것만으로도, 늘 행복하고 즐거운 기분으로 지내지 못한다는 이유로 불필요하게 스스로 압박감을 느끼는 일을 피할 수 있다. 그렇게 지내는 것은 지극히 정상이다.

인간관계와 집단 소속감은 정신 건강에 아주 중요해서, 많은 학자는 인간의 '소속감에 대한 욕구'를 이야기한다. 이런 욕구는 어느 정도 생존 본능에 속하는 것으로 배고픔, 목마름, 성욕과 마찬가지로 우리의 유기체에 깊이 뿌리를 내리고 있다. 막 세상에 태어났을 때 우리는 누군가가 24시간 내내 보살펴주고 먹여주지 않으면 하루도 살 수 없는 존재였다는 것만 생각해도, 이런 욕구가 생존과 직결되어 있음을 실감할 수 있다.

다 크고 나면 어릴 적만큼 다른 사람의 도움이 생사를 좌우하지는 않지만, 감정적 연결은 늘 삶에 필수적이다. 그러다 보니 더는 가망이 없는 파트너 관계를 청산하지 못하고 고통스러운 생활을 지속해 나가기도 한다. 오랫동안 망설이고, 심리치료로 관계를 회복한 뒤 용기를 내어 배우자와 헤어지는 길을 택했다고 해도, 이런 사건

우리 마음엔 무적의 여름이 숨어 있다

은 보통 결혼과는 반대로 축하받지 못한다. 헤어짐이 순조롭게 이루어졌다고 해도 말이다.[2]

또 다른 예로, 우리 사회에서 최고의 벌은 사람을 사회에서 격리시켜 감옥에 보내는 것이다. 그중에서도 독방 감금이 더 무거운 형이다. 이런 예는 사회적 연결에 대한 욕구가 인간 속에 얼마나 깊이 뿌리를 내리고 있는지를 보여준다.[3]

뇌과학 연구 결과에 따르면 주변 사람들로부터 배제되는 일은 신체적 고통마저 유발한다. 그런 상황에서는 신체적으로 부상당했을 때 활성화되는 뇌 영역들이 알람을 울린다. 공동체에서 배제되는 것은 옛날에 나사로 엄지손가락을 비틀던 고문에 버금갈 정도로 불쾌하다. 파라세타몰과 같은 진통제는 두통과 치통을 완화해줄 뿐 아니라 다른 사람에게서 거부당한 것에서 비롯되는 '정서적' 고통도 완화시켜준다.[4]

행복에 대한 여러 연구도 소속감, 친밀감, 인정욕구가 충족되는 것이 행복에 얼마나 중요한지를 확인해줬다. 사회적 관계가 좋은지, 일상에서 주변 사람들로부터 존중을 받는지 하는 여부만큼 우리의 긍정적 감정에 강한 영향을 미치는 것은 별로 없다.[5]

미국의 한 심리학자 팀은 특별히 행복한 사람들의 특징이 무엇인지를 규명하고자 했고, 기분이 어떠냐는 질문에 1점에서 10점까지 중에서 8점 정도를, 때로는 9점을 준 사람들을 특히 행복한 사람으로 분류했다. 그리고 이런 사람들이 무엇보다 사람들과의 관계 면에서 '보통 사람들'과 구분된다는 것을 발견했다. 굉장히 행복한 사람들은 거의 예외 없이 모두가 친구, 가족, 파트너와 관계가 좋다고 보고했다. 이 연구에서 연구자들은 사회적 관계가 정신 건강의 유일한 요소는 아니지만, 다른 사람과 긴밀하고 좋은 관계가 없이는 행복한 축에 들지는 못한다는 결론을 내렸다. 돈이나 세속적 성공은 사회적 관계만큼 영향을 미치지 못했다.[6]

좋은 인간관계가 마음의 평화를 위한 전제 조건임은 최근 전 세계 166개국 150만 명 이상의 데이터 분석에서도 확인되었다.[7] 연구 결과 믿을 수 있고, 모든 것을 털어놓을 수 있는 사람이 한 명이라도 있는 게 중요한 것으로 드러났다. 새벽 세 시에 전화해도 즉시 달려와 줄 사람이 우리 삶에 한 명이라도 있으면 된다. 이런 결과는 우리 대부분에게 그리 놀랍지 않을 것이다.

반면 우리는 '소소한' 일상적 상호작용은 과소평가하는 경향이 있다. 별달리 눈에 띄지 않지만, 기분에 큰 영향을 미치는 소소한 것이 있다. 이웃과 마주쳐 따뜻하게 안부를 묻거나(이것은 불과 2~3초를 넘지 않지만 그럼에도 우리 마음에 기분 좋은 반향을 일으킨다) 매점에서 잡지를 사면서 늙수그레한 매점 주인과 나누는 몇 마디 친절한 말은 지나가면서 잠시 이루어지는 상호작용이지만, 연구 결과에 따르면 우리 생각보다 훨씬 더 기분을 북돋아준다.

한 연구에서 두 그룹의 실험대상자를 스타벅스 매장으로 보냈는데, 한 그룹은 매장 직원과 별다른 말을 나누지 않고 주문을 하도록 했고, 다른 그룹은 매장 직원과 짧은 대화를 나누도록 했다. 그러자 후자의 그룹이 전자의 그룹에 비해 더 기분 좋은 상태로 커피를 사들고 나온 것으로 드러났다.[8] 우리는 일상에서 짧은 만남을 많이 경험한다. 이런 만남을 소중하게 여기면, 그것이 합쳐져 우리의 기분을 눈에 띄게 좋게 할 수 있다.

또 다른 연구에서 학자들은 런던에서 기차를 타고 통근하는 사람들을 대상으로 실험을 했다. 참가자들을 마찬가지로 두 그룹으로 나눠 한 그룹은 기차를 타고 가면서 동승객과 대화를 나누도록 했고, 다른 그룹은 말없이 그냥 기차만 타고 가게 했다. 연구 결과 평소 낯선 사람에게 말을 걸고 대화를 나누는 것이 얼마나 좋은 일인지를 우리가 간과하고 있다는 걸 거듭 확인할 수 있었다. 우리는 때로 말을 붙이고 싶어도 상대가 우리에게 전혀 관심이 없을까 봐 두려워 대화를 피한다. 일단 용기를 내어 상대에게 다가가면, 대화가 꽤 즐겁게 이루어지고, 나중에 훨씬 기분이 좋아진다는 걸 경험하고 나서 놀라게 되는 경우가 많다. 런던의 통근자 실험에서도 이런 결과가 반복해서 나왔다.[9]

휴대폰은 양날의 검, 영리하게 사용하자

오늘날 우리는 휴대폰으로 사람들과 접촉하는데, 흥미롭게도 휴대폰은 사회생활에 도움을 주는 도구이자 우리를 고립시키는 도구이기도 하다. 우리는 휴대폰을 통해 친구들뿐 아니라, 사실상 전 세계와 연결된다. 동시에 의도적이든 그렇지 않든 휴대폰 때문에 다른 사람들에게서 고립될 수도 있다. 행복과 관련하여 휴대폰은 양날의 검이며, 이것은 여러 연구에서 확인되고 있다.

휴대폰을 가지고 있는 것만으로도 안심되고 스트레스가 감소될 수도 있다. 다른 사람으로부터 배제되어 있다고 느낄 때는 특히 그러하다. 달리 말해, 주변에 어울릴 사람이 없을 때는 휴대폰으로 어느 정도 사회적 네트워크를 돌볼 수 있다. 언제든지 우리에게 남은 인맥들, 우리에게 그래도 잘해주는 사람들과 휴대폰으로 접촉할 수 있기 때문이다.[10]

반면 주변에 좋은 친구가 있는 경우 휴대폰이 오히려 방해된다. 사람이 앞에 앉아 있는데 휴대폰을 붙잡고 있으면 대화에 거의 집중할 수 없고, 나누는 이야기, 특히 말이 아니라 몸짓으로 표현되는 이야기의 절반 정도만 알아들을 수 있다. 몸은 그 자리에 있으나 온전히 그 자리에 있지 않은 상황, 상대방에게 관심을 쏟지 않는 상황이 연출되는 것이다. 연구에 따르면 휴대폰을 손에 들고 있다는 이유만으로도 낯선 사람과 대화할 때 미소를 30퍼센트 적게 짓는다고 한다.[11] 비대면으로 접촉할 수 있고, 인터넷에서 새롭고 흥미로운 것을 발견할 가능성만으로도, 눈앞에 생생하게 살아서 앉아 있는 사람들을 암묵적으로 평가절하하게 되는 셈이다. 특히나 그들이 인생에 중요한 사람들이라면, 생각을 좀 해볼 필요가 있다(너 자신에게도 해당되는 이야기야. 바스! 넌 오래전부터 온라인 중독이었잖니!).

요즘 현대인은 하루에 세 시간 이상을 휴대폰에 매달려 지낸다는 것이 통계상의 평균치다. 행복을 염두에 둘 때 상당히 많은 시간, 아니 지나치게 많은 시간이다. 연구 결과 평소 휴대폰 사용 시간을 한 시간만 줄여도 우울감과 불안감이 개선되는 것으로 나타났다.[12]

모든 것을 종합해 보면 결론은 이렇다. 미심쩍을 때는 좀 많다 싶을 정도로 인간관계를 돌보고 사람들과 어울려라. 상대방의 기분뿐 아니라 당신의 기분에 미치는 좋은 영향을 과소평가했을 가능성이 크기 때문이다. 친구 관계를 잘 돌보고, 새로운 사람도 사귀어라. 그러면 그 유익함에 놀라게 될 것이다. 휴대폰은 만일을 위해 늘 휴대하고 다녀라. 언제 필요하게 될지 알 수 없으니 말이다. 하지만 적게 쓸수록 좋다는 점을 명심하라. 특히 파트너와 낭만적인 디너를 즐기거나, 친구들이나 가족들과 함께 즐거운 시간을 보낼 때는 휴대폰을 자꾸 손에 들지 말고 사람에게 집중해야 한다.

· 10장에서는 중증 우울증이나 PTSD 환자들을 환각제로 치료할 방법에 관해 최근 신경정신의학계에서 수행한 연구 내용을 다루고 있다. 저자 역시 환각물질을 통해 마음 건강을 되찾을 가능성을 언급한다. 하지만 현재 국내에서 이러한 환각제 사용은 엄격히 금지되고 있으므로, 이 장의 내용은 구체적 적용과는 무관함을 밝히며 앞으로의 의학적 가능성에 대한 정보 습득 차원에서 읽기를 권한다.

10

무적의 여름을 찾아서

새로운 자아를 만나다

내 인생 가장
놀랍고 인상적인 경험

베를린 구시가지. 층고가 높고 창문이 커다란, 밝고 넓은 아파트. 나는 라탄 매트 위에 가부좌 자세로 앉아 있다. 내 주변으로 티라이트 초들이 깜박인다. 마찬가지로 가부좌 자세를 한 치료사 S가 내게 작은 소주잔을 건넨다.

나는 잔을 들고는 잔 속을 조심스럽게 들여다본다. 술잔 속의 내용물은 술이 아니다. 굵은 소금 또는 잘게 부서진 얼음처럼 보이는 희고 투명한 결정, 바로 약 125밀리그램의 MDMA이다. MDMA는 3,4메틸렌디옥시엔메틸암페타민3,4-Methylendioxy-N-Methylamphetamin의 약자로, '엑스터시'라는 이름으로 잘 알려져 있다.

S가 유리잔에 물을 붓는다.

만반의 준비를 하기 위해 지난 몇 주간 치료사 S를 여러 번 만났음에도 나는 약간 찜찜한 기분을 감출 수 없다. 술잔을 살짝 기울여 엑스터시를 맛본다. 불쾌한 쓴맛이 난다.

이제 돌이킬 수 없다. 많은 연구 결과와 책을 읽고 준비를 했는데도 호기심과 불안감이 뒤섞인다. 내게 과연 무슨 일이 일어날까. 이걸 복용하는 건 과연 잘하는 일일까.

S가 싱잉볼을 살짝 두드려 울리고는 작고 부드러운 목소리로 "좋

은 여행하세요."라고 한다. 나는 눈을 감고, 최근 명상을 많이 한 게 다행이라고 생각한다. 명상이 좋은 연습이 되었던 듯하다.

S가 명상적인 분위기를 만들어줘서 감사하다(그녀는 이런 분위기를 아주 중요하게 생각한다). 가부좌 자세, 티라이트 촛불, 싱잉볼. 전 같으면 이런 것을 공연한 비의적 겉치레쯤으로 깎아내렸을 텐데, 지금은 이런 세팅이 적절하고, 나름의 가치가 있다는 생각이 든다. 이 세팅은 내가 곧 체험할, 해가 없지만은 않은 경험을 조심스레 존중하는 분위기를 풍기는 동시에 이런 경험이 나름의 지혜가 깃든 전통임을 환기시킨다. 이성적으로는 이를 곧장 알아채지 못하더라도 말이다.

MDMA가 뇌에 영향을 미치기를 기다리며, 머릿속으로 무슨 생각을 했는지, 정확히 무엇을 기대했는지 잘 기억이 나지 않는다. 하지만 그다음에 일어난 일은 내 모든 예상을 뛰어넘었다. 첫 번째 MDMA 세션은 내 인생에서 가장 놀랍고 인상적인 경험 중 하나였다. 좀 우습게 들릴지 모르지만, 그 경험의 깊이와 의미는 언뜻 첫아들이 태어났을 때의 감동적이고 눈물 났던 순간을 떠오르게 했다. 이 두 사건을 비교하는 것이 얼토당토않게 보이지만, 둘은 뭔가 유사한 데가 있어 보인다(이에 대해서는 나중에 더 이야기하기로 하자).

20분쯤 지나고 나서였을까. 처음으로 묘한 효과가 느껴진다. 갑자기 발가락 끝에서 전류가 흐르는 것처럼 따끔거리는 느낌이 시작되더니, 그 느낌이 다리를 거쳐 전신으로 확산되어 두피까지 올라간다. 유쾌하고 따뜻하고 기분이 좋지만, 뭔가 낯설고 강렬해서 불안하다. "와우, 강렬하네요." 내가 우물거리며 말한다.

이어 내 몸이 흐물흐물 풀리는 듯한 느낌이 난다. 이 역시 유쾌하면서도 동시에 겁이 난다. "약간 무섭네요." 내가 걱정스러운 목소리로 말한다.

안심시키는 S의 목소리가 들리기까지 약간 시간이 지체된다. 치료사가 일일이 즉각적으로 반응하지 않음으로써 오히려 걱정할 필요가 없다는 걸 내게 알리려는 것인가 싶다. "그 성분이 당신에게 좋게 작용한다는 걸 기억하세요."

나는 그 말을 기억하며 준비 세션에서 S가 여러 번 일러준 대로한다. 즉 일어나는 일에 방어하지 않고 신뢰한다. 무슨 일이 일어나든 내버려둔다. 저항하는 대신 계속해서 변화하는 신체 느낌에 자신을 내맡긴다. 그 순간부터 그 경험은 굉장히 유쾌해졌고, 거의 환희에 가까운 기분이 느껴진다.

시간이 얼마나 지났을까? 45분쯤 지났을까? 아니면 한 시간? 그 이상일 수도 있지만, 그다음 끼어드는 일도 굉장히 놀랍다. 의도하지 않았는데도 꿈결 같은 상태에 빠져들고 인생에서 경험했던 장면들과 이미지들이 내 안에 떠오른다. 내가 의식적으로 불러내거나 조종한 건 아무것도 없다. 그냥 저절로 그렇게 된다.

몸의 흥분이 잦아든다. 몸이 가볍고, 약간 마비된 듯도 하고, 내가 그저 정신으로, 순전한 영혼으로 존재하는 느낌이다. 내 몸이 더는 제대로 느껴지지 않고 그냥 구조가 없는 유쾌한 구름이 된 듯하다. 나와 외부 사이의 경계가 흐려지더니, 지금도 계속해서 매혹과 경외심으로 돌아보게 되는 순간이 도래한다. 바로 내가 세상과 하나가 된 것이다.

우리 마음엔 무적의 여름이 숨어 있다

안팎은 더는 존재하지 않고 오직 의식만이, 순전한 지각만이 존재한다. 온전한 내면의 고요, 영원한 고요. 나는 나를 배출한 우주의 일부로서 우주와 하나가 된다. 난생처음으로 내가 우주의 일부임을 직접 느끼고 경험한다. 정말 신비롭다.

모든 것이 물결처럼 오가고, 때로 나는 다시 현실과 접촉한다. 그럴 때면 손에 식은땀이 난 게 느껴지거나, 앉은 자세를 바꾸고 심호흡을 한다. "그래요. 잠시 기지개를 켜고 심호흡을 하세요."라고 S가 말한다. 이어 꿈의 세계가 다시 바통을 넘겨받는다. 무엇보다 아내의 존재가 생생하다. 마치 이곳에 있는 것처럼 내 안에 떠오른다. 나는 아내가 방에 없다는 걸 확실히 알지만, 아내는 무척이나 가깝게 느껴진다.

우연히도, 바로 2~3일 전에 퇴근하고 집에 돌아온 아내가 즉흥적으로 내 목을 끌어안더니 내게 키스하며 이렇게 말했었다. "당신은 세상에서 가장 좋은 남편이야!" 이제 나는 이 장면을 다시 한번 경험한다. 불현듯 내가 일상에서 이런 식의 많은 긍정적 경험을 제대로 지각하지 못하고 산다는 걸 깨닫는다. 그런 경험들은 나를 스쳐 지나가고, 뭐랄까, 내게 머물지 않는다. 대신에 내 안의 뭔가는 부정적인 것에 더 관심을 쓰고 집착한다. 나는 아내가 보여주는 사랑을 과히 '진정성있게' 받아들이지 않고, 그보다는 비판적인 말에 더 비중을 두었던 듯하다.

모두가 이런 상황을 알고 있다. 어떤 과제를 잘 해결해 여러 곳에서 칭찬의 말을 하는데, 내 주의는 부정적인 말 한마디에 꽂힌다. 부정적인 목소리가 더 '진실'되고, 모든 칭찬보다 더 중요한 것처럼 다가온다. 나는 평소 그런 태도로 나와 세상을 바라본다.

그런데 MDMA의 영향으로 부정적으로 편향되었던 시각이 갑자기 사라진다. 평소에 부정적인 필터를 가지고 살아왔다면, 이제 MDMA가 내 머릿속 필터를 중립 또는 긍정으로 바꿔놓는다. 나는 이제 과거의 일을 장밋빛 필터를 끼고 바라본다.

장밋빛 필터를 끼고 바라보는 과거

상당히 눈이 번쩍 뜨이는 경험이다. 경험 자체는 아무것도 변하지 않았음을 알기 때문이다. 다만 그 경험을 달리 볼 따름이다. 내가 인생에서 부정적인 면만큼이나 긍정적인 면에 중요성을 부여한다면(아니, 긍정적인 면에 조금 더 중요성을 부여한다면) 같은 사실을 두고도 완전히 다른 이야기를 할 수 있다. 지금까지 이야기했던 것보다 객관적이고, 진실에 더 충실한 이야기를 말이다. 나는 뇌가 경험으로부터 주관적으로 삶의 이야기를 엮어낸다는 걸 의식한다. 그리고 그 이야기를 진실로 여긴다. 절대적으로 옳고 객관적인 시각이라고 여긴다. 하지만 이제 이런 진실이 사실이 아닐 수도 있음이 드러나고 있다. 나의 지금까지 삶의 이야기는 사실이라기보다는 필터를 거쳐 회색빛으로 왜곡된 이야기다.

왜 이런 왜곡이 일어날까? 평소 내 일상은 왜 지금 보는 것처럼 긍정적으로 보이지를 않을까? 어떤 시각이 '옳은' 걸까? 이 같은 질문이 저절로 내 안에서 떠오른다. 감정으로서 떠오른다. 재미있는 건 내가 의도적으로 생각을 조절하지도 않는데도 뇌가 체계적으로 생각의 끈을 좇아간다는 것이다. 외부 가이드도 없이, 내 안의 뭔가

우리 마음엔 무적의 여름이 숨어 있다

가 평소 가졌던 부정적인 시각의 뿌리를 진단하려고 한다. 나는 점점 더 무의식으로, 내가 이곳까지 이르리라고 생각하지 못했을 심리의 영역으로 깊이 파고드는 치료를 경험한다.

핵심 포인트에 다다라 나는 내 안에 기본적으로 자리 잡은 감정이 있음을 깨닫는다. 바로 부족하다는 느낌이다. 넌 충분하지 않아. 모든 게 다 충분하지 않아.

늘 아빠 역할을 제대로 못 하고 있다는 느낌이다. 아이들에게 더 잘해주고, 더 시간을 많이 내줘야 할 텐데, 더 잘 반응해 주고, 인내심있게 아이들의 이야기에 귀 기울이면 좋을 텐데 하는 생각.

남편으로서도 늘 부족하다는 느낌이다. 그런데도 결혼한 지 20년 된 아내가 저녁에 퇴근하고 집에 와 나를 끌어안으며 내가 세상에서 가장 좋은 남편이라고 말하는 건 좀 신기한 일이다. 하지만 나는 그 말을 곧이곧대로 믿지 않는다. 아내의 말은 내 머릿속의 부정적 필터를 통과하지 못한다. 머릿속 필터가 계속하여 긍정적인 일을 걸러내고, 부정적인 메시지만 선별하여 주목하면(그리고 어떤 사건을 부정적으로만 해석하면), 내가 부족하다고 굳게 확신하는 것도 당연한 일이다. 만성적으로 부족한 사람으로 느낄 수밖에 없다. 모자란다는 느낌은 내 안에서 점점 더 굳어져, 나는 마음속 깊이 알고 있고, 반박할 수 없는 진실이라고 믿는 생각만을 확인하려 한다.

하지만 이제 MDMA 덕분에 아내가 나를 얼마나 사랑하는지, 내가 시간을 쪼개어 아이들에게 얼마나 잘해주고 잘 지내는지 등 긍정적인 부분을 깨닫게 되자 그간 내 안에 꼼짝없이 버티고 있던 부족감은 씻은 듯이 사라져버린다. 나는 살아오면서 내가 잘했던 장면을 떠올리고, 내가 평생 해오던 이야기는 사실이 아니라는 걸 다시 한번 발견한다. 그것은 잘못된 기본 가정, 잘못된 믿음("넌 충분하지 않아.")에 바탕을 둔다. 나는 어떤 이유에서 이런 가정과 믿음을 내 것으로 만들었고, 그것이 나의 생의 감정이 되어 삶에 대한 시각을 결정하고 있다.

나중에 나는 S에게 이 이야기를 하며, 나처럼 이런 기본 감정을 가지고 살아가는 사람들이 또 많은지를 물었다. 누구나 다 그렇게 느낄까? "모두가 그렇지는 않겠지요." S가 말한다. "하지만 그런 감정과 무관한 사람은 없을 거예요."[1]

이는 우리의 성장 배경, 늘 우리를 찔러 대곤 하는 머릿속 목소리인 내면의 비판자와도 무관하지 않을 것이다. 성과를 강조하는 사회 분위기도 영향이 있겠지. 결국 사회는 우리가 성공하고 돈을 벌고자 하는 욕구로(그래야 비로소 인정받는다고 생각하니까) 유지되니까. 사람들이 자신을 부족한 존재로 느끼는 현상에서 이윤을 창출하는 사업은 또 얼마나 많은가. 우리는 늘 부족한 점을 메꿔줄 수 있을 것 같은 재화나 서비스를 구입한다. 그리고 그것이 옷이 되었든 멋진 차가 되었든 멋진 휴가 여행이 되었든, 한동안은 '채워진 것처럼' 느낀다. 이 모든 것에 어린 시절과 청소년 시절의 경험과 교육의 영향이 더해져 자기에 대한 시각을 만들어낸다.

이런 상호작용에서 무엇이 결정적인 요인인지는 모르겠지만, 우리 안에 생의 기본 감정을 결정하는 확신이 있다는 건 분명하다. MDMA 체험 중 제 내게 처음으로 이런 중심 신념 하나가 절절하게 눈앞에 그려졌다. 이 일은 내게 가면이 벗어지는 듯한 굉장한 해방감을 가져다주었고, 그 뒤 몇 주에 걸쳐 이 일을 점점 더 곱씹고 소화해 가면서 굉장히 치유적으로 느껴졌으며, 여전히 치유적으로 느끼고 있다.

이 첫 번째 세션은 내게 많은 사람이 MDMA 트립trip을 마치고 보고하는 인상 그대로 남아 있다. 사람들은 몇 년간 받아야 할 심리치료를 4~5시간 동안 농축해서 받는 듯한 느낌이라고 말한다. 놀랍게도 이 때는 스스로 환자인 동시에 치료사가 된다.

세상을 바라보는 무의식적 가정 벗어던지기

간단히 요약하면, 우리는 우리 속 깊이 자리 잡은 신념이나 기본 가정의 안경을 쓰고 세상과 자기 자신을 해석한다. 이런 가정은 거의 무의식적으로 우리가 사물을 어떻게 볼 것인지를 결정한다. 다음 예에서 그 사실을 알아볼 수 있다.

왼쪽에 '공'처럼 보이는 것이 오른쪽의 '구멍' 또는 '우묵 파인 부분'과 얼마나 달라 보이는지 신기하지 않은가? 실제로 이 둥근 형태들은 (수직 방향으로 배열된 음영만 빼고는) 동일하다. 책을 뒤집어 보

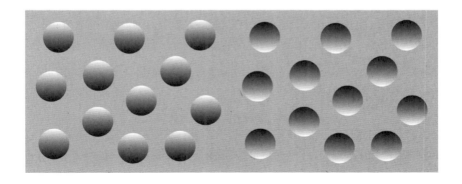

면, 공처럼 보이는 것들이 구멍으로, 구멍처럼 보이는 것이 공으로 변화되는 것을 확인할 수 있다.

객관적으로 보면 이 형태는 구체도 구멍도 아닌 음영 표시가 된 평면이다. 책의 페이지는 2차원이라 깊이가 없다. 3D 효과는 우리 머릿속에서 생겨나는 착시 현상이다.

착시는 단순하고 무의식적인 가정에 따라 결정된다. 우리는 일반적으로 지구상에서 경험하듯이 빛이 위쪽에서 온다고 가정한다. 이런 '믿음'이 음영을 넣은 면을 어떻게 볼지를 결정한다. 둥근 형태인데 위쪽이 밝고 아래쪽이 어두우면 그것은 (빛이 위쪽에서 비친다는 암묵적인 가정하에) 틀림없이 공이다. 우리는 지각을 결정하는 이런 기본 가정을 의식하지는 못하지만, 우리 머릿속에서 음영이 있는 면을 구나 구멍으로 보이게 하는 건 바로 그런 기본 가정이다.

3D 효과는 머릿속에서 구성된 것처럼 느껴지지 않는다. 우리는 그냥 저절로 이쪽을 구형으로, 이쪽은 구멍으로 본다. 우리는 세계를 달리 볼 수 없다. 의식하지 못할지라도 머릿속에 있는 기본 가정(빛은 위에서 쪼이는 것)의 도움으로 우리는 세계를 광학적으로 해석한다. 기본 가정이 시각을 결정한다.

이런 식으로 머릿속의 무의식적인 심리적 가정("넌 충분하지 않아." "넌 사랑받을 만하지 않아." 또는 긍정적인 면으로 "뭔가를 붙잡으면 난 반드시 할 수 있어." 등등)도 우리가 자신과 주변 세계를 어떻게 지각할지를 결정한다. 이런 확신 또한 대부분 의식할 수 없다. 우리는 다만 그 결과를 느낄 뿐이다. 예를 들어 '나는 모자라.'라는 감정을 상쇄하기 위해, 계속해서 악착같이 일을 하고 특별한 성과를 내야 한다

우리 마음엔 무적의 여름이 숨어 있다

고 느낀다. 이런 감정이 우리의 숨겨진 확신에서 비롯된다는 것을 잘 깨닫지 못한다.

MDMA와 기타 의식을 변화시키는 성분들이 매력적인 이유는 우리 안에 숨겨진 확신을 드러내 주기 때문이다. 나아가 이런 확신이 얼마나 자의적이거나 주관적으로 왜곡될 수 있는지를 눈앞에 여실히 보여준다. 따라서 우리가 가진 기본 가정을 드러낼 뿐만 아니라 의문을 제기하고, 그런 가정들이 우리 정신을 꼼짝 못 하게 붙잡고 있는 것을 "느슨하게 풀어준다." 이 기적의 성분들이 우리의 머리에서 왜곡된 안경을 벗겨내고, 우리의 자아 및 세계를 왜곡 없이 보여주기라도 하듯 말이다.[2]

우리는 이렇게 해방된 시각으로 갑자기 자신과 세상을 다르게 보게 된다. 나는 마침내 내가 좋은 남편이라는 아내의 말을 진정성있는 말로 받아들이게 되었다. 변화된 시각은 다시금 그리도 철통같았던 우리의 기본 가정을 의문시하게끔 해준다. 아내의 말이 사실이라면 어떻게 내가 그렇게 모자란 사람일 수가 있을까? 내가 스스로에 대해 가지고 있는 이미지가 뭔가 잘못된 건 아닐까? 기본 가정은 우리 자아상의 핵심이기에, MDMA와 그와 비슷한 성분들은 우리의 자아와 생의 감정을 근본적으로 변화시킬 수 있다. 마치 그런 성분의 도움으로 우리 정신의 소스 코드에 접근해 그 속의 소프트웨어 오류를 찾아서 수정하듯이 말이다. 이것만 해도 충분히 인상적이지만, 이는 MDMA와 같은 성분들이 우리의 정신에 미칠 수 있는 영향과 치유력의 극히 일부분일 따름이다.

정신을 드러내자, 트라우마에서 해방되다

의식을 변화시키는 성분, 특히 MDMA와 실로시빈(일명 '환각버섯'을 마법적으로 만드는 향정신성 물질)은 이미 언급했듯이 신경정신의학에서 바야흐로 진정한 르네상스를 맞고 있다. 연구를 통해 이런 성분이 가진 치유력이 점점 발견되고 있기 때문이다. 1950년대와 1960년대에 이미 실로시빈, LSD 및 기타 환각제에 대한 수백 개의 연구가 나왔었다. 하지만 히피 운동의 와중에 이런 물질이 확산되어 사회적으로 너무 물의를 일으켰기 때문에 1960년대 말경 주로 정치적 이유로 금지되었고, 그 바람에 연구도 중단되고 말았다.[3]

이런 연구가 다시 활성화되고 있는 것은 반가운 일이다. 무엇보다 현재 신경정신과 의사와 심리치료사가 적용할 수 있는 치료수단이 많은 환자에게 충분한 도움이 못 되는 경우가 많기 때문이다. 환각제는 치료의 새로운 패러다임을 열어준다. 예를 들어 일반적인 항우울제는 몇 달, 또는 몇 년간 복용하는 가운데 때때로 우울증 증상을 경감시킬 수 있지만, 이런 약물이 우울증 자체를 치료하지는 못한다. 이런 약물은 깊은 통찰로 인도하지 못한다. 문제의 뿌리에 대해서는 손쓰지 못한다. 하지만 의식을 변화시키는 성분, 즉 '환각제Psychedelics'(이것은 그리스어에서 유래한 단어로 '정신을 드러내다'라는

우리 마음엔 무적의 여름이 숨어 있다

의미)는 다르다.

MDMA는 'PTSD'라 불리는 외상 후 스트레스 장애와 관련해 가장 많이 연구되었고 큰 효과를 보이리라고 예상되는 성분이다. 현재 연구가 굉장히 진전되어, 미국에서는 얼마 안 있어 MDMA를 PTSD의 보조 치료제로 공식 승인할 것으로 보인다.

MDMA는 뇌 신경세포에서 세로토닌의 분비를 촉진하고, 재흡수를 억제하는 역할을 한다. 그래서 뇌에 세로토닌이 풍부해지게 된다. 동시에 노르아드레날린과 도파민 같은 다른 신경전달물질도 풍부해지고, '사랑 호르몬' 옥시토신의 분비도 늘어난다. 이 생화학적 칵테일은 깊은 이완과 행복감을 유발한다. MDMA의 영향하에 불안감은 대폭 사라지고, 자신감있고 강한 느낌이 찾아온다. 그 밖에 MDMA는 공감력을 더 북돋우고, 따뜻함과 사랑의 감정이 우리 안에 확산되게끔 한다. 그래서 적절한 환경에서 사용한다는 전제하에 기적이 일어날 수 있다. 불안하지 않고, 유쾌하고, 정신적으로 강해진 상태에서, 우리를 무의식적으로 사로잡고 힘들게 하던 이야기가 드러난다.

꼭 그렇지는 않지만 트라우마가 떠오를 수도 있다. 미국에서 이루어진 MDMA 연구에 참여한 사람 중 다수는 전쟁에서 겪은 일, 그리고 전쟁에서 보였던 (마치 괴물과 같았던) 자신의 모습이 계속 생각나서 괴로워하는 전쟁 참전 용사들이었다.

미국의 연구팀은 이라크 전쟁에 참전한 뒤 10년간 외상 후 스트레스 증후군에 시달려온 한 군인의 예를 보고한다. 125밀리그램의 MDMA를 투여하자, 그 남성은 완전히 자신의 세계에 빠져들었고,

나중에 치료사에게 설명한 바에 따르면 많은 전쟁 트라우마를 머릿속에서 다시 한번 경험했다. 그중 그를 가장 많이 괴롭혔던 사건도 있었다. 수류탄이 터지는 바람에 친구가 눈앞에서 사망한 사건이었다. MDMA 세션 동안 그는 그 충격적인 사건을 생각 속에서 아주 세세하게 경험했다. "수류탄이 터졌어요. 몇 초 뒤에 나는 그 친구를 내려다보고, 친구는 구해 달라는 듯한 간절한 눈빛으로 나를 쳐다봐요. 난 무서워서 꼼짝달싹도 못 해요. 그러더니 그 친구가 일어서서 내게 다가와서, 괜찮다고 말하는 거예요. 내가 할 수 있었던 일은 아무것도 없다고." 끔찍한 장면이 그 남성에게 다시 한번 찾아왔다. 하지만 그 상상에서 죽어가는 친구는 그를 용서하고, 이제 더는 죄책감을 느낄 필요가 없으니 자신을 용서하라고 권한다.

주변 사람들의 증언에 따르면 다년간의 심리치료도 그 남성에게 도움이 되지 않았다고 하는데, 두 번의 MDMA 세션을 거친 뒤 그는 트라우마에서 해방되었다. 많은 사람처럼 MDMA의 도움으로 치료된 것이다.[4]

이런 연구 결과는 〈네이처 메디신〉을 비롯한 저명한 학술지에 실렸고[5] 전문가들조차 깊은 인상을 받았다. 경험 많고 탁월한 트라우마 연구자인 네덜란드의 신경정신과 의사 베셀 반 데어 콜크Bessel van der Kolk도 그중 한 사람이다. 그는 약 50년 전부터 트라우마가 있는 사람들에게 적용할 수 있는 다양한 치료법을 모색하고 있는데, MDMA와 같은 효과는 이제껏 본 적이 없다고 말한다.[6]

우리 마음엔 무적의 여름이 숨어 있다

마음의 상처가 영혼에서 지워질 수 있을까?

MDMA의 영향하에서 우리 머릿속에서는 무슨 일이 일어날까? 의식이 변화된 상태에서 뇌는 어떻게 자신의 '주제'를 발견할까? 그리고 어떻게 우리 내면의 관점이 교정될까? 아직 많은 것이 수수께끼로 남아 있지만, 뇌과학자들은 MDMA가 치유 효과를 펼치는 메커니즘을 서서히 알아가고 있다. 마음속 깊이 자리 잡은 기본 가정을 수정하는 것이 핵심 메커니즘이겠지만, 그 배후에는 더 많은 것이 있다.

나는 치료 중에 트라우마를 상기하는 것이 왜 치유적으로 작용하는지 궁금했다. 어찌하여 카타르시스 효과가 일어날까? '카타르시스(그리스어로 '정화'라는 뜻)'가 어떻게 가능한 걸까? 트라우마나 마음의 상처를 머릿속으로(또한 신체적으로도) 다시금 경험할 때 어찌하여 긴장이 풀리고 해방감을 느끼는 걸까?

이런 질문은 우리가 8장에서 직면 치료를 살펴보면서 깨달았던 것을 상기시킨다. 명상이 일종의 '직면' 기법이라면, MDMA 세션은 훨씬 강력한 '직면' 기법이라 할 수 있다. MDMA의 영향하에 우리는 마음의 상처를 의식적으로 지각하고, 때에 따라 상처로 남은 일을 다시 한번 세세히 경험할 수 있다. 그런데 이런 일이 가능한 이유는 한편으로 MDMA가 두려움 즉 트라우마를 다시 한번 대면해야 하는 두려움을 대폭 경감시키기 때문이다. 내면에서 올라오는 스트레스 상황을 두려움보다는 오히려 공감으로, 아마도 사랑의 감정으로 바라보게 되는 것이다.

앞에서 이야기했듯이, 뇌는 이런 방식으로 충격적인 기억인 트라우마를 편안하고 긴장이 이완된 상태와 연결하게 된다. 이런 일은 해마와 전전두피질의 도움으로 이루어지며, 전전두피질은 편도체의 두려움을 경감시킨다. 공포스러운 기억 자체는 편도체에 남아 있지만 우리는 그 두려움을 더 잘 제어하게 된다. 직면 요법 중 머릿속에서 일어나는 일은 오랫동안 이런 식으로 상상되어 왔다.

하지만 우리 뇌에서는 그보다 더 심오한 일이 일어날 수 있음이 발견되었다. 우리의 모든 기억은 (격한 감정과 연결된 기억들도 마찬가지로) 뇌세포 간의 연결을 통해 저장된다. 신경세포들 사이의 접점을 시냅스라 부른다. 트라우마도 뇌 수준에서는 시냅스를 통해 서로 강하게 연결된 뉴런 네트워크로 이루어져 있다. 특정 자극(예를 들어 아주 커다란 소리나 강한 냄새)을 통해 이런 네트워크의 몇몇 뉴런이 활성화되면, 이것은 시냅스를 통해 전 뉴런 네트워크의 활성화로 이어지기도 한다. 그리하여 우리는 트라우마를 다시 한번 경험한다.

반복을 통해 트라우마가 오히려 굳어지지 않겠느냐는 생각이 들지도 모른다. 트라우마가 더욱더 우리 뇌 안으로 파고들어 가지 않겠느냐고 말이다. 하지만 이 과정은 훨씬 더 양가적이다. 즉 우리가 그 일을 기억할 때마다, 그 기억을 암호화하는 뉴런 네트워크의 시냅스 연결이 몇 시간 동안 불안정한 상태가 된다. 달리 말해, 기억과 그와 연결된 감정을 저장하는 뉴런 네트워크가 일시적으로 불안정해지고, 변화되기 쉬워진다. 즉 이전보다 더 '가소성'이 높아지는 것이다.

시냅스 연결은 보통 그 뒤 점차 다시 안정된다. 뇌과학에서는 이런 과정을 '재강화reconsolidation'라고 부른다. 하지만 불안정해지는 틈을 타서, 연결이 수정되거나 심지어 완전히 제거될 수도 있다. 비유해 보면 독자들이 현재 읽고 있는 부분의 원고 작업을 할 때, 나는 우선 워드 문서를 열어야 한다. 그런 다음 전에 썼던 부분이 마음에 들지 않거나 새로운 내용으로 교체하고 싶으면, 썼던 텍스트를 완전히 지울 수도 있다. 하지만 보통 텍스트를 완전히 지워버리는 대신 수정을 한다. 그런 다음 변화된 문서를 저장하고 창을 닫는다. 그러면 이제 수정된 텍스트는 내가 다시 문서를 열어 또 한 번 수정하려 할 때까지 변함없이 그 상태로 저장된다.

간단히 말해, 기억을 재활성화하는 것은 업데이트를 위해 기억을 여는 과정이다. 그런데 재활성화가 뇌가 예상하지 않았던 놀라움을 동반할 때 기억은 특히나 잘 열린다. 트라우마를 다시 상기하는데도 뇌의 예상과는 달리 두려움이나 미움이 아닌, 공감과 이해가 생겨나는 건 놀라운 일이다. 이런 감정이 유발되는 걸 보니 기억에 뭔가 문제가 있는 것이 틀림없고, 이런 모순을 해결하고 오류를 없애기 위해 기억은 수정되어야 한다. 이는 기억 내용이 수정을 위해 '열려야'한다는 의미다.[7]

기억의 업데이트 과정을 건드리는 MDMA

기억을 불러내는 순간, 특히 기억에 모순되는 경험을 하게 될 때 자연은 기억 내용이 지금 형태로 여전히 유효하거나 유용할지 뇌에 질문을 던지는 듯하다. 이것이 현실을 묘사하는 신뢰 있는 모델일까 하고 묻는 것이다. 이런 연관에서 기억을 가설, 즉 현실에 대한 추측으로 볼 수 있다. 이런 추측은 틀린 것으로 드러날 수도 있다. 예를 들어 조깅을 하다가 흉통을 느끼면 나는 다음번에 약간 겁나는 마음으로 조깅을 시작한다. 하지만 반복적으로 달리면서, 달리는 것이 어떤 건지 경험하면, 뇌는 예전에 배운 것('조깅을 하면 겁이 나는 통증이 생겨, 그러니 조심해!')을 무의식적인 과정을 통해 '재학습'을 한다. '일회적으로 흉통이 생긴 이유는 그때 과식을 했거나 감기에 걸린 상태여서 그랬을 거야.' 그렇게 처음의 의심은 별로 근거가 없는 것으로 드러난다. 따라서 옛 가설이 수정되거나 없어진다.

경험을 쌓을수록, 우리의 가설은 이런 방식으로 더 나아지고 정확해진다. 물론 가설이 수정될 수 있다는 전제하에서 말이다. 그런 가설은 재강화 현상을 통해 백업된다. 자연의 입장에서 기억과 그에 동반되는 감정은 그런 기억에 탐닉하기 위해 존재하는 것이 아니다. 기억과 감정은 오직 한 가지 목적, 생존에 기여한다. 이런 관점에서 기억이 부정확하거나 쓸모없는 것으로 드러나는 경우, 그것은 수정되거나 상대화되거나 업데이트되거나 폐기된다. 일차적이고 잠정적인 기초 연구가 보여주는 바에 따르면 MDMA는 이런 '말소효과'를 뒷받침하는 것으로 보인다.[8]

요약하자면, 뉴런 수준에서 일어나는 카타르시스는 다음과 같다 (그림 10-1). 마음의 상처가 되었던 일이나 고통스러운 기억을 다시 한번 경험하면서, 트라우마를 암호화하는 뇌 속의 세포 연합이 활성화된다. 그러면 이제 사건에 대한 기억을 연결하는 시냅스와 그와 동반된 감정(예를 들면 편도체에 저장된 공포[9])이 느슨해진다. 기억에서 소환된 공포감은 새롭게 끼어든 감정에 모순되며(감정 이야기

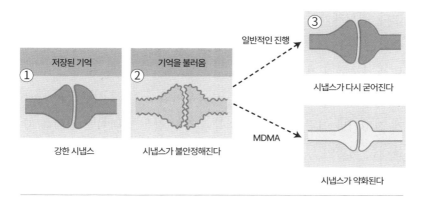

 안의 라벨 텍스트:

③ 일반적인 진행

① 저장된 기억

② 기억을 불러옴

시냅스가 다시 굳어진다

MDMA

강한 시냅스

시냅스가 불안정해진다

시냅스가 약화된다

10-1

기억은 뉴런이 시냅스로 연결되면서, 뇌에서 뉴런 네트워크로 암호화된다. 감정적 기억과 트라우마도 결국 이런 뉴런 네트워크에 저장된다. 뉴런 사이의 뚜렷한 시냅스 연결이 뉴런을 네트워크화한다. 뉴런 하나가 활성화되면, 이런 활성화가 시냅스를 거쳐 이웃한 뉴런으로 전달될 수 있다. (1) 기억이 환기되자마자 네트워크(또는 네트워크의 일부)가 활성화된다. 연구에 따르면 이때 네트워크를 이루는 시냅스들이 일시적으로 불안정한 상태에 놓인다. (2) 특히나 기억을 불러오는 일이 새로운 맥락에서 이루어질 때 그렇게 된다. 그런 다음 몇 시간 지나면 시냅스들은 다시 원래의 안정된 상태로 돌아갈 수도 있고(재강화) 시냅스들이 구조적으로 해체되어 약화될 수도 있다. (3) 그렇게 되면 감정적 기억도 약화되거나 나아가 제거된다(시냅스가 심하게 해체되어 활성화가 더는 전달되지 않고, 네트워크가 붕괴되는 경우가 그러하다). MDMA는 후자의 과정을 자극하는 것으로 보인다. MDMA의 영향하에 정서적으로 고통스러운 기억이 평소보다 강하게 다시 일깨워진다(그리하여 그 기억을 다시 한번 경험한다). 이는 뉴런 네트워크의 특히 강하거나 완전한 활성화를 동반하고, 그 결과 시냅스가 확연히 불안정해질 수 있다. 이렇듯 기억을 다시 한번 되살린 이후에 MDMA는 시냅스의 재강화를 억제하고, 기억과 감정의 연결을 약화시킬 수 있는 것으로 보인다. 이에 대한 일차적인 실험 증거들이 존재한다.[10]

를 하다 보니 나는 갑자기 트라우마를 자기애와 연결하게 된다), 이로 인해 기억은 감정에 의해 수정된다. MDMA는 여기서 느슨해진 연결이 도로 예전처럼 공고해지지 않고, 지속적으로 변화되거나 약화되거나, 나아가 완전히 해체되도록 도와준다. 다른 환각제도 비슷한 효과를 낼 수 있지만, 그에 대한 연구는 이제 막 시작되는 중이다.[11] 이런 방식으로 공포스러운 기억은 더는 전전두피질에서 억제되지 않는다. 편도체에서 지워졌기 때문이다. 이런 발견이 연구를 통해 확증되는 경우, 기존에 적용하던 방식과는 다른 범주의 트라우마 치료가 가능해질 것으로 보인다.

한 가지 더 짚고 넘어가자면, 트라우마라고 할 때 사람들은 빠르게 전쟁이나 어린 시절의 성적 학대 경험 같은 충격적인 경험을 떠올리는 경향이 있다. 물론 틀린 일은 아니다. 하지만 많은 심리학자와 심리치료사는 트라우마를 더 넓은 개념으로 보고 있다.[12] 결국 모든 심리적 상처는 일종의 트라우마라는 것이다. 어린 시절 반복해서 사랑을 박탈당했다든지, 관심을 받지 못하고 방치되었다든지, 계속해서 부모에게 무시를 당했다든지 하는 일은 굉장히 상처가 될 수 있고, 트라우마로 작용할 수 있다. 내가 아는 한 남성은 어린 시절에 엄마가 지나가는 소리로 자신이 딸이었으면 했다는 소리를 들었고, 그 소리가 평생 뇌리에 남아 힘들어했다. 때에 따라서는 단 한 문장이 평생 우리를 괴롭힐 수도 있다. 어린아이로서 방어할 수도 없었고, 아픈 경험을 다른 식으로 정리할 수도 없었기에, 심리적 상처를 억누르고 억압하고 외면할 수밖에 없었다(그러고는 사랑받지 못한 책임을 자기에게 돌린다. 어린 마음에 그것은 자신이 사랑받을 만하지 못하다는 의미로 다가오기 때문이다). 하지만 그 경험은 단순히 사라져버리지 않고 우리에게 내재되어 영향을 미친다. 무엇보다 마음 깊은 곳의 확신에 영향을 준다. "넌 사랑받을 만하지 않아.", "아무도 너를 생각해 주는 사람은 없어." 등등 세상을 살아가고 자신을 지각하는 토대가 되는 확신들이다.

어느 작가들의 말대로 트라우마는 "그 감정을 느끼려 하지 않는

우리 마음엔 무적의 여름이 숨어 있다

것"이다.[13] 트라우마에서 벗어나려면 그 감정으로부터 도망치거나 그것을 억누르는 대신, 마음을 열고 그 감정에 다가가야 한다. 명상이나 심리치료, 또는 환각제의 도움으로 말이다. 거부감이든 다른 감정이든 우리는 해당 감정을 경험하고 느끼고 받아들여야 한다. 경험은 어차피 우리의 일부로 남아 있는데, 우리가 왜 그것과 싸워야 할까? 고통스러운 경험을 내적으로 거부하려는 건 너무나 이해할 수 있는 일이지만, 이는 스스로와 투쟁하게 할 뿐이다. 그렇게 함으로써 우리는 문제를 더 늘린다. 트라우마 때문에 힘들 뿐 아니라, 트라우마와 싸우느라 힘들기 때문이다. 예를 들어 우리는 어린 시절 겪었던 거부 경험, 폭력 경험과 싸운다. 사실은 그에 맞서 아무것도 할 수 없는데도 말이다. 하지만 보통 트라우마에 맞서는 것은 많은 경우 너무나 고통스러운 일이기에 우리는 트라우마를 억압하며, 기를 쓰고 다시는 경험하지 않고자 한다. 이런 상황에서는 MDMA 치료가 트라우마에 다가가는 데 도움이 될 수 있다.

"당신이 저항하는 건 계속 남는다. 받아들이는 것만이 해체된다." 스위스의 신경정신의학자 칼 융Carl Jung은 그렇게 말했다. 재강화 현상과 관련하여 다시 한번 이 원칙을 상기하게 된다. 우리는 우리 안의 악마를 두려워해 한사코 피하려 한다. 하지만 우리가 그것에서 도망치려 하고, 우리 안에 가둬놓으려 하고, 어둠 속에 놓아두려 할수록, 그것은 우리에게 힘을 행사하고, 그 힘은 오히려 더 커진다. 방향을 전환해 두려움을 안겨주는 악마에게 다가갈 때 비로소 그 악마는 뒤로 물러나고, 힘을 잃어버리며, 우리는 이런 직면으로부터 더 강인한 사람이 된다.

신경정신의학의 도전

최신 연구에 따르면 MDMA는 즉각적으로 우리를 '열린' 상태로 전환시킬 뿐 아니라, 트립이 끝난 뒤에도 몇 주간 뇌를 변화에 더 민감하게 만든다. 이는 환각제의 일반적인 특징인 듯하다. 환각제는 우리의 뇌를 '젊어지게' 하여 어린 시절처럼 다시금 말랑말랑 빚어지기 쉽게 만든다.[14] 뇌 가소성 내지 유연성이 높아져서, 우리 속의 숨겨진 신념을 좀 더 수월하게 수정할 수 있는 상황이 된다.

어느 연구에서 연구자들은 새끼 쥐들이 초록색 바닥이 있는 우리를 좋아하게 만들었다. 초록색 바닥의 우리에 그들을 들여보내고, 다른 쥐들도 들여보내 함께 머무르게 했다. 쥐들은 무리를 이루고 사는 사회적 동물이라서 다른 쥐들과 함께 있는 것을 좋아한다. 이어 동일한 새끼 쥐들을 하룻밤 동안 분홍색 바닥 우리에 들여보냈는데, 그곳에서는 혼자 있게 했다(그림 10-2).

그런 다음 쥐들에게 비어 있는 초록색 우리와 분홍색 우리 중에서 골라서 마음대로 들어가게 하자, 쥐들은 초록색 우리를 선호했다. 그 색깔이 다른 쥐들과 어울릴 수 있음을 연상시켰던 것이다. 이런 각인 또는 조건화는 새끼 쥐에게만 일어났다. 나이 든 쥐들에겐 (MDMA를 투여하지 않는 이상은) 더는 이런 일이 일어나지 않는다. MDMA나 다른 환각제[15]의 영향하에서는 뇌가 일시적으로 젊은 상태가 되어, 어릴 때 발휘했던 능력을 발휘할 수 있는 것처럼 보인다. 이런 효과는 최대 2주간 지속된다(인간의 경우는 효과가 더 오래 지속될 것으로 보인다. 쥐들의 신진대사는 우리보다 훨씬 빠르기 때문이다. 그들은 우리보다 어느 정도 빠르게 '살아간다').

우리 마음엔 무적의 여름이 숨어 있다

개인적으로는, 이런 효과를 최소한 어느 정도까지는 주관적으로 경험했다. MDMA 세션을 하고 나면 며칠간 평소보다 훨씬 '감수성이 풍부해진다.' 물론 이런 느낌이 쥐 실험에서 관찰할 수 있는 것과 관계있는지는 알 수 없다. 하지만 내 인상과 쥐 실험은 MDMA나 다른 환각제 트립 이후 몇 주간이 심리치료를 받기에 좋은 기간임을 시사해준다. 뇌가 변화에 특히나 감수성을 갖는 시기이기에 치료사에게 마음을 열고, 그의 도움으로 마음속에 묻어둔 주제를 다룰 수 있는 최적의 기회가 될 수 있다.

　우리 속에 심어져 두고두고 영향을 발휘하는 확신을 점검하거나, 세션 중에 새로이 떠오른 주제를 캐묻고, 상대화시키고 바로잡을 수 있는 기회가 생긴다. 환각제 트립 중에 표면으로 드러나 세션이 끝난 뒤 며칠 또는 몇 주 동안 뇌리를 스치는 마음의 상처를 그냥 그대로 '재강화'하면 안 된다. 다시 굳어지게끔 놔두면 안 된다. 우리는 이런 상처를 새로이 분류하고, 시냅스 차원에서 또 심리적 차원

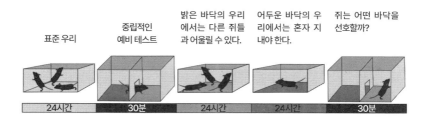

10-2

새끼 쥐는 뇌가 아직 유연하고 가소성이 높기에, 바닥이 초록색인 방(여기서는 밝은 바닥의 방)에서 다른 쥐들과 어울린 경험이 있으면(쥐들이 좋아하는 경험) 이런 방을 선호하도록 조건화된다. 나이가 더 많은 쥐의 경우는 MDMA를 투여하지 않는 이상 이런 각인이나 조건화가 더는 일어나지 않는다.[10]

에서 (계속해서) '무력하게' 만들어야 한다. 치료의 '일'은 트립 뒤에 계속되거나, 때에 따라서는 그때 비로소 진짜로 시작된다. 이를 환각제 경험의 '통합integration'이라고 말한다. 이것은 심리의 치유적인 변화에 굉장히 중요하다.

디폴트 모드 네트워크와 영적인 체험

나는 원래 MDMA를 시험하려던 것이 아니었다. 내가 S를 찾아간 이유는 실로시빈이라는 성분이 궁금했기 때문이었다. 실로시빈은 MDMA와 이 책의 처음에 언급한 케타민과 더불어 현재 신경정신의학에서 가장 뜨거운 관심을 받고 있는 환각제 성분으로, 의식을 바꿀 수 있는 또 하나의 수단이다.

MDMA와 케타민과 달리 실로시빈은 좁은 의미의 환각제에 속한다. 즉 LSD(리서직산 디에틸아마이드), 메스칼린, DMT(디메틸트립타민)처럼 '고전적' 환각제다. DMT는 남아메리카의 아야와스카에 들어 있다. 고전적인 환각제란 화학 구조가 신경전달물질 세로토닌과 비슷해서, 뇌 속 세로토닌의 수용체에 도킹할 수 있는 환각제를 가리킨다. 즉, 이들은 신경전달물질인 세로토닌을 모방한다.

나는 실로시빈에 대한 몇몇 연구 결과를 읽고 굉장히 놀란 한편, 약간 회의가 들기도 했기에 그 효과를 꼭 직접 체험해 보려고 했다. 하지만 처음 만나는 자리에서 S는 실로시빈 트립을 고려하기 전에 우선 MDMA를 한번 시험해 봐야 한다고 했다. 이젠 이것이 참 영리한 조언이었음을 안다.

MDMA을 투여받고 이성을 잃을 일은 거의 없다. 깊은 무의식으로 빠져들 수 있고 감정적으로 힘이 들 수 있지만, 세션 중에 눈을 뜨자마자 정신은 보통 말똥말똥하게 현재에 있다. MDMA의 경우 의식을 변화시키는 효과는 본인이 조절할 수 있다. 그것에 응하여, 주의 깊고 열린 태도로 내면으로 향할 것이냐 그렇지 않을 것이냐를 조절할 수 있다.

하지만 건조된 환각버섯 약 2~3그램 또는 실로시빈 20~30밀리그램을 투여할 땐 상황이 다르다. LSD도 약 100마이크로그램부터는 마찬가지다. 나는 LSD보다 실로시빈을 더 많이 경험했지만, 시간적인 진행을 제외하면 이 성분은 뇌에 미치는 영향이나 주관적인 영향 면에서 아주 비슷하다.[17] 하지만 나는 이 책에서는 실로시빈에 집중해 보려고 한다. 실로시빈에 대한 최근의 연구 결과가 훨씬 많기 때문이다. 실로시빈에 대한 연구 결과는 LSD나 고전적인 환각제 모두에 적용된다고 봐도 괜찮다.

실로시빈은 다른 고전적 환각제들과 마찬가지로 단순히 무의식을 깨우는 데 그치지 않는다. 이 성분은 정신을 깊이 들여다보게 하는 것 외에도, 굉장히 영적이고 신비한, 어느 정도 기괴하다고까지 할 수 있는 경험으로 이끈다. MDMA를 투여했을 때도 이런 일이 일어날 수 있지만 그리 전형적이지는 않고, 실로시빈이나 고전적 환각제처럼 그렇게 격렬하게 일어나지 않는다. 그 밖에 실로시빈 트립의 어느 지점에서는 자아가 정말로 흐물흐물 풀어질 수 있다. 이를 '자아 해체ego dissolution'라 부른다. 그리하여 어느 정도 용량부터는 당신이 버섯을 먹는 게 아니라, 버섯이 당신을 먹어버린다고 말해도 좋다.

버섯이 당신을 여행으로 데려간다. 목적지, 경유지, 속도, 그 무엇도 당신이 정할 수 없다. 당신이 운전대를 잡고 있지 않기 때문이다. 운전대를 잡은 건 당신의 무의식적인 두려움과 신경증이다. 하지만 사랑과 같은 긍정적인 감정도 운전대를 잡는다. 의식의 변화는 이따금 아주 급진적으로 일어나서 대부분 짧게, 그러나 그만큼 더 격하게 공황이나 편집증 증세를 보일 수 있다. 나의 환각버섯 트립에서는 이를테면 (MDMA를 투여했을 때와 아주 다르게) 내 아내가 진짜가 아니라는 무시무시한 느낌이 나를 엄습했다. 한순간 나는 정말로 내 아내가 그저 내 상상의 산물일 거라고 확신했다.

'신비로운 경험'이라는 둥, '자아 해체'를 경험했다는 둥… 처음 그런 말을 들었을 때, 나는 한편으로는 상당히 호기심이 발동했고, 한편으로는 이미 말했지만, 상당히 미심쩍었다. 구원의 메시지를 포함해 모든 말이 너무 과장되게 들렸다.

20여 년 전 미국의 과학자 롤랜드 그리피스Roland Griffiths도 나와 같은 느낌이었다. 당시 그는 환각제 연구를 다시 일깨울 기폭제가 된 실험을 준비하고 있었다. 그리피스는 미국 볼티모어에 소재한 존스홉킨스대학교에 근무하는 신경정신약리학자로서, 개인적으로 명상을 좋아하는 사람이었다.

그리피스는 명상이 의식을 얼마나 지속적이고 심오하게 변화시킬 수 있는지에 무엇보다 매력을 느꼈다. 그래서 명상을 전혀 하지 않은 채, 그저 버섯을 약간 섭취함으로써 의식이 변화되는 경험을 할 수 있다고 열광하는 환각제 팬들에게 자못 '거부감'을 느꼈다. 충분히 이해가 가는 대목이다. 롤랜드 그리피스는 이 일을 좀 엄밀하게 살펴보고자 팔을 걷어붙였다. 환각제를 둘러싼 과장과 열광을 좀 진정시키고자 하는 마음에서였다.

그리피스의 팀은 24세에서 64세 사이의 명상이나 영적 경험에 관심이 있는 자원자 36명을 모집했다. 그러고는 참가자의 절반에게는 먼저 리탈린(대조약)을 투여하고, 두 달 후 실로시빈 30밀리그램 세션을 진행했다. 그리고 나머지 절반에게는 순서를 바꿔 실로시빈 먼저 투여하고, 두 달 뒤 리탈린을 투여했다.

모든 세션은 누워서 수면 마스크를 쓰고, 클래식 음악이 나오는 헤드폰을 낀 채 이루어졌다. 연구자들은 참가자들의 체험을 가능하면 과학적으로 분석해 보고자 상세한 질문지를 작성했으며, 참가자들은 약물 복용 후 약 7시간이 지나 다시 정신을 차린 다음 이 질문지에 답을 했다. 질문지 분석 결과 두 그룹 사이에 뚜렷한 차이가 있었다. 참가자들 전체적으로는 리탈린을 복용했을 때보다(리탈린 또한 어느 정도 의식을 변화시키는 효과가 있다) 실로시빈을 투여했을 때 우주와 하나가 되는 '바다 같은' 느낌이 들면서 자아가 해체되었다고 보고했다.

무엇보다 그리피스가 가장 주목했던 점은 실로시빈 세션을 마치고 몇 주가 지나 대조 약물로서 리탈린을 복용하러 온 참가자들의 이야기였다. 놀랍게도 많은 사람이 그에게 이구동성으로 실로시빈 트립 이후 단 하루도 그때 일을 떠올리지 않는 날이 없다며, 그 경험은 절대로 잊을 수가 없으며 그 세션은 그들 인생에서 가장 의미있는 경험 중 하나였다고 말했다!

뭐라고? 그리피스는 혼란스러웠다. 무슨 일이 일어난 거지? 그냥 병실 침대에 누워서 진행한 '버섯 트립'이 이 사람들의 인생에서 가장 인상적인 경험이었다고? 자세히 캐묻자 참가자들은, 말하자면 이 경험은 자신의 인생에서 자녀가 태어나거나 아버지가 돌아가신 것 정도에 버금가는 사건이라고 했고, 이를 통해 그리피스는 실로시빈 세션이 엄청나게 특별하다는 걸 실감할 수 있었다.

정신약리학자인 그리피스는 이미 거의 모든 약물에 관해 실험 연구를 수행한 경험이 있었다. 그러나 이런 일은 처음이었다. 코카인이나 아편이 아무리 강력해도, (몇 달은 고사하고) 불과 일주일 지난 뒤에도 코카인을 했던 밤은 정말로 내 인생의 가장 기억할 만한 시간이었다고 말하는 경우는 없었다! 보통 약물 사용은 삶을 지속적으로 변화시키지 못하며, 하물며 긍정적인 쪽으로 변화시키는 경우는 거의 없다. 반면 실로시빈 체험은 두 달이 지난 시점에서도 참가자들의 70퍼센트 정도가 인생에서 가장 중요한 내지 영적인 경험이었다고 말하거나, 최소한 개인적인 체험 탑 5위 안에 드는 경험이었다고 말한다. 기분 저하나 우울증에 시달리는 사람들이 아닌데도 트립 이후 두 달 동안 더 기분 좋고 사교적이고 덜 이기적으로 변했고, 자신과 세상을 더 긍정적으로 바라보게 되었다고 했다. 파트너와 친구들과 가족들도 이를 확인해주었다.[18]

롤랜드 그리피스는 이런 반응이 신기한 나머지 그때부터 실로시빈 연구에 전적으로 몰두했다. 그리피스의 후속 연구는 수많은 동료 학자를 놀라게 했고, 수십 년간의 공백기를 뒤로하고 실로시빈과 기타 환각제를 체계적으로 연구하게 한 계기가 되었다.

뇌를 '리셋'하다

얼마 전까지만 해도 신경정신의학계에는 세계적으로 우울증이 급증하는 상황에서 기존의 약물과 치료법으로는 우울증을 막는 데 한계가 있다는 이유로 비관적인 분위기가 널리 퍼졌었다. 하지만 막 희망찬 분위기가 태동하고 있다.

현재 환각제에 대한 과대광고가 이루어지고 있어 건강한 의심과 신중함이 필요하긴 하지만, 새로운 연구 결과 다수는 미래를 낙관하게 한다. 실로시빈 세션은 죽음에 대한 공포와 절망 속에서 굉장히 풀 죽고 우울해하면서, 이런 상태를 어떻게 개선할 수 있을지 알지 못했던 중증 암환자를 대상으로도 이루어졌다.

그 결과 실로시빈 트립 한 번으로 질병과 자신의 인생을 다르게 바라보게 되는 일이 드물지 않았다. 때로는 내면의 변화가 굉장히 지속적이어서, 트립 후 몇 년이 지나도 여전히 우울과 불안이 감소된 상태로 지내는 것으로 나타났다. 실로시빈 세션에 참가했던 한 환자는 약 4년 6개월이 지나고 나서도 이렇게 말했다. "설명하기 힘들지만, 내 안의 뭔가가 부드러워졌어요. 모두가 (대부분) 그저 최선을 다할 뿐이라는 걸 깨달았어요."[19]

실로시빈은 어떻게 이런 장기적인 변화를 일으킬까? 외부에서 뇌를 바라보면, 우선 몇몇 익숙한 영역을 만나게 된다. 실로시빈을 복용한 지 몇 시간이 지나지 않아 전두엽 영역의 시냅스가 증가되고 두터워질 수 있다.[20] 해마의 시냅스도 강화되며,[21] 편도체의 활동은 저하된다.[22] 이 모든 것이 기분을 호전시킨다.[23]

앞에서 디폴트 모드 네트워크에 대해 여러 번 언급했다. 간단히

우리 마음엔 무적의 여름이 숨어 있다

말해, 디폴드 모드 네트워크란 어떤 과제가 우리의 주의력을 필요로 하지 않아서, 우리가 과제를 수행하는 대신 머릿속으로 이런저런 생각을 하며 계획하고 백일몽에 빠지고 고민에 빠질 때의 '에고Ego(자아) 네트워크'를 말한다. 생의 첫 시기, 아직 어릴 적엔 이런 네트워크에 속한 각각의 뇌 영역이 아직 서로 거의 '이야기'를 하지 않는다. 그러나 이런 커뮤니케이션은 해가 갈수록 더 강해진다. 그리하여 성인이 되면 아주 편협한 시각을 가진 자아가 우리를 완전히 쥐고 흔든다. 원칙적으로 천문학적으로 많은 수의 활성화 상태를 띨 수 있는 뇌는 점점 더 '에고 네트워크'의 통제하에 들어간다.

에고 네트워크의 지배는 순수 생리적인 수준에서도 반영된다. 디폴트 모드 네트워크에 속하는 뇌 영역들에는 혈액 공급이 잘되고, 뇌의 다른 영역보다 더 많은 에너지를 공급받는다.[24] 이 네트워크를 발견한 미국의 신경과학자 마커스 라이클Marcus Raichle은 이를 우리 머릿속의 '대단한 지휘자'에 비유한다.[25] 이 지휘자는 뇌의 각각의 영역이 각자 자신의 음악을 연주하도록 두지 않고, 협연을 하도록 유도한다. 여기서 연주되는 음악은 지휘자, 즉 우리의 자아가 지시해주는 음악이다. 그러나 이는 각각의 부분이 자아(에고)에 봉사한다는 뜻이기도 하다. 자아는 진화적 동기를 염두에 두고, 우리 속 깊이 심어진 기본 가정의 영향을 받고 있다.

그런데 MDMA, 실로시빈, 기타 환각제의 영향하에서는 디폴트 모드 네트워크 내지 자아가 주재하던 뇌의 네트워크들이 붕괴한다.[26] 지휘자는 일을 멈추고, 평소 지휘자의 지휘봉만 따라 연주하던 오케스트라 음악가들은 자유로워져서, 이웃한 혹은 멀리 떨어진 음악가들과 함께 즉흥적으로 자신만의 멜로디를 연주하기 시작한다. 그래서 평소에 서로 소통하지 않던 뇌 영역들이 서로 접촉하게 된다(그림 10-3).

주관적으로 이는 자아에 대한 제한된 시각과 일반적인 뇌 활성화 상태에서 일시적으로 해방된다는(자유로워진다는) 뜻이다. 환각버섯 트립 중에 나는 다른 사람들의 고통과 완전히 하나가 되는 경험을 했다. 나는 그들의 고통이 되었다. 때로 나는 내가 듣는 음악이 되기도 했다. 대단한 음악적 체험을 하는 중에도 한쪽에 음악이, 다른 쪽

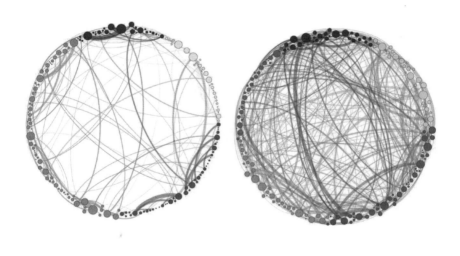

10-3

두 원은 우리의 뇌를 상징한다. 각각의 점은 뇌 영역을 나타내고 각각의 색은 협연하는 영역의 무리를 의미한다. 점들 사이의 선들은 뇌의 두 영역 사이에 강한 커뮤니케이션이 있음을 보여준다. 왼쪽의 원은 보통 때 깨어 있는 시간의 뇌, 오른쪽은 실로시빈의 영향하에서 뇌에 일어나는 일을 보여준다. 이때 서로 연결되어 있지 않던 수많은 뇌 영역이 서로 소통하기 시작한다.[27] 새로운 분석에 따르면 실로시빈 세션을 두 번 시행한 뒤 몇 주가 지난 뒤에도 우울증 환자의 뇌 네트워크가 여전히 높게 활성화되어 있는 것으로 나타났다. 이는 심리적 차원에서는 우울증에서 전형적으로 나타나는 굳어진 생각과 반추에서 벗어나 해방되는 것이라 할 수 있다.[28]

우리 마음엔 무적의 여름이 숨어 있다

에 '청자' 즉 음악을 지각하는 내가 있는 게 보통이다. 하지만 환각제 트립 중에는 음악과 하나가 되는 순간들이 찾아온다. 갑자기 음악가가 작곡으로 우리에게 무슨 이야기를 하고 있는 건지 직관적으로 이해가 된다. 그는 우리에게 그의 고통을 이야기해준다. 평소에는 경험할 수 없는 강렬한 언어로 말이다. 나는 음악가와 더불어 그의 음악 여행에 동참하며, 그가 하는 이야기의 일부가 된다. 나는 실로시빈, MDMA, LSD 세션 중에 내 몸이 해체되고, 머릿속의 목소리가 침묵하고, 그 밖의 모든 '내용'이 의식에서 사라지는 순간을 경험했다. 남은 것은 '순전한' 의식이었다. 나는 어느 정도 순수한 의식이 되었다. 이런 경험은 매우 현실적이다. 나아가 많은 사람이 이야기하듯 평범한 일상적 현실보다 더 진실되게 느껴질 수도 있다. 이런 순간이면 의식은 다른 모든 것이 사라져도 여전히 남는 우주의 기본 원칙처럼 느껴지게 된다. 당신이 우주의 아이며, 어느 날 자연스럽게 그리로 되돌아가고, 우주에 의해 '다시 받아들여질' 것임을 느끼게 된다. 이런 점에서 트립이 끝난 뒤, 많은 사람이 죽음에 대한 공포가 일정 정도 사라졌다고 말하는 것도 이해된다.

환각버섯 트립 중에 내 자아에게서 떨어져 나오기 힘든 상황도 있었다. 그러나 한동안 저항한 뒤에 환각버섯 또는 실로시빈이 개인적으로 상상할 수 있는 한 가장 부드러운 여자 음성으로 말을 걸어와, 일시적으로 자아와 작별을 할 수 있게끔 동행해 주었다. 그리고 마침내 그 목소리의 도움으로 나 자신을 내려놓는 데 성공하자, 그 목소리는 "그래요. 좋아요…" 하는 식의 말을 했다. 신비로운 순간이었다. 나중에 이성적으로 이런 순간을 말도 안 된다고 일축해

버릴지도 모르겠지만, 이런 순간에는 저 밖에 내가 알지 못하는 선한 힘이 있을 거라는 느낌을 준다. 환각제 트립을 하다 보면 우리의 작은 자아가 모르는 게 많이 있다는 느낌이 들 것이다. 평소 우리의 자아는 자신이 상당히 많이 아는 것처럼 생각하는데 말이다.

영국의 심리학자이자 신경과학자인 로빈 카트해리스Robin Carhart-Harris에 따르면, 환각제 트립 중 하게 되는 경험과 통찰이 종종 마치 '높은' 지혜에서 튀어나오는 것처럼 굉장히 진실되게 여겨지는 이유는 자아가 해체되었기 때문인 것으로 보인다. 일반적으로 어떤 생각을 품을 때, 우리는 늘 그 생각을 하는 자아가 있다는 인상을 받는다(음악을 들을 때도 우리가 듣고 있다고 느끼지 않는가). 하지만 자아가 해체되었는데도 깨달음과 통찰이 온다면, 이것은 대체 어디에서 오는 것일까? 누가 그 통찰을 만들어내는 걸까? 주체가 일시적으로 사라져버렸기에 이런 깨달음은 주관성을 잃는다. 그래서 꿈과 비슷하게 그저 깨달음 자체로, 특히나 진실하게 느껴진다.[29]

밤늦게까지 술을 마시면 다음 날 숙취가 찾아온다. 그런데 고전적인 환각제(MDMA는 해당되지 않는다) 트립의 경우는 반대다. 환각제 트립을 하고 나면, 심지어 트립 당시에는 감정적으로 힘들었던 경우라고 해도 기분 좋은 여운이 남는다. 실로시빈이나 LSD 트립 직후 자연 속을 거닐거나, 아름드리나무 한 그루를 올려다보면 자연의 아름다움에 무한한 경탄이 나오고, 평소 왜 이런 아름다움을 늘 느끼지 못했는지 의아한 마음이 든다. 나무 역시 살아 있는 생명체라는 사실이 절절히 다가오면서 평소 느끼지 못했던 연대감 같은 것이 느껴진다. 아내를 쳐다보면 갑자기 20년 전 처음 만났을 때의

우리 마음엔 무적의 여름이 숨어 있다

모습이 보이고, 머리카락 한 올 한 올, 환한 미소를 만들어내는 주름 하나하나가 아름답게 보인다. 평소에는 먹고사느라 정신없어서 뇌가 그냥 무시해 버렸던 세세한 것들이 다 눈에 들어온다.

그러니 많은 사람이 환각제 트립을 정신의 '리셋reset' 수단으로 여기는 것도 공연한 일이 아니다. 환각제 트립 이후 자아가 다시 돌아오더라도, 그 자아는 예전처럼 고집스럽거나 경직된 구닥다리 자아가 아니다.

환각제 트립이 우리의 성격을 바꿔놓을 수도 있다. 이를테면 "경험에 대해 열려 있다(경험에 대한 개방성)"고 말할 수 있는 성격으로 바뀐다. 호기심과 창의성을 동반하는 개방적 성향으로, 새로운 생각과 활동 그리고 여행지나 새로운 음식에 관심 있고, 예술과 음악 등 미적 경험을 애호하는 성격이다. 이런 특성이 있는 사람들은 아이디어와 상상력이 풍부하고, 자신의 감정을 더 주의 깊게 지각한다(돈 외에는 아무 관심 없는 속물과 반대되는 스타일이라고 할까). 일반적으로 성격 특성이란 변하지 않는 것으로 여겨진다. 변화가 있다면 나이가 들면서 개방성이 줄어들고 점점 폐쇄적으로 되어갈 뿐. 하지만 존스홉킨스대학교의 연구에 따르면, 일회적 또는 몇 번 안 되는 실로시빈 트립만으로도 이미 (특히 그 트립에서 신비한 경험을 한 경우에) 사람이 더 개방적으로 변한다. 트립 이후 일 년이 넘은 시점에서도 관찰할 수 있는 효과다.[30]

내 개인적인 인상을 말하자면, 환각제는 우리를 더 개방적으로 만들 뿐 아니라 명상에서 배운 태도인 마음챙김과 수용의 자세도 일깨우는 듯하다. 다른 사람을 더 많이 받아들이고, 이런저런 인생의 부침에도 더 수용적인 자세를 보이도록 해준다. 무엇보다 자신을 더 많이 받아들이게 된다. 이런 면에서 명상과 환각제는 훌륭하게 서로를 보완한다고 할 수 있다.[31]

자신의 정신을 통과하는 위험과 부작용

모든 약이 그렇듯 MDMA와 실로시빈도 위험과 부작용이 없지 않다. MDMA는 실로시빈이나 다른 환각제보다 더 다루기 쉽고 통제 불능에 빠질 위험도 훨씬 적다. MDMA 세션 중에도 (갑자기 심장이 뛰기 시작하는 등) 공황발작이 올 수 있지만 전반적으로는 훨씬 통제 가능한 심리 상태를 유지한다. 반면 높은 용량의 실로시빈을 복용하는 경우에는 조절 능력을 상실할 수 있어서 조심해야 한다.

실로시빈 트립을 시작하는 건 힘들 수 있다. 스스로를 맡길 준비가 되어 있지 않고, 급격한 신체적·심리적 변화에 저항하려 들기 때문이다. 환각버섯 트립을 시작할 때면 어느 시점에는 늘 내가 왜 이런 짓을 하고 있는지 자문하곤 했다. 때로는 이런 생각이 든다. 아, 됐어. 정말 이번이 마지막이야. 다신 안 해! 가끔은 갑자기 극심한 공포가 엄습한다. 하지만 그냥 용인해주면 이런 공포는 대부분 얼마 안 가 다시 잦아들고, 이어 기분이 긍정적인 쪽으로 바뀐다. 이런 점에서 환각제 트립은 정말로 자신의 정신을 통과하는 여행이다.

무엇보다 환각버섯 트립은 종종 양가적인 경험을 선사한다. 두려움과 환희, 자신의 심리에 대한 깊은 통찰이 교차한다. 환각버섯이 치유력과 긍정적인 효과를 지니는데도 그다지 인기가 많지 않은 이유가 바로 이런 양면성 때문이다. 치유력은 고사하고 그저 몇 시간 정도 걱정에서 해방된 시간을 선사할 뿐인 다른 약물보다 실로시빈은 별 인기가 없다.

대부분의 약물은 현실 도피에 초점을 둔다. 잠시 동안 힘든 현실이나 감정에서 도피할 수 있게 도와준다. 하지만 MDMA와 환각제는 다르다. 이것은 도피보다는 우리를 무의식과 직면하게 해준다. 바로 이 점이 정신을 치유하는 효과를 낼 수 있으며, 아울러 트립을 쉽사리 원하지 못하게 만든다. 매주 트립을 원하는 사람들은 극소수다. 트립이 굉장히 힘들 수 있기 때문이다. 그래서 환각제 트립은 필요와 개인적 특성에 따라, 몇 주나 몇 달에 한 번, 심지어 몇 년에 한번 이루어진다(아울러 삶의 특정 시기에 국한해서 이루어지는 경험이다).

MDMA는 '더 부드럽고' 믿을 만하게 환희감을 자아낸다. 대신 신체적 부담을 감수해야 한다. MDMA는 일반적인 환각제보다 혈압을 더 많이 끌어올리며, 심박수와 체온을 급격히 상승시킬 수 있다. 그래서 심혈관계 질환이 있는 사람은 MDMA를 피하는 게 권장된다.[32] 그 밖에 MDMA는 신경세포를 손상시킬 수 있는데, 잦은 투여나 남용 시에 이런 문제가 발생한다.[33]

반면 보통 용량의 실로시빈이 인체에 해를 미친다는 증거는 전혀 없으며, 이 점에서는 LSD도 마찬가지다. LSD가 염색체를 손상시킨다는 고집스러운 소문은 몇십 년 전에 이미 근거가 없는 것으로 판명되었다.[34] MDMA는 과다복용하기 쉬운데, 표준 복용량인 125밀리그램의 16배, 즉 2그램 정도를 복용하면 치사율이 50퍼센트에 이른다. 실로시빈을 복용해 이렇게 되려면 아마 몇 킬로그램의 환각버섯을 먹어야 할 것이다.[35] 그 밖에 실로시빈은 자연적인 성분으로서 인류가 이미 몇천 년 동안 이를 활용한 경험이 누적되어 있는 반면, MDMA는 인공적으로 제조된 화학성분으로서 1912년 이래 '비로소' 등장했다(이 사실은 그 자체로는 그리 중요하지는 않다. LSD 역시 1943년에야 환각제 효과가 있음이 발견되었기 때문이다. 당시 스위스의 화학자 알버트 호프만Albert Hofmann은 실험실 연구 중에 우연히 'LSD-25'를 얻게 되었고, 스스로 복용하여 효능을 실험했다. 이후 LSD가 히피 운동의 인기 약물이 되면서 이 우연한 발견이 세상에 대대적인 영향을 미쳤다).[36]

나는 세 번의 MDMA 세션을 가졌는데, 첫 번째 세션은 정말 강력하고 지속적으로 삶을 변화시켰으며, 두 번째 세션도 여전히 흥미로웠다. 하지만 세 번째 세션은 이렇다 할 효과가 없었다. 실로시빈의 경우는 이렇게 체감효과가 떨어지는 현상이 없었다. 스무 번 남짓의 트립을 경험하고 내린 나의 결론은, 환각버섯은 늘 새롭게 놀라운 경험을 가져다준다는 것이다.

요약하자면 MDMA와 고전적인 환각제는 다른 약물과 비교해 상대적으로 매우 안전하다. 의학 전문지 〈랜싯〉에 실린 연구에서 영국의 한 연구팀은 20개 정도의 약물을 비교 연구해 우선은 그것이 사용자 본인에게 얼마나 위험한지, 다음으로는 약물 사용이 폭력 행동으로 이어지거나 교통사고를 유발하는 등 주변의 다른 사람에게 얼마나 부정적인 영향을 끼치는지를 파악했다.

그 결과 마약 사용자 본인에게는 크랙(담배처럼 피울 수 있는 코카인의 한 형태), 헤로인, 메탐페타민(크리스탈 메스)이 가장 해로운 것으로 드러났으며, 주변 사람들에게 미치는 유해성과 관련해서는 알코

우리 마음엔 무적의 여름이 숨어 있다

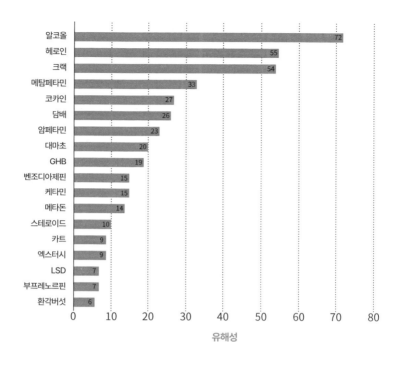

10-4

이 연구에서 영국 연구자들은 대표적인 20개 약물의 유해성을 규명하고자 했다(여기서는 20개를 다 표시하지는 않았다). 연구자들은 일차적으로 중독, 건강상의 위험, 사망 위험 등 약물 사용자 본인에게 미치는 유해성을 파악했다. 아울러 부상이나 범죄행위, 실직, 투옥 등 약물 사용으로 인해 타인이나 파트너, 자녀, 가족, 사회에 미치는 유해성도 분석했다. 그 결과 알코올이 가장 유해한 약물로 나타났는데, 그 유해성은 대부분 타인에게 피해를 주는 것에서 비롯되었다. 환각버섯은 최하위를 차지했고, 이것이 미치는 유해성은 사용자 본인에게만 국한되었다.[15] GHB는 감마하이드록시뷰티르산의 약자로, 'G' 또는 '액체 엑스터시'(화학적으로 엑스터시와는 아무런 관련이 없다)라 불린다. 벤조디아제핀('벤조')은 수면장애와 불안장애에 사용되는 진정제다. 부프레노르핀은 오피오이드(마약성 진통제)이며, 메타돈은 인공적으로 제조된 오피오이드다. 카트Khat는 씹는 마약으로, 아프리카가 원산지다.

올이 단연 가장 위험한 약물로 나타났다. MDMA는 하위에 자리잡았고, 실로시빈이 함유된 버섯은 최하위를 차지했다. 분석 대상이

된 약물 중에서 환각버섯이 가장 무해하다고 평가된 것이다.[38]

이런 연구를 보면 대체 왜 술은 합법인데, 환각버섯은 불법이냐고 자문할 수 있다. 물론 우리 대부분은 알코올을 책임감 있게 즐기겠지만, 전체 인구를 따져볼 때 알코올은 가장 많은 불행을 초래할 뿐 아니라 알다시피 치유 효과는 거의 없는 성분이다. 우울증이나 불안장애를 경감시켜 주지도 못하고, 두고두고 상기할 만한 영적 체험을 제공하지도 못한다.

많은 사람이 즉흥적으로 환각 경험을 한 이래로 술을 마시고 싶은 생각이 별로 들지 않는다고 이야기하는 것은 주목할 만하다. 환각 경험을 한 사람들에게 술은 약간 투박하고 상스럽게 느껴지는 듯하다. 그동안에 실로시빈뿐[39] 아니라 LSD도 알코올 중독 치료에 매우 효과적인 것으로 입증되었다.[40] 아야와스카 또한 알코올 섭취에 대한 시각을 바꾸거나, 어느 정도 금주 효과가 있는 것으로 나타났다.[41]

여기서 아야와스카나 메스칼린과 같은 다른 환각제는 차치하고, MDMA와 실로시빈을 중점적으로 살펴본 이유는 다른 환각제들이 치료 효과가 떨어지기 때문은 아니다(그런지 아닌지 우리는 알지 못한다). 다만 최근 MDMA와 실로시빈에 대한 연구가 많이 이루어졌기 때문이다. 이 두 성분에 대해서는 고전적인 환각제인 LSD보다 훨씬 더 많은 연구가 이루어졌다. LSD는 실로시빈과 아주 비슷하게 작용하지만, LSD 트립은 4~6시간이 아니라 최대 12시간까지 지속될 수 있어 더 장시간 돌봄과 관리가 필요하며, 이로 인해 연구하기가 더 힘들고 비용이 많이 든다.

우리 마음엔 무적의 여름이 숨어 있다

특히 MDMA는 연구가 잘 이루어져서, 이미 언급했듯이 미국에서 외상 후 스트레스 장애 치료의 보조 의약품으로서 승인을 눈앞에 두고 있기에 앞으로 MDMA를 활용한 적극적인 치료가 이루어질 것으로 기대된다.

실로시빈도 그 뒤를 이어 좀처럼 좋아지지 않는 우울증 치료제로 허가될 전망이다. 트러플버섯 치료는 네덜란드에서 현재 이미 합법이다[42] (환각버섯은 금지되어 있지만, 실로시빈을 함유한 트러플버섯은 그렇지 않다. 트러플은 지상에서 자라지 않고, 땅속에서 자라는 균류다). 따라서 실로시빈에는 지금도 어느 정도 접근 가능하므로, 이 기회에 상세히 살펴보고자 했다.

스위스에서는 기존의 항우울제나 심리치료가 잘 듣지 않는 우울증 환자나 불치의 중병을 앓는 환자처럼 아주 예외적인 경우에만 LSD, 실로시빈, MDMA 치료를 허용하고 있다. 단 스위스에 주소지를 둔 환자에 한해서다.[43] 인터넷에는 LSD를 화학적으로 약간 변형시킨 버전들이 속속 등장하고 있는데, 이런 약물은 체내에서 고전적인 LSD로 바뀐다고 한다. 이런 새로운 성분들의 경우 법적 금지 조치가 이루어지기까지 약간 시간이 소요되므로, 일정 시간 법적 회색 지대에 있게 된다. 문제는 이런 성분에 대해서는 당연히 경험치도 부족하다는 점이다. 아울러 합법적으로 아야와스카 치료를 받으려면 남아메리카로 가야 한다.[44]

나 또한 실로시빈(및 LSD)보다 더 효과적인 항우울제를 알지 못한다. 최근 저명한 의학 전문지인 〈뉴잉글랜드 저널 오브 메디신〉에 실린 연구는 실로시빈이 우울증을 확연히 경감시킬 확률이 표준 약물의 거의 두 배에 이른다는 것을 보여주었다. 또한 종종 마비된 기분을 느끼게 하는[45] 표준 약물과는 달리, 실로시빈 치료를 받는 우울증 환자들은 감수성이 더 높아지는 것으로 나타났다. 더 진한 감정을 경험하며 기쁨도 더 많이 느끼지만, 드디어 다시금 눈물을 펑펑 쏟을 수도 있다. 울 수 있다는 건 긍정적인 일이다.[46] LSD 역시 불안장애와 우울증 치료와 관련해 고무적인 결과들이 나와 있다.[47]

그 무엇보다 강력한 '게임 체인저'

환각제가 사람을 둔감하게 하는 게 아니라 훨씬 민감하게 만들기에, 환각제 트립에서는 그만큼 긍정적이고 안정적인 환경이 중요하다. 민감해진다는 말은 부정적인 것에도 더 영향을 많이 받게 된다는 의미다. 그리하여 인간관계나 개인적인 형편과 관련해 부정적이고 열악하고 폭력적인 것에 특히나 영향을 받게 될 수 있다. 그러므로 환각제 세션에서는 '세트Set' 내지 '세팅Setting'이라 부르는 것이 굉장히 중요하다. 우선은 당사자의 마음가짐을 잘 바로잡아 줘야하고, 두 번째로 지지받는 환경을 잘 조성해 줘야 한다.

실로시빈이나 LSD의 '미세투여Microdosing'는 훨씬 위험이 적다. 미세투여란 의식을 변화시키는 효과가 거의 나타나지 않을 정도로 아주 적은 양을 복용하는 것이다. 그러나 이런 미세투여도 예를 들어 실로시빈의 경우는 우울증을 경감시키고, 우울하지 않은 사람들의 기분도 더 좋아지게 하는 것으로 나타났다(미세투여로는 일주일에 3~5회 0.1~0.3g의 말린 버섯을 섭취하는 것이 일반적이다).[48]

그럼에도 환각제가 누구에게나 맞는 것은 아니다. 집안에 조현병이나 조울증과 같은 정신질환자가 있는 사람은 특히나 조심해야 한다. 아직 정체성이 다 만들어지지 않은 젊은이들은 이런 성분에 아예 손을 대서는 안 된다. 환각제가 정체성을 일시적으로 해체시켜 버릴 수 있기에, 환각제를 적용하려면 일단 심리가 좀 견고하게 확립된 다음이어야 한다. 든든하게 형성된 게 있어야 정신적 지진도 겪어낼 수 있다. 반대로 심리가 너무나 견고한 경우는 환각제로 흔들어주는 것이 도움이 되기도 한다.

미세투여를 넘어서는 모든 경우는, 환각제 트립에 반드시 경험있는 전문가나 최소한 믿을 수 있고 안정감을 주는 사람이 동반해야 한다. 아울러 조용한 음악과 함께 내면을 돌아다볼 수 있게끔 주변 환경을 명상적이고 아늑하게 조성하는 것이 좋다. 모든 것이 양호하면, 필요한 경우 도움을 제공하고 외부의 방해를 차단할 수 있게끔 믿을 수 있는 사람만 곁에 있어 주는 것으로도 충분하다. 어느 순간이 되면 그 모든 감정, 경험을 그냥 홀로 감당하려는 경우가 많지만 말이다. 아무튼 몇 주간(최소 두세 주)은 명상을 통해 마음의 준비를 해줘야 하고, 경우에 따라서는 환각제 세션 이후 몇 주간 심리치료를 받으면 더 좋다. 환각제 트립으로 뇌가 굉장히 유연해진 상태라 평소보다 변화에 열려 있기 때문이다.

꼭 전문적인 도움이 필요하지는 않은 느낌이라 할지라도, 트립이 끝나자마자 평소처럼 직업 활동을 하는 것은 환각제 트립의 잠재력을 무마시키기 쉽다. 트립 직후의 시기에는 자신에게 집중하고, 고요히 경험을 성찰하고, 대화나 다른 방식으로 그 경험을 소화하는 시간을 가져야 한다. 그렇지 않으면 애써 만들어낸 변화의 기회가

헛수고가 될 수 있다.

그러기에는 기회가 너무 아쉽다. 내가 보기에 MDMA와 환각제는 정신 건강 면에서 진짜 '게임 체인저'가 될 수 있기 때문이다. 우선 심리장애와 질병이 있는 경우는 정말로 그런 역할을 기대해 볼 수 있다. 환각제의 작용방식을 기존의 항우울제와 비교하면, 또 하나의 근본적이고 반가운 차이가 존재한다. 기존의 항우울제는 그것이 어떻게 변화를 이루어내는지 당사자는 잘 모르는 채로 심리 안정 효과를 얻는다. 이런 도움은 사실 순전히 화학적인 것으로, 우울증 환자는 어쩔 수 없이 약물에 의존하게 된다.

환각제는 이와 달리 자신의 화학 작용을 통해 우리의 정신을 함께 끌어들인다. 환각제는 우리의 뇌와 정신이 동전의 양면과 같음을 다시 한번 보여준다. 환각 경험이 아주 강렬한 이유는 자신의 뇌에 놀라운 자가 치유력이 숨어 있다는 사실을 생생하게 경험할 수 있기 때문이다. 환각제는 중독성이 없다. 반대로 그것은 우리를 어느 정도 스스로의 치료사로 만든다. 우리 안에 고통이 있지만, 이런 고통을 받아들이고 변화시키는 힘도 있음을 경험하는 일은 엄청나게 건설적인 힘을 발휘한다.

환각제의 긍정적인 효과는 심리장애와 질병에만 국한되지 않는다. 이렇다 할 심리적 문제가 없더라도, 처음 환각제 트립을 시도하는 많은 사람은 그 뒤 삶의 새로운 차원을 알게 된 듯한 느낌을 받는다. '개인적인 성장'이라는 표현은 약간 진부해 보일지 몰라도 뭔가 한 단계 성장한 느낌이다. 환각제는 자신을 새롭게 알아가고, 전에는 알지 못했던 면모를 발견하고, 때에 따라서는 최초로 자신 속의 영성을 느끼고, 폭넓은 시각에서 자신과 세계를 볼 수 있게끔 도와줄 수 있다. 이것만 해도 대단한 일이다.

무적의 여름을 만날
영혼의 휴양 센터를 꿈꾸며

나는 간혹 미래에 이 책에 소개한 모든 마음 건강법을 종합적으로 적용하는 휴양 센터 같은 것이 생기지 않을까 상상해본다. 숲이나 바다가 보이는 언덕처럼 아름다운 자연 환경 속에서 사람들이 모여서 지친 몸과 마음을 회복하는 장소. 함께 모여 교제하고, 철학하고, 운동하고, 산책하고, 명상하고, 함께 단식하거나 지중해식 음식을 먹고, 때로 찬물로 목욕하기도 하고 수영을 하기도 하며(그런 다음 얼른 따뜻한 물로 목욕하며) 호르메시스적 치유력을 일깨우는 장소. 몸과 마음을 위한 기본적인 '리셋'이 가능한 장소 말이다. 아늑하고 격식있는 분위기 속에서 카뮈가 말한 무적의 여름을 우리 안에 일깨우는 또 하나의 방법이 필요한 이들에게 이런저런 환각제 트립도 제공하면 좋을 것이다.

몇 년 전 이 책 작업을 시작했을 때, 나의 울적한 기분을 효과적으로 끌어올리는 무엇인가를 만날 수 있을지 확신이 없었다. 꿀꿀한 기분에서 헤어나기 힘들다 느껴져 씁쓸해했던 순간도 있었다. 그러나 얼마간 시간이 흐르고, 나는 점점 긍정적인 변화를 경험하기 시작했다. 그럴 수 있어서 굉장히 감사하다. 책의 처음에도 비슷한 말을 했지만, 마음 건강과 균형 잡힌 정서를 유지하는 것은 전적으로는 아니더라도 어느 정도는 우리의 손에 달려 있다.

첫걸음을 내딛기만 하면 된다. 파트너와 함께해도 되고, 같은 관심을 가진 사람들과 함께해도 좋다. 동지들이 있으면 더 쉬워진다. 첫걸음으로 인해 조금 강해져서 한 걸음 한 걸음 디디다 보면, 어느 순간 참 많이 왔음을 깨닫고 놀라게 될 것이다. 다행히 마음 건강을 위한 이상적인 휴양 센터가 생길 때까지 기다릴 필요는 없다. 누구나 자신의 가상 휴양 센터를 조성할 수 있으니 말이다. 내가 몇 년간 그래왔듯이, 누구든지 매일, 매주, 필요에 따라 규칙적으로 운동을 하고, 자신에게 맞는 운동 루틴을 처방하고, 명상을 실천하고, 식생활과 수면에 신경을 쓰고, 자연에서 쉼을 누리고, 때로 냉 요법과 열 요법을 실천하고, 짧게 금식 기간을 갖는 등 많은 일을 할 수 있다. 이 책이 마음 건강을 챙기려는 독자들을 위해 자극과 도움을 제공하고, 영감과 힘을 주기를 바라마지 않는다.

마음의 저항력을 키우기 위한 열 가지 길

1 — 먹는 것이 곧 당신이다

"당신이 먹는 것이 곧 당신이다." 라는 말은 몸과 마음 모두에 적용된다. 우리의 식생활은 다양한 생화학적 경로(염증 과정, 뇌 생리학)를 통해 정서 건강에 영향을 미친다. 건강한 식생활을 하면 놀랍게도 우울증이 경감될 뿐 아니라, 우울증을 앓고 있지 않더라도 삶의 에너지가 샘솟고 컨디션이 좋아진다. 건강하고 기분을 밝게 만들어주는 식단의 핵심은 채식 위주 식생활을 하면서 규칙적으로 기름진 생선을 먹는 것이다. 지중해식 식단은 이런 식생활의 본보기 중 하나다. 지중해식 음식에 많이 쓰이는 올리브유는 무엇보다 염증을 막아주며, 오메가3지방산, 커큐민, 사프란, 비타민D3 등도 심신에 긍정적인 영향을 발휘하므로 지중해식을 실천해 보기를 추천한다.

2 ― 마음의 균형을 잡아주는 운동

순수 통계상으로 한 시간 조깅하면 수명이 일곱 시간 늘어난다고 한다. 동시에 운동은 마음의 균형을 잡아준다. 급성 스트레스를 물리치는 데 운동만 한 것이 없다. 장기적으로는 스트레스 회복력도 키워준다. 운동 자체가 스트레스 요인이라서, 앞으로 받을 스트레스에 대비해 자신을 단련할 수 있기 때문이다. 즉 일종의 생리적 심리치료로 볼 수도 있다. 우리가 몸을 움직이기 시작하자마자, 근육과 뼈(그리고 아마도 많은 다른 기관이) 뇌와 '대화'하기 시작하며, 이런 분자적 의사소통은 감정과 기분을 조절하는 뇌 영역을 강화시킨다. 모든 형태의 운동이 좋지만, 무엇이든 재미있게 할 수 있는 것이 가장 좋은 운동이다. 몇몇 연구 결과에 따르면, 테니스·축구·스쿼시 등 사람들과 어울려 운동하면 마음 건강을 더욱 촉진한다고 하는데, 그 이유는 사람들과 어울릴 때 우리 마음이 밝아지기 때문이다(결론의 10번 항목을 참고하라). 일주일에 3~5회, 45분 정도씩 운동하면 적절한 수준이다. 나이 들면서 근육이 감소되므로(근감소증) 늦어도 마흔 살부터는 근력 운동을 해줄 필요가 있다.

3 ― 호르메시스

현대 도시생활자 중에는 심리적인 면에서는 지속적인 압박에 시달리는 한편 신체적인 면에서는 별다른 도전(운동, 온도 변화, 배고픈 시기)이 없는 상태에서 살아가는 사람들이 많다. 신체적으로는 힘쓸 일이 없으면서 정신적으로는 무척 스트레스에 시달리는 것은 발달사적으로 굉장히 이례적인 상황이며, 정신에 무리가 가기 쉽다. 이런 상황에서 상태의 빠른 개선을 기대한다면, 의도적으로 신체에 일시적으로 스트레스를 가하는 방법이 유용하다. 단기간 단식을 해주거나, 찬물 샤워를 하거나, 차가운 호수를 한 바퀴 수영하거나, 또는 사우나나 뜨거운 목욕을 하는 등의 방법은 신체를 무기력에서 벗어나게 하며, 단기적으로는 생동감 있게 만들고, 장기적으로는 스트레스 회복력을 높여준다.

4 — 자연과 접촉하기

현대 라이프스타일의 또 한 가지 특징은 바로 계속해서 자극이 넘쳐나는 상황에 놓이게 된다는 것이다. 이것은 보통 우리에게 잘 의식되지 않지만, 정보의 과잉에 대처하는 일은 뇌에는 엄청난 부담이 된다. 빗발쳐 들어오는 중요하지 않은 자극을 억제하고, 대신에 소수의 중요한 자극에 집중해야 하기 때문이다. 이런 필터 작업에는 굉장히 정신적인 에너지가 든다. 그리하여 어느 순간에 배터리처럼 에너지가 바닥이 난다. 그러나 우리에겐 이런 정신적인 에너지가 꼭 필요하다. 계속해서 무의식적으로 떠올라 우리의 행동에 영향을 미치는 (부정적인) 사고와 충동을 '통제'하려면 에너지가 든다. 그러다 보니 정신적으로 지치면 버럭 화내기 쉽고, 충동적이기 쉬운 것이 자연스러운 이치다. 반대로 자극이 적은 자연 속으로 나갈 때 우리는 회복이 된다. 감각과 뇌를 완전히 '열어' 자극을 거르지 않고 온전히 흡수할 수 있다. 이렇듯 주의력 시스템이 한숨 돌리는 시간을 가져야지만 내적인 배터리가 충전된다. 그러므로 자연 속을 산책하거나, 자연에서 쉬는 시간은 생각보다 훨씬 더 우리의 정신 건강에 보탬이 된다. 최소한 일주일에 두 시간 정도는 자연에 푹 잠기는 시간(예를 들어 '삼림욕'의 형태로)을 가지는 것이 좋다.

5 — 잠과 꿈

자연 속에 있는 시간과 마찬가지로, 밤에 잠을 잘 때도 배터리가 재충전된다. 수면 부족은 정서에 악영향을 미친다. 꿈꾸는 것 또한 정신 건강에 중요한 역할을 한다. 잠을 자며 깊이 이완된 상태에서 뇌는 스트레스가 되었던 경험을 다시 한번 돌려보면서, 경험을 소화해 커다란 맥락으로 들여보낸다. 숙면을 하기 위해서는 매일 일정한 밤낮 리듬을 잘 지켜주는 것이 중요하다. 생각이 회전목마처럼 꼬리를 물고 돌아가서 잠이 오지 않는 경우는 잠자리에 들기 전에 몇 분간 시간을 내어 며칠간 할 일을 메모하며 정리해 보는 것도 좋다. 과제를 마음에서 빼내어 지면에 옮겨놓는 방법이라고 할까. 경우에 따라서는 편안한 음악도 생각을 전환하는 데 도움이 된다 (잠잘 시간 즈음에 듣기 좋은 음악을 각자 시험해서 발견해 보라). 잠자리에 들기 한 시간 반 정도 전에 뜨거운 물로 목욕하는 것은 숙면에 도움이 되고, 잠자리에 들 무렵 매일 각자의 의례를 시행해주는 것도 좋다. 침실은 너무 덥지 않고 서늘해야 한다. 체온이 1도 정도 떨어질 때 더 잠이 잘 오기 때문이다.[1]

6 — 치유하는 빛

빛은 우리의 마음을 치유한다. 가을과 겨울에 일조량이 부족해지면 마음도 함께 어두워진다. 빛이 좀 부족하다 싶으면 아침에 일어나 30분 정도 신선한 공기를 마시며 바깥 산책을 해주면 좋다. 그것도 여의치 않으면 주광램프를 켜서, 빛 샤워를 하라. 이런 방식의 빛 치료(광선 치료)는 우울증에도 효과가 있는데, 때로는 표준적으로 처방되는 항우울제보다도 더 증상을 경감시켜 준다. 저녁 시간과 밤 시간에 부자연스럽게 밝은 인공조명에 노출되면 바이오리듬이 교란된다. 그러므로 저녁이 되면 되도록 조명을 은은하게 하라. 침실은 완전히 어두운 것이 좋고, 그런 조건이 안 될 때는 안대를 착용해도 된다.

7 — 명상으로 해방하기

내면의 비판자, 또는 문제 제기자라고도 할 수 있는 내면의 목소리는 정서 상태에 굉장히 영향을 많이 미친다. 이런 목소리는 물론 우리를 위해 존재하는 것이지만, 가끔은 비판과 고민이 지나쳐 우리를 힘들게 한다. 우리는 보통 이런 목소리에 무력하게 굴복해 버리거나 반대로 이런 목소리와 싸워서 문제를 더 키운다. 이 목소리에 대처하는 가장 좋은 방법은 이를 그저 그 자체로 지각하는 것이다. 즉 이것이 머릿속의 목소리일 '뿐'임을, 공연히 그 목소리와 자신을 동일시할 필요가 없음을 자각하라. 명상은 내면의 목소리와

우리 마음엔 무적의 여름이 숨어 있다

동일시하거나, 그 목소리와 '하나'가 되는 상태에서 벗어날 수 있게 해준다. 일상에서 무의식적으로 잡념에 빠져들 때 명상이 그런 상태에서 깨어나게 해준다. 그 밖에도 명상은 신체를 더 민감하게 감지하고, 신체가 보내는 메시지를 더 잘 들을 수 있게 도와준다. 예를 들어 우리 안에서 공격심이 싹틀 때, 명상 훈련이 되어 있으면 그것을 더 빠르게 지각해 분노에 휩싸이기 전에 마음을 다스릴 수 있다. 전반적으로 자신의 마음과 친해지는 데는 명상만 한 방법이 없다. 약간의 인내심을 발휘하여 명상을 지속한다면 변화를 이루어 더 균형 잡히고 행복한 삶으로 나아갈 수 있다.

8 ― 스토아적 삶의 기술

스토아철학의 매력은 명상과 마찬가지로 몇천 년의 전통을 지닌 통찰과 기법을 우리 손에 쥐어준다는 점이다. 이런 통찰과 지혜를 통해 지금 시대를 살아가는 우리도 더 많은 평온과 행복을 얻을 수 있다. 이 책에서 소개한 첫 번째 스토아적 지혜를 실천에 옮기려면 약간의 고집이 필요하다. 에픽테토스에 따르면 우리는 우리 힘이 미치는 일에 에너지를 써야 한다. 스포츠 대회에 참가한다고 해보자. 시종일관 이길 생각만 한다면, 우리의 행복은 우리가 통제할 수 없는 것에 달려 있게 된다. 에픽테토스는 외적인 목표에 집중하는 대신, 최선을 다하고 공정한 플레이를 하는 등 우리가 통제할 수 있는 내적인 목표에 초점을 맞추라고 조언한다. 스토아 철학자들의 두 번째 조언은 실행에 옮기기가 더 쉽다. 살다가 조금 힘든 일이 있을 때(마트 계산대 앞에 줄이 엄청 길거나, 교통정체로 차가 무지하게 막힐 때) 그럼에도 우리가 얼마나 많은 불행이 면제된 상태에서 살아가고 있는지를 떠올려보라는 것이다. 그래, 차가 막히는 건 짜증나, 하지만 오늘 불치병을 선고받고 난감해하는 사람들도 한둘이 아닐 텐데, 이런 일쯤 뭐가 대수인가. 우리는 종종 우리가 이전에 꿈꾸던 삶을 살아가고 있다는 사실을 깨닫지 못한다. 지금의 삶이 얼마나 좋은지는 나중에 늙어서 쇠약해진 몸으로 우두커니 앉아, 예전에 젊고 건강해서 이것저것 할 수 있었던 (자동차 운전을 하고 또 간혹 차가 막히고) 때가 얼마나 좋았는지를 돌아보게 될 거라는 상상만 해도 실감할 수 있다. 세네카가 말한 '불행의 사전숙고'는 우리가 누리는 일상의 행복을 새삼 소중하게 여기게 만든다. 물속에 사는 물고기처럼 그 소중함을 깨닫지 못하고 그냥 당연하게 여기고 살지는 않았는지 돌아보게 한다.

9 — 강력한 영적 경험으로

정신에 활력을 불어넣고, 변화를 가져올 수 있는 가장 강력한 방법은 MDMA, LSD, 실로시빈과 같은 환각제를 사용하는 것이다. 일회적 환각제 세션만으로도 장기간의 심리치료에 버금가는 중대한 변화를 이끌어낼 수 있다. 심리치료, 특히 널리 확산된 인지행동치료의 목표는 우리가 무의식적으로 자신과 세계에 대해 품은 부정적인 기본 가정('나는 사랑받을 만하지 않아'라는 식의)을 드러내고 수정하는 것이다. 환각제는 이런 깊이 심어진 확신을 아주 생생하게 우

우리 마음엔 무적의 여름이 숨어 있다

리 눈앞에 그려보임으로써, 스스로 이런 부정적인 편향을 지적으로 이해할 뿐 아니라, 뼛속 깊이 느끼도록 해준다. 싸워야 할 심리적 문제가 없는 사람들도 실로시빈 트립 이후 기분이 더 좋고, 더 사교적이고, 더 긍정적이 되는 것으로 나타났다. 또한 환각제는 그저 기분을 밝게 해주는 역할로만 그치지 않는다. 대부분 사람들은 실로시빈 트립을 인생에서 가장 중요한 영적 경험으로 느낀다. 이런 위력을 발휘하는 실로시빈은 물론 위험성이 없지는 않다. 그러므로 환각제 트립을 고려하는 사람은 너무 성급해서는 안 되며, 무엇보다 명상 훈련으로 준비를 하는 것이 중요하다. 그 밖에 특히 처음에는 혼자서 자기 마음대로 트립을 시도해서는 안 되며, 믿을 수 있는 사람과 함께해야 한다. 이상적인 경우 이 분야를 좀 잘 알아서, 트립에 나선 사람에게 안정감을 줄 수 있는 사람이면 좋다.

10 ― 이웃과 우정의 힘

인간은 사회적 동물이므로 다른 사람들과 어울릴 때 행복을 느낀다. 자신의 정신 건강을 먼저 챙기려는 행동을 '이기적'이라고 말하는 (심통 맞은) 비판자도 있을지 모른다. 하지만 우울하거나 만성 스트레스로 기분이 안 좋을 때 누가 피해를 보는지 생각해 보라. 바로 주변 사람들이 힘들어진다. 마음이 건강해야 좌절되거나 화나는 일이 있어도 잘 대처하고, 더 나아가 다른 사람들의 말도 잘 들어주고, 다른 사람들을 도와줄 수도 있다. 따라서 자신의 정신 건강을 챙기는 것은 절대로 이기적인 프로젝트가 아니다. 게다가 이 책이 소개하는 전략은 모두 다른 사람과 함께 실행해도 좋은 것이다. 요리부터 운동, 명상에 이르기까지 오히려 혼자 하는 것보다 함께하면 더 좋은 것이 대부분이다. 잠자는 것마저도 함께할 때 더 좋을 수 있다. 파트너와 침실을 공유할 때 더 안정감 있고 기분 좋게 느끼는 사람이 많다. 사회적 관계를 맺고, 우정을 가꾸어 나가는 것은 우리에게 행복을 선사하는 굉장히 중요한 요인이다. 새벽 세 시에 전화해도 받아주고 도와줄 수 있는 사람이 우리 삶에 한 사람이라도 존재하는가? 그것은 우리의 행복에 중요한 시금석이 된다.

피상적인 안부 묻기나 대화라도 일상에서 기분 좋은 순간을 만들어줄 수 있다. 길 가다가 이웃을 만나 반갑게 손을 흔들거나 커피 전문점에서 바리스타와 잠시 가벼운 대화를 하는 일은 즐겁다. 하다 못해 언제든지 누군가와 사회적으로 접촉할 수 있는 휴대폰을 바지 주머니에 넣고 있기만 해도 약간의 안도감이 느껴진다. 연구에 따르면 가끔은 휴대폰을 멀리하는 것이 기분에 이롭다. 회복력을 높이고, 행복감을 '업'시키기 위해 이 책에서 소개하는 전략 중 많은 것은 하루아침에 이루어지는 게 아니라 시간이 필요하다. 참 씁쓸하게도 평균 하루에 세 시간 이상을 휴대폰을 붙잡고 지내면서도, 단 10분간 명상하는 시간은 확보하기 힘들어하는 것이 우리의 현실이다. 이런 상황에서 모니터를 들여다보는 시간 중 약간을 떼어 우리의 마음을 꽃피우고 건강하게 만들 수 있는 치유적인 활동에 할애하면 일석이조의 효과가 나지 않을까?

우리 마음엔 무적의 여름이 숨어 있다

감사의 말

✦

　원고를 꼼꼼히 살펴주고, 소중한 제안을 해준 베를린공과대학교의 세포생물학자 시나 바트펠트Sina Bartfeld 교수와 암스테르담 소재 네덜란드 신경과학연구소의 뇌과학자 크리스티안 케이서스Christian Keysers 교수에게 심심한 감사를 전한다.

주

✦

들어가며

1   Camus (1957)

1. 먹는 것이 뇌가 된다

1   Jacka (2019)
2   https://www.theguardian.com/food/2019/mar/18/can-you-eatyourself-happier-nutritional-psychiatry-mental-health
3   Spalding et al. (2013)
4   Frankland et al. (2013), 다음 자료도 참조하라. Kempermann (2022)
5   Garthe et al. (2009), Anacker & Hen (2017). 드레스덴 소재 독일 신경퇴행성질환 연구소의 신경발생 연구자인 게르트 켐퍼만(Gerd Kempermann)의 실험실에서 연구한 결과이다. 켐퍼만의 저서《머릿속의 혁명(Die Revolution im Kopf)》(Droemer, 2016)은 신경발생의 과학과 관련해 꼭 읽어볼 만한 책이다. 특히 신경발생 연구의 학문적 배경과 역사에 관심이 있는 독자들에게 강력히 추천한다. 켐퍼만 역시 신경 발생이 우울증의 직접적인 원인일까 하는 문제에 대해서 아직 명확히 답할 수 없다고 말하지만, 그 가능성에 대해서는 꽤 회의적이고 비판적인 입장이다.
6   Cohn-Sheehy et al. (2021)
7   https://www.sciencedaily.com/releases/2021/09/210929112809.htm, 다음 자료도 참조하라. Shors (2021)
8   Levone et al. (2015)
9   Anacker et al. (2018)
10   Feinstein et al. (2010)
11   Duman et al. (2016)

12 Jacka et al. (2015), Akbaraly et al.(2018)

13 쥐는 물탱크 안이나 나머지 공간에 표시된 것들로 방향을 분간한다.

14 Garthe et al. (2009), Anacker & Hen (2017)

15 Garthe et al. (2009), Anacker & Hen (2017)

16 Anacker & Hen (2017)

17 Fadnes et al. (2022)

18 Lassale et al. (2019)

19 Mosconi et al. (2014)

20 Jacka (2019)

21 Jacka et al. (2017)

22 Bayes et al. (2022), 다음 자료도 참조하라. Francis et al. (2019)

23 Schuch et al. (2016)

24 White et al. (2013)

25 Conner et al. (2017)

26 Mujcic & Oswald (2016)

27 Witte et al. (2014), Zhang et al. (2017)

28 Liao et al. (2019), 하지만 Okereke et al. (2021) 도 참조하라. 여기서는 5년 동안 매일 오메가3를 투여해도 우울증을 예방할 수 없다는 연구 결과를 제시하고 있다.

★ 세로토닌 호르몬이 우울증의 주범이 아닌 이유

1 이를 플라시보 효과라고 볼 수도 있다(어쨌든 플라시보 효과도 있을 수 있다). 그러나 전체적으로는 대조군과의 비교 연구를 통해 영양 및 약물이 플라시보 이상의 효과를 보인다는 것이 입증되었다.

2 최근의 연구에 대해서는 다음을 참조하라. Tartt et al. (2022)

3 Malberg et al. (2000), 다음도 참조하라. Pittenger & Duman (2008)

4 Arnone et al. (2013)

5 Pittenger & Duman (2008)

6 Holmes et al. (2019), Pittenger & Duman (2008)

7 Pittenger & Duman (2008)

8 세부적으로는 더 복잡하다. 편도체에는 긍정적이고 보상적인 자극에 활성화

되는 신경세포도 있기 때문이다. 가령 이 신경세포는 음식을 보면 '활성화된다'. 한편 부정적인 것에 반응하는 신경세포는 긍정적인 자극에 반응하는 신경세포를 억제한다. 가령 어떤 동물이 위험을 감지하면, 먹이는 그 유혹하는 '힘'을 잃는다. 생명을 지키는 것이 당장 배불리 먹는 것보다 보통 더 중요하기 때문일 것이다(물론 그것은 배고픔의 정도에 달렸다. 때에 따라서는 지독한 배고픔 자체도 생명의 위험이 될 수 있기 때문이다). 반면 먹이처럼 보상자극에 반응하는 신경세포는 부정적인 것에 반응하는 세포들을 활성화시킨다. 말하자면 먹이가 보이면 다가가지만, 경계를 늦추지는 않는다. 어디에 위험이 도사리고 있을지 알 수 없기 때문이다. 전체적으로 편도체에서는 경보를 올리는 측면이 지배적이지만, 편도체는 공포와 위험 감지만 담당하는 것이 아니라, 세상을 좋고 나쁜 것으로 구분하는 역할을 한다고 할 수 있다. 전전두피질은 긍정적인 것과 부정적인 것에 반응하는 편도체 뉴런 사이의 줄다리기에 선택적으로 영향을 미쳐, 긍정적인 면 혹은 부정적인 면이 더 부각되게 한다. 자세한 것은 Tye (2018)를 참조하라.

9   Moncrieff et al. (2022)

10   Casarotto et al. (2021)

11   Castrén (2005), Beck & Bredemeier (2016), Price & Duman (2020)

12   Moda-Sava et al. (2019)

13   Treccani et al. (2019)

14   비강 스프레이 '스프라바토(Spravato)'로 알려진 케타민은 우울증 치료제로서도 공식 승인되었다.

15   Rawat et al. (2022)

16   Bottemanne et al. (2022)

17   Murrough et al. (2013), Krystal et al. (2019)

18   Price et al. (2022)

19   Castrén (2005)를 참조하라.

20   Mollaahmetoglu et al. (2021)

21   Sumner et al. (2021), Mathai et al. (2022)

2. 질병의 반전

1   Dantzer et al. (2008)

2 Kuhlmann et al. (2018)

3 Giollabhui et al. (2020)

4 Musselmann et al. (2001)

5 Leschack & Eisenberger (2019)

6 Raison et al. (2010)

7 Berk et al. (2013), Kiecolt-Glaser et al. (2015)

8 Rallidis et al. (2013)

9 Troubat et al. (2019)

10 Wohleb et al. (2016)

11 Borsini et al. (2017)

12 Beauchamp et al. (2005)

13 Shivappa et al. (2013)

14 Byrd et al. (2019)

15 Jacka (2019)

16 Dhanabalan et al. (2018)

17 Hartz et al. (2018)

18 Chu et al. (2011)

19 Chu et al. (2011), Jensen et al. (2016)

20 Zhang et al. (2016)

21 Jackson et al. (2021)

22 Shivappa et al. (2013)

23 Kast (2018)

24 Byrd et al. (2019)

25 Dong et al. (2012)

26 Kodali et al. (2018)

27 Ramaholimihaso et al. (2020)

28 Small et al. (2018)

29 https://www.health.harvard.edu/staying-healthy/all-about-inflammation

30 Hajek et al. (2010)

31 https://www.cochrane.org/CD013522/TOBACCO_doesstopping-smoking-improve-mentalhealth

32 Slavich & Irwin (2014)를 참조하라.

3. 운동은 최고의 스트레스 조절 훈련법

1   Hamer (2006)

2   Zschucke et al. (2015), Levone et al. (2015)

3   Siebers et al. (2021)

4   Bernstein & McNally (2017)

5   Bernstein et al. (2018)

6   Bernstein & McNally (2018), 다음 자료도 참조하라. Brand et al. (2018)

7   Pedersen (2019)

8   Obri et al. (2018)

9   Casarotto et al. (2021)

10   Pedersen (2019)

11   Gujral et al. (2017)

12   Colcombe et al. (2006)

13   Ruscheweyh et al. (2011)

14   Erickson et al. (2011)

15   Pajonk et al. (2010)

16   이런 말은 종종 미국의 기업가 짐 론이 했다고 전해지지만, 원래는 짐 론이 그의 멘토이자 미국의 기업가이자 연설가인 존 얼 쇼아프에게서 들었을 확률이 크다. 다음을 참조하라. https://www.youtube.com/watch?v=8yG7N9NrQ8c

17   https://www.bundesregierung.de/breg-de/service/publikationen/der-beitrag-des-sports-zurerfuellung-der-who-empfehlungenfuer-koerperliche-aktivitaet-1739718

18   O'Keefe et al. (2011)

19   Chekroud et al. (2018)

20   Shors et al. (2014), Millon & Shors (2019)

21   Lee et al. (2017)

4. 나를 죽이지 못하는 것은 나를 강하게 만든다

1   니체가 1889년 발표한 《신들의 황혼(Götzen-Dämmerung)》(Sprüche und Pfeile Nr. 8). 예를 들어 다음을 보라. https://www.projekt-

gutenberg.org/nietzsch/goetzend/chap002.html

2   Mattson et al. (2018)

3   Fond et al. (2013), Wilhelmi de Toledo et al. (2019)

4   Nugraha et al. (2017), Nugraha et al. (2020)

5   Martin et al. (2016)

6   Bleakley & Davison (2010)

7   다음에서 인용: Massey et al. (2022)

8   Massey et al. (2022)

9   Hof (2021)

10 Van Tulleken et al. (2018)

11 Laukkanen et al. (2015), Laukkanen et al. (2018), Ketelhut & Ketelhut (2019), Patrick & Johnson (2021)

12 Laukkanen et al. (2015)

13 Janssen et al. (2016)

14 Naumann et al. (2017)

15 Hanusch & Janssen (2019)

16 Kojima et al. (2018)

17 Haghayegh et al. (2019)

5. 주의력 결핍 장애는 자연 결핍 장애?

1   Lederbogen et al. (2011)

2   Sudimac et al. (2022)

3   Wood & Cowan (1995), Kast (2007)

4   Selhub & Logan (2012), White & Shah (2019)

5   Kaplan & Berman (2010)

6   다음을 참조하라. Levitin (2014)

7   Wiehler et al. (2022)

8   https://healthcaredesignmagazine.com/architecture/conversation-roger-ulrich/

9   Ulrich (1984)

10 Kuo & Sullivan (2001)

11 Hartig et al. (1991)

12 Berman et al. (2008), 다음 자료도 참조하라. Gamble et al. (2014)

13 Bratman et al. (2015)

14 Van Elk et al. (2019)

15 Kaiser et al. (2015)

16 Carhart-Harris et al. (2014), Carhart-Harris & Friston (2019)

17 Bai et al. (2017)

18 Bai et al. (2017)

19 Kim et al. (2009)

20 Meuwese et al. (2021)

21 MacKerron & Mourato (2013), Williams (2017)

22 Dolgin (2015)

23 Rose et al. (2008), Feldkaemper & Schaeffel (2013), Williams (2017)

24 Sayal et al. (2018)

25 Taylor & Kuo (2009)

26 Louv (2005)

27 White et al. (2019)

28 https://www.biophiliccities.org/the-nature-pyramid

29 환각제 트립 역시 (나를 포함해 많은 사람의 경우) 자연을 다시금 더 직접적으로 경험하고 자연의 일부가 되는 느낌을 갖도록 한다. 더 자세한 내용은 10장을 보라.

6. 꿈의 해석

1 Jessen et al. (2015), Wiehler et al. (2022)

2 Van der Helm et al. (2011), Walker (2018)

3 Scarpelli et al. (2019)

4 Van der Helm et al. (2011), Walker (2018)

5 Cartwright (2010)

6 Kellner et al. (1992)

7 Merikanto et al. (2013)

8 Facer-Childs et al. (2019)

9   Daghlas et al. (2021)

10   Walker (2018), Vorster (2019)

11   Walker (2018), Vorster (2019)

12   Haghayegh et al. (2019)

13   Pjrek et al. (2019)

14   Lam et al. (2016)

15   Hoffman et al. (2018)

16   Hofer & Chen (2020)

17   Fuentes et al. (2022)

18   Scullin et al. (2018)

19   Mallik & Russo (2022)

20   Dickson & Schubert (2020)

21   Trahan et al. (2018)

★ 이럴 땐 이런 음악, 내 마음의 영원한 친구

1   Eerola et al. (2018)

2   Thayer et al. (1994)

3   Lee et al. (2013)

4   Lee et al. (2013)

5   Schäfer et al. (2020)

6   Särkämö et al. (2008)

7   Chen et al. (2007)

7. 자유로워지고 싶다면 도망치지 말라

1   Harris (2019)

2   Killingsworth & Gilbert (2010)

3   Wilson et al. (2014), Birbaumer & Zittlau (2018)

4   Kross (2021)

5   Harris (2009), Hayes (2019)

주

6   Harris (2009), Hayes (2019)

7   나는 보리스 보르네만에게 가서 몇 번 개인적으로 명상을 배웠고, 베를린에서 '마음챙김에 기반한 스트레스 감소', 혹은 줄여서 MBSR이라 불리는 그의 명상 코스에 참가했다. 이런 명상은 미국의 명상 전문가인 존 카밧 진(Jon Kabat-Zinn)이 확산시킨 것으로, 존 카밧 진은 서구 세계에서 명상과 마음챙김을 대중화하는 데 크게 공헌을 했다. MBSR 교육은 8주 과정으로, 이 기간에 약 10명 정도가 그룹을 이루어 일주일에 한 번 2시간 30분에서 3시간 동안 명상과 수업, 나눔에 참여하며, 마지막 날에는 모두 모여 같이 명상을 한다. 아울러 매일 숙제로 다양한 형태의 명상을 연습하고 와야 한다. 이 명상 강좌는 매우 인기가 있어, 많은 도시에서 강좌가 열리고 있다. 나 또한 아주 추천하는 바이다. 초심자 뿐 아니라 이미 명상 경험이 있는 사람들에게도 유익할 것이다. 자세한 내용은 다음을 참조하라. https://www.mbsr-verband.de/(https://www.mbsr-verband.de/kurse/privatpersonen에 자신의 우편번호를 입력하면, 가까운 지역에서 제공되는 MBSR 코스가 뜬다.)

8   Feruglio et al. (2021)

9   Mrazek et al. (2013)

10   Zanesco et al. (2016)

11   Hasenkamp et al. (2012)

12   Harris (2009)

13   좀 더 신비주의를 지향하는 동시대인들을 위해 《삶으로 다시 떠오르기(A New Earth)》(2005) 등 영적 스승인 에크하르트 톨레의 책을 읽어볼 것을 권한다. 지적이고 과학적인 접근을 선호하는 독자들은 뇌과학자 볼프 싱어와 불교 승려인 마티유 리카르와의 대화를 기록한 책을 읽어보면 좋을 것이다 (《나를 넘다(Beyond the Self)》, 2017).

8. 지금의 자신을 받아들인다는 것

1   Hölzel et al. (2011)

2   Singer & Ricard (2017)

3   Kranzler et al. (2016)

4   Dunne et al. (2021)

5   Parmentier et al. (2019)

6   Bornemann & Singer (2017)

7   Khalsa et al. (2020)

8   Herbert et al. (2013)

9   Harris (2019)

10   Avery et al. (2014), DeVille et al. (2018)

11   Gard et al. (2012)

12   Hartley & Phelps (2010)

13   Gotink et al. (2016)

14   Hölzel et al. (2016)

9. 평정심

1   키티온은 오늘날의 키프로스 섬에 있던 도시로 제논이 태어난 곳이다. 지금은 라르나카라고 불린다.

2   Giebel (1997), Irvine (2021)

3   https://iep.utm.edu/epictetu/

4   Rosen (1997)

5   Seneca (2010)

6   Giebel (1997)

7   https://www.projekt-gutenberg.org/epiktet/moral/moral.html

8   Robertson (2022)

9   Irvine (2021)

10   Irvine (2022)

11   Irvine (2021)

12   Irvine (2021)

★ 행복이 사람들과 어울릴 때 피어나는 이유

1   Jordan et al. (2011)

2   Baumeister & Leary (1995)

3   Baumeister & Leary (1995)

4   DeWall et al. (2010), Kast (2013)

5   Diener et al. (2018a)

6   Diener & Seligman (2002)

7   Diener et al. (2018b)

8   Kushlev et al. (2019)

9   Schroeder et al. (2021)

10   Hunter et al. (2018)

11   Kushlev et al. (2019)

12   Brailovskaia et al. (2022)

10. 무적의 여름을 찾아서

1   비슷한 결론에 이른 Engle & Young(2021)도 참조하라.

2   Carhart-Harris & Friston (2019), 다음 자료도 참조하라. Letheby (2021)

3   Michael Pollans (2019)의 책에 자세히 기록되어 있으니 읽어보면 좋을 것 이다.

4   Mithoefer & Mithoefer (2021)

5   Mitchell et al. (2021)

6   https://www.youtube.com/watch?v=HC0jNh4s8zE&t=2526s

7   재강화에 대한 연구를 더 자세히 알고 싶다면 Elsey et al. (2018)을 참조하라. 그리고 이 원칙을 심리치료에 적용하는 것에 더 관심이 있다면 Ecker et al. (2016)을 읽어보기를 권한다.

8   Feduccia & Mithoefer (2018), Hake et al. (2019), Grigsby (2021)

9   Agren et al. (2012)

10   Hake et al. (2019)

11   남미의 '차' 아야와스카도 그런 효과를 낸다는 연구들이 존재한다. 다음을 참조하라. Daneluz et al. (2022).

12   가령 다음과 같은 연구들이 그러하다. Engle & Young (2021) 그리고 Maté (2022)

13   Engle & Young (2021)

14   짧은 연구로 다음을 참조하라. Calder & Hasler (2022)

15 고전적인 항우울제 '프로작'과 관련해서도 이미 몇 년 전 비슷한 효과가 관찰되었다. 이에 대해서는 Maya-Vetencourt et al. (2008)를 참조하라. 존스홉킨스대학의 귈 될렌(Gül Dölen)의 보고에 따르면 나아가 이 효과는 실로시빈, LSD, 케타민, 이보게인에서도 증명되었다. https://www.youtube.com/watch?v=wGhukyhhQKw&t=1941s.

16 Nardou et al. (2019)

17 Holze et al. (2022)

18 Griffiths et al. (2006), https://www.youtube.com/watch?v=NGIP-3Qp_s&t=4604s

19 Agin-Liebes et al. (2020), 다음 자료도 참조하라. Griffiths et al. (2016)

20 Shao et al. (2021)

21 Hesselgrave et al. (2020)

22 Barrett et al. (2020)

23 Kraehenmann et al. (2015)

24 Carhart-Harris et al. (2014)

25 Raichle (2010)

26 Carhart-Harris et al. (2012), 다음도 참조하라. Madsen et al. (2021), Smigielski et al. (2019), Nichols & Nichols (2021) 및 Müller et al. (2021)

27 Petri et al. (2014)

28 Daws et al. (2022)

29 Pollan (2019)

30 MacLean et al. (2011)

31 Davis et al. (2020)

32 Vizeli & Liechti (2017)

33 Capela et al. (2009)

34 Dishotsky et al. (1971)

35 Gable (2004)

36 Hofmann (1979)

37 Nutt et al. (2010)

38 Nutt et al. (2010)

39 Bogenschutz et al. (2022)

40 Fuentes et al. (2020)

41   Harris (2017)

42   가령 다음을 보라. https://www.synthesisretreat.com/

43   스위스 프라이부르크대학교 그레고르 하슬러(Gregor Hasler) 교수와의 개
      인적인 대화에서 들었다. 다음도 참조하라. https://www.unifr.ch/med/
      de/research/groups/hasler/psychedelika-therapie/

44   가령 다음을 참조하라. https://templeofthewayoflight.org/ 그리고
      https://soltara.co/

45   Goodwin et al. (2017)

46   Carhart-Harris et al. (2021)

47   Holze et al. (2022)

48   Rootman et al. (2022)

나가며

1   https://www.youtube.com/watch?v=xTvxa0Rlhpg&t=6827s

참고문헌

✦

· Agin-Liebes et al. (2020). Journal of Psychopharmacology 34(2):155 – 166
· Agren et al. (2012). Science 337:1550 – 1552
· Akbaraly et al. (2018). The American Journal of Medicine 131:1372 – 1381
· Anacker & Hen (2017). Nature Reviews Neuroscience, online 4 May
· Anacker et al. (2018). Nature 559:98 – 102
· Arnone et al. (2013). Molecular Psychiatry 18:1265 – 1272
· Avery et al. (2014). Biological Psychiatry 76:258 – 266

· Barrett et al. (2020). Scientific Reports 10:2214
· Baumeister & Leary (1995). Psychological Bulletin 117(3):497 – 529
· Bayes et al. (2022). American Journal of Clinical Nutrition, online 20 April
· Beauchamp et al. (2005). Nature 437:45 – 46
· Beck (2013). Praxis der Kognitiven Verhaltenstherapie. Beltz
· Beck & Bredemeier (2016). Clinical Psychological Science 4(4):596 – 619
· Berk et al. (2013). BMC Medicine 11:200
· Berman et al. (2008). Psychological Science 19(12):1207 – 212
· Bernstein & McNally (2017). Cognition & Emotion 31(4):834 – 843
· Bernstein et al. (2018). Emotion 19(4):637 – 644
· Bernstein & McNally (2018). Behaviour Research and Therapy 109:29 – 36
· Birbaumer & Zittlau (2016). Denken wird überschätzt. Ullstein
· Björkholm & Monteggia (2016). Neuropharmacology 102:72 – 79
· Bleakley & Davison (2010). British Journal of Sports Medicine 44:179 – 187
· Bogenschutz et al. (2022). JAMA Psychiatry, online August 24
· Bornemann & Singer (2016). Psychophysiology 54:469 – 482
· Borsini et al. (2017). Brain, Behavior and Immunity 65:230 – 238

· Bottemanne et al. (2022). JAMA Psychiatry, online September 28
· Brailovskaia et al. (2022). Journal of Experimental Psychology: Applied, online April 7
· Brand et al. (2018). Frontiers in Psychology 9, Article 249
· Bratman et al. (2015). PNAS 112(28):8567 – 8572
· Bratman et al. (2021). Frontiers in Psychology 12, Article 643 866
· Burns (2006). Feeling Good. Junfermann
· Byrd et al. (2019). Journal of Nutrition 149(12):2206 – 2218

· Calder & Hasler (2022). Neuropsychopharmacology, 19 September
· Camus (1957/2020). Hochzeit des Lichts. Arche
· Capela et al. (2009). Molecular Neurobiology 39:210 – 271
· Carhart-Harris (2012). PNAS 109(6):2138 – 2143
· Carhart-Harris et al. (2014). Frontiers in Human Neuroscience 8(20):1 – 22
· Carhart-Harris & Friston (2019). Pharmacological Reviews 71:316 – 344
· Carhart-Harris et al. (2021). New England Journal of Medicine 384:1402 – 1411
· Cartwright (2010). The Twenty-four Hour Mind. Oxford University Press
· Casarotto et al. (2021). Cell 184:1299 – 1313
· Castrén (2005). Nature Reviews Neuroscience 6:241 – 246
· Checkroud et al. (2018). Lancet Psychiatry 5:739 – 746
· Chen et al. (2007). Media Psychology 9:695 – 713
· Chu et al (2011). Chinese Journal of Integrative Medicine 17:492 – 498
· Cohn-Sheehy et al. (2021). Current Biology 31(22):4935 – 4945
· Colcombe et al. (2006). Journal of Gerontology 61A(11):1166 – 1170
· Conner et al. (2017). Plos One 12(2):e0171206

· Daghlas et al. (2021). JAMA Psychiatry 78(8):903 – 910
· Daneluz et al. (2022). Psychopharmacology 239:3325 – 3336
· Dantzer et al. (2008). Nature Reviews Neuroscience 9:46 – 57
· Davis et al. (2020). Journal of Contextual Behavioral Science 15:39 – 45
· Daws et al. (2022). Nature Medicine, online 11 April

우리 마음엔 무적의 여름이 숨어 있다

· DeVille et al. (2018). Biological Psychiatry 3:546 – 554
· DeWall et al. (2010). Psychological Science 21(7):931 – 937
· Dhanabalan et al. (2018). Neurobiology of Disease 120:63 – 75
· Dickson & Schubert (2020). Frontiers of Psychology 11, Article 1695
· Diener & Seligman (2002). Psychological Science 13(1):81 – 84
· Diener et al. (2018a). Nature Human Behaviour 2:253 – 260
· Diener et al. (2018b). Perspectives on Psychological Science 13(2):176 – 184
· Dishotsky et al. (1971). Science 172(3982):431 – 440
· Dolgin (2015). Nature 519:276 – 278
· Dong et al. (2012). Plos One 7(2):e31211
· Duman et al. (2016). Nature Medicine 22(3):238 – 249
· Dunne et al. (2021). Journal of Affective Disorders 282:1210 – 1219

· Ecker et al. (2016). Der Schlüssel zum emotionalen Gehirn. Junfermann
· Eerola et al. (2018). Physics of Life Reviews 25:100 – 121
· Engle & Young (2021). A Dose of Hope. Lioncrest
· Elsey et al. (2018). Psychological Bulletin 144(8):797 – 848
· Erickson et al. (2011). PNAS 108(7):3017 – 3022

· Facer-Childs et al. (2019). Sleep Medicine 60:236 – 247
· Fadnes et al. (2022). Plos Medicine 19(2):e1003889
· Feduccia & Mithoefer (2018). Progress in Neuropsychopharmacology & Biological Psychiatry 84:221 – 228
· Feinstein et al. (2010). PNAS 107(17):7674 – 7679
· Feldkaemper & Schaeffel (2013). Experimental Eye Research 114:106 – 119
· Feruglio et al. (2021). Neuroscience and Biobehavioral Reviews 131:313 – 330
· Fond et al. (2013). Psychiatry Research 209:253 – 258
· Francis et al. (2019). Plos One 14(10):e0222768
· Frankland et al. (2013). Trends in Neurosciences 36(9):497 – 503
· Fuentes et al. (2020). Frontiers in Psychiatry 10, Article 943

· Fuentes et al. (2022). Sleep 45(Supplement 1):A4

· Gable (2004). Addiction 99:686 – 696
· Gamble et al. (2014). Experimental Aging Research 40:513 – 530
· Gard et al. (2012). Cerebral Cortex 22:2692 – 2702
· Garthe et al. (2009). Plos One 4(5):e5464
· Giebel (1997). Seneca. Rowohlt Taschenbuch Verlag
· Giollhabhui et al. (2020). Molecular Psychiatry, online 17 August
· Goodwin et al. (2017). Journal of Affective Disorders 221:31 – 35
· Gotink et al. (2016). Brain and Cognition 108:32 – 41
· Griffiths et al. (2006). Psychopharmacology 187(3):268 – 283
· Griffiths et al. (2016). Journal of Psychopharmacology 30(12):1181 – 1197
· Grigsby (2021). In: Grob & Grigsby (Hrsg.). Medical Hallucinogens 134 – 156. The Guilford Press
· Gujral et al. (2017). General Hospital Psychiatry 49:2 – 10

· Haghayegh et al. (2019). Sleep Medicine Reviews 46:124 – 135
· Hajek et al. (2010). Addiction 105:1466 – 1471
· Hake et al. (2019). Physiology & Behavior 199:343 – 350
· Hamer (2006). Sports Medicine 36(2):109 – 116
· Hanusch & Janssen (2019). International Journal of Hyperthermia 36(1):572 – 580
· Harris (2009). Wer dem Glück hinterherrennt, läuft daran vorbei. Goldmann
· Harris (2017). Listening to Ayahuasca. New World Library
· Harris (2019). Erwachen. Edition Spuren
· Hartig et al. (1991). Environment and Behavior 23(1):3 – 26
· Hartley & Phelps (2010). Neuropsychopharmacology 35:136 – 146
· Hartz et al. (2018). Alcoholism: Clinical and Experimental Research, 42(11), S. 2246 – 2255
· Hasenkamp et al. (2012). Neuroimage 59:750 – 760
· Hayes (2019). A Liberated Mind. Avery
· Herbert et al. (2013). Appetite 70:22 – 30

우리 마음엔 무적의 여름이 숨어 있다

· Hesselgrave et al. (2021). PNAS 118(17):e2022489118
· Hof (2021). Die Wim-Hof-Methode. Integral
· Hofer & Chen (2020). Psychological Science 31(4):449 – 459
· Hofmann (1979). LSD – mein Sorgenkind. J.G. Cotta'sche Buchhandlung
· Hoffman et al. (2018). Anthrozoös 31(6):711 – 725
· Holmes et al. (2019). Nature Communications 10:1529
· Holze et al. (2022). Neuropsychopharmacology 47:1180 – 1187
· Holze et al. (2022). Biological Psychiatry, online September 02
· Hölzel et al. (2011). Perspectives on Psychological Science 6(6):537 – 559
· Hölzel et al. (2016). In: Greene et al. (Hrsg.). Positive Neuroscience:175 – 190. Oxford Scholarship Online
· Hunter et al. (2018). Psychosomatic Medicine 80(4):345 – 352

· Irvine (2021). Eine Anleitung zum guten Leben. Finanzbuch Verlag
· Irvine (2022). Von der Herausforderung, ein Stoiker zu sein. Finanzbuch Verlag

· Jacka et al. (2015). BMC Medicine 13:215
· Jacka et al. (2017). BMC Medicine 15:23
· Jacka (2019). Brain Changer. Yellow Kite
· Jackson et al. (2021). Frontiers in Nutrition 7, Article 606 124
· Janssen et al. (2016). JAMA Psychiatry 73(8):789 – 795
· Jensen et al. (2016). Clinical Intervention in Aging 11:367 – 376
· Jessen et al. (2015). Neurochemical Research 40:2583 – 2599
· Jordan et al. (2011). Personality and Social Psychology Bulletin 37(1): 120 – 135

· Kaiser et al. (2015). JAMA Psychiatry 72(6):603 – 611
· Kaplan (1995). Journal of Environmental Psychology 15:169 – 182
· Kaplan & Berman (2010). Perspectives on Psychological Science 5(1):43 – 57
· Kast (2007). Wie der Bauch dem Kopf beim Denken hilft. S. Fischer
· Kast (2013). Ich weiß nicht, was ich wollen soll. S. Fischer

· Kast (2018). Der Ernährungskompass. C. Bertelsmann
· Kellner et al. (1992). American Journal of Psychiatry 149(5):659 – 663
· Kempermann (2016). Die Revolution im Kopf. Droemer
· Kempermann (2022). Frontiers in Neuroscience 16, Article 852 680
· Ketelhut & Ketelhut (2019). Complementary Therapies in Medicine 44:218 – 222
· Khalsa et al. (2020). Psychophysiology 57:e13479
· Kiecolt-Glaser et al. (2015). American Journal of Psychiatry 172(11):1075 – 1091
· Killingsworth & Gilbert (2010). Science 330:932
· Kim et al. (2009). Psychiatry Investigation 6:245 – 254
· Kodali et al. (2018). Brain, Behavior and Immunity 69:499 – 514
· Kojima et al. (2018). International Journal of Hyperthermia 34(6):834 – 839
· Kraehenmann et al. (2015) Biological Psychiatry 78(8):572 – 581
· Kranzler et al. (2016). Journal of Clinical Child & Adolescent Psychology 45(3):262 – 269
· Kross (2021). Chatter. Crown
· Krystal et al. (2019). Neuron 101:774 – 777
· Kuhlman et al. (2018). Brain, Behavior and Immunity 69:540 – 547
· Kuo & Faber (2004). American Journal of Public Health 94(9):1580 – 1586
· Kuo & Sullivan (2001). Environment and Behavior 33(4):543 – 571
· Kushlev et al. (2019). Current Directions in Psychological Science 28(4):347 – 352

· Lam et al. (2016). JAMA Psychiatry 73(1):56 – 63
· Lassale et al. (2019). Molecular Psychiatry 24:965 – 986
· Laukkanen et al. (2015). JAMA Internal Medicine 175(4):542 – 548
· Laukkanen et al. (2018). Mayo Clinic Proceedings 93(8):1111 – 1121
· Lederbogen et al. (2011). Nature 474:498 – 501
· Lee et al. (2013). Journal of Consumer Research 40:382 – 391
· Lee et al. (2017). Progress in Cardiovascular Diseases 60:45 – 55
· Leschack & Eisenberger (2019). Psychosomatic Medicine 81(8):711 – 719

· Letheby (2021). Philosophy of Psychedelics. Oxford University Press
· Levitin (2014). The Organized Mind. Dutton
· Levone et al. (2015). Neurobiology of Stress 1:147 – 155
· Liao et al. (2019). Translational Psychiatry 9:190
· Louv (2008). Last Child in the Woods. Algonquin

· MacKerron & Mourato (2013). Global Environmental Change 23:992 – 1000
· MacLean et al. (2011). Journal of Psychopharmacology 25(11):1453 – 1461
· Madsen et al. (2021). European Neuropsychopharmacology 50:121 – 132
· Malberg et al. (2000). Journal of Neuroscience 20(24):9104 – 9110
· Mallik & Russo (2022). Plos One 17(3), March 9
· Martin et al. (2016). JAMA Internal Medicine 176(6):743 – 752
· Massey et al. (2021). Interactive Journal of Medical Research 11(1):e25589
· Maté (2022). The Myth of Normal. Vermilion
· Mathai et al. (2022). Frontiers in Psychology 13, Article 868 103
· Mattson et al. (2018). Nature Reviews Neuroscience 19:81 – 94
· Maya-Vetencourt et al. (2008). Science 320:385 – 388
· Merikanto et al. (2013). Chronobiology International 30(5):719 – 725
· Meuwese et al. (2021). Frontiers in Psychology 12, Article 765 177
· Millon & Shors (2019). Behavioural Brain Research 376:112154
· Mitchell et al. (2021). Nature Medicine 27:1025 – 1033
· Mithoefer & Mithoefer (2021). In: Grob & Grigsby (Hrsg.). Medical Hallucinogens 233 – 263. The Guilford Press
· Moda-Sava et al. (2019). Science 364:6436
· Mollaahmetoglu et al. (2021). Frontiers in Psychiatry 12, Article 695 335
· Mosconi et al. (2014). The Journal of Prevention of Alzheimer's Disease 1(1):23 – 32
· Moncrieff et al. (2022). Molecular Psychiatry, online 20 July
· Mrazek et al. (2013). Psychological Science 24(5):776 – 781
· Mujcic & Oswald (2016). American Journal of Public Health 106(8):1504 – 1510

· Müller et al. (2021). Neuropsychopharmacology 46:545 – 553
· Murrough et al. (2013). Biological Psychiatry 74:250 – 256
· Musselman et al. (2001). New England Journal of Medicine 344(13):961 – 966

· Nardou et al. (2019). Nature 569:116 – 120
· Naumann et al. (2017). BMC Complementary and Alternative Medicine 17:172
· Nichols & Nichols (2021). In: Grob & Grigsby (Hrsg.). Medical Hallucinogens 3 – 28. The Guilford Press
· Nugraha et al. (2020). Appetite 111:38 – 45
· Nugraha et al. (2020). Nutrients 12:2281
· Nutt et al. (2010). The Lancet 376:1558 – 1565

· Obri et al. (2018). Nature Reviews Endocrinology, online 29 January
· O'Keefe et al. (2011). Progress in Cardiovascular Diseases 53:471 – 479
· Okereke et al. (2021). JAMA 326(23):2385 – 2394

· Pajonk et a. (2010). Archives of General Psychiatry 67(2):133 – 143
· Parletta et al. (2019). Nutritional Neuroscience 22(7):474 – 487
· Parmentier et al. (2019). Frontiers in Psychology 10, Article 506
· Patrick & Johnson (2021). Experimental Gerontology 154:111509
· Pedersen (2019). Nature Reviews Endocrinology 15:383 – 392
· Pernet et al. (2021). Brain Imaging and Behavior 15:2720 – 2730
· Petri et al. (2014). Journal of The Royal Society Interface 11:20140873
· Pittenger & Duman (2008). Neuropsychopharmacology 33:88 – 109
· Pjrek et al. (2020). Psychotherapy and Psychosomatics 89:17 – 24
· Pollan (2019). Verändere dein Bewusstsein. Kunstmann
· Price et al. (2022). Molecular Psychiatry, online 7 September
· Price & Duman (2020). Molecular Psychiatry 25:530 – 543

· Raichle (2010). The Brain's Dark Energy. Scientific American 302(3):44 – 49

· Raison et al. (2010). Archives of General Psychiatry 67(12):1211 – 1224
· Rallidis et al. (2003). Atherosclerosis 167(2):237 – 242
· Ramaholimihaso et al. (2020). Frontiers in Psychiatry 11, Article 572 533
· Rawat et al. (2022). Nature Communications 13(1), 12 May
· Robertson (2022). Stoizismus und die Kunst, glücklich zu sein. Finanzbuch Verlag
· Rootman et al. (2022). Scientific Reports 12:11091
· Rose et al. (2008). Ophthalmology 115:1279 – 1285
· Rosen (1997). Marc Aurel. Rowohlt Taschenbuch Verlag
· Ruschewey et al. (2011). Neurobiology of Aging 32:1304 – 1319

· Särkämö et al. (2008). Brain 131:866 – 876
· Sayal et al. (2017). Lancet Psychiatry, online October 9
· Scarpelli et al. (2019). Frontiers in Psychology 10, Article 459
· Schäfer et al. (2020). Music & Science 3:1 – 16
· Schroeder et al. (2021). Journal of Experimental Psychology: General. Advance online publication
· Schuch et al. (2016). Journal of Psychiatric Research 77:42 – 51
· Scullin et al. (2018). Journal of Experimental Psychology: General 147(1):139 – 146
· Seneca (2010). Von der Seelenruhe / Vom glücklichen Leben. Anaconda
· Selhub & Logan (2012). Your Brain on Nature. HarperCollins
· Shao et al. (2021). Neuron 109:1 – 10
· Shivappa et al. (2013). Public Health Nutrition 17(8):1689 – 1696
· Shors et al. (2014). Neurobiology of Learning and Memory 115:3 – 9
· Shors (2021). Everyday Trauma. Flatiron Books
· Siebers et al. (2021). Psychoneuroendocrinology 126:105173
· Singer & Ricard (2017). Jenseits des Selbst. Suhrkamp
· Slavich & Irwin (2014). Psychological Bulletin 140(3):744 – 815
· Small et al. (2018). American Journal of Geriatric Psychiatry 26(3):266 – 277
· Smigielski et al. (2019). Neuroimage 196:207 – 215
· Spalding et al. (2013). Cell 153(6):1219 – 1227

· Sudimac et al. (2022). Molecular Psychiatry, online 05 September
· Sumner et al. (2021). Journal of Psychopharmacology 35(8):946 – 961

· Tartt et al. (2022). Molecular Psychiatry 27:2689 – 2699
· Taylor & Kuo (2009). Journal of Attention Disorders 12(5):402 – 409
· Taylor & Kuo (2011). Applied Psychology: Health and Well-Being 3(3):281 – 303
· Thayer et al. (1994). Journal of Personality and Social Psychology 67(5):910 – 925
· Tolle (2000). Jetzt! Die Kraft der Gegenwart. Kamphausen Media
· Tolle (2005). Eine neue Erde. Arkana
· Trahan et al. (2018). Plos One 13(11), November 14
· Treccani et al. (2019). Molecular Neurobiology 56:7368 – 7379
· Troubat et al. (2021). European Journal of Neuroscience 53:151 – 171
· Tye et al. (2018). Neuron 100(2):436 – 452

· Ulrich (1984). Science 224:420 – 421

· Van der Helm et al. (2011). Current Biology 21:1 – 4
· Van Elk et al. (2019). Human Brain Mapping 40:3561 – 3574
· Van Tulleken et al. (2018). BMJ Case Report, bcr-2018 – 225007
· Vizeli & Liechti (2017). Journal of Psychopharmacology 31(5):576 – 588
· Vorster (2019). Warum wir schlafen. Heyne

· Walker & Van der Helm (2009). Psychological Bulletin 135(5):731 – 748
· Walker (2018). Das große Buch vom Schlaf. Goldmann
· White et al. (2013). British Journal of Health Psychology 18:782 – 798
· White & Shah (2019). Yale Journal of Biology and Medicine 92:115 – 120
· Wiehler et al. (2022). Current Biology 32:3564 – 3575
· Wilhelmi de Toledo et al. (2019). Plos One 14(1):e0209353
· Williams (2017). The Nature Fix. Norton
· Wilson et al. (2014). Science 345:75 – 77
· Witte et al. (2014). Cerebral Cortex 24(11):3059 – 3068

우리 마음엔 무적의 여름이 숨어 있다

· Wohleb et al. (2016). Nature Reviews Neuroscience 17:497 – 511
· Wood & Cowan (1995). Journal of Experimental Psychology: Learning, Memory, and Cognition 21(1):255 – 260

· Zanesco et al. (2016). Psychology of Consciousness: Theory, Research, and Practice 3(1):12 – 33
· Zhang et al. (2016). Plos One 11(6), June 23
· Zhang et al. (2017). Journal of Alzheimer's Disease 55:497 – 507
· Zschucke et al. (2015). Psychoneuroendocrinology 51:414 – 425

그림 출처

✦

24쪽   Professor Laszlo Seress/Wikimedia Commons (CC-BYSA-1.0).
https://commons.wikimedia.org/wiki/File:Hippocampus_and_
seahorse.JPG (19.12.2022)

32쪽   Mosconi et al. (2014). Mediterranean Diet and Magnetic
Resonance Imaging-Assessed Brain Atrophy in Cognitively
Normal Individuals at Risk for Alzheimer's Disease. J Prev
Alzheimers Dis.;1(1):23 – 32. Fig. 4. PMID: 25237654. PMCID:
PMC4165397.

40쪽   Sabine Timmann/C. Bertelsmann

42쪽   © Peter Palm, Berlin/Germany

57쪽   © Peter Palm, Berlin/Germany

59쪽   © Peter Palm, Berlin/Germany

81쪽   © Peter Palm, Berlin/Germany

110쪽   John Graner-Walter Reed National Military Medical Center/
Wikimedia Commons (PD). https://commons.wikimedia.org/wiki/
File:Default_mode_network-WRNMMC.jpg (19.12.2022)

112쪽   Bai et al. (2017). Awe, the diminished self, and collective
engagement: Universals and cultural variations in the small self.
Journal of Personality and Social Psychology, 113(2), 185 – 209.

우리 마음엔 무적의 여름이 숨어 있다

Fig. 3. doi: 10.1037/pspa0000087.

119쪽   © Peter Palm, Berlin/Germany

161쪽   CBT4Panic.org

178쪽   © Peter Palm, Berlin/Germany

219쪽   Sabine Timmann/C. Bertelsmann. Modifiziert nach Ramachandran & Rogers-Ramachandran (2008). Illusions: Seeing Is Believing. Scientific American Mind, 19, 4, 16 – 18. doi:10.1038/scientificamericanmind0808-16

229쪽   © Peter Palm, Berlin/Germany

233쪽   Nardou et al. (2019). Oxytocin-dependent reopening of a social reward learning critical period with MDMA. Nature, 569(7754), 116 – 120. Fig. 1. doi: 10.1038/s41586-019-1075-9.

242쪽   Petri et al. (2014) Homological scaffolds of brain functional networks. J. R. Soc. Interface. 11, 20140873. Fig. 6. doi:10.1098/rsif.2014.0873.

249쪽   © Peter Palm, Berlin/Germany

"우리 안의 악마를 받아들이는 법을 배울수록,
삶이 우리에게 직면케 하는 모든 것을
두려워할 필요가 없게 된다."

옮긴이 | 유영미

연세대학교 독문과와 동 대학원을 졸업했으며, 전문번역가로 활동하고 있다. 아동 도서에서부터 인문, 교양과학, 사회과학, 에세이 등 다양한 분야의 번역 작업을 하고 있다. 옮긴 책으로는 《우리에겐 과학이 필요하다》, 《100개의 미생물, 우주와 만나다》, 《50 이후, 더 재미있게 나이 드는 법》, 《부분과 전체》, 《왜 세계의 절반은 굶주리는가》, 《제정신이라는 착각》, 《내 몸에 이로운 식사를 하고 있습니까?》 등이 있다.

우리 마음엔 무적의 여름이 숨어 있다

초판 1쇄 발행 2024년 6월 17일

지은이 · 바스 카스트
옮긴이 · 유영미

펴낸이 · 박선경
기획/편집 · 이유나, 지혜빈, 김선우
홍보/마케팅 · 박언경, 황예린, 서민서
표지 디자인 · 이현정
제작 · 디자인원(031-941-0991)

펴낸곳 · 도서출판 갈매나무
출판등록 · 2006년 7월 27일 제395-2006-000092호
주소 · 경기도 고양시 일산동구 호수로 358-39 (백석동, 동문타워 I) 808호
전화 · 031)967-5596
팩스 · 031)967-5597
블로그 · blog.naver.com/kevinmanse
이메일 · kevinmanse@naver.com
페이스북 · www.facebook.com/galmaenamu
인스타그램 · www.instagram.com/galmaenamu.pub

ISBN 979-11-91842-67-8 / 03180
값 19,000원